羊皮卷大全集

【美】曼狄诺 等 / 著
张权 / 编译

黑龙江科学技术出版社

图书在版编目(CIP)数据

羊皮卷大全集/(美)曼狄诺等著;张权编译. —哈尔滨:
黑龙江科学技术出版社,2010.11
ISBN 978-7-5388-6521-9

Ⅰ.①羊… Ⅱ.①曼… ②张… Ⅲ.①成功心理学—通俗读物 Ⅳ.①B848.4-49

中国版本图书馆 CIP 数据核字(2010)第 219407 号

羊皮卷大全集
YANGPIJUAN DAQUANJI

作　　者	(美)曼狄诺等著
责任编辑	刘佳琪
封面设计	白冰设计
出　　版	黑龙江科学技术出版社
	(150001　哈尔滨市南岗区建设街41号)
电　　话	(0451)53642106　传真 53642143(发行部)
印　　刷	三河市明华印务有限公司
发　　行	全国新华书店
开　　本	710×1000　1/16
印　　张	19.5
字　　数	210 千字
版　　次	2011 年 1 月第 1 版·2017 年 9 月第 8 次印刷
书　　号	ISBN 978-7-5388-6521-9/B·114
定　　价	35.00 元

序 言

在成功学历史上,有这样一位大师的经历最能证明成功学存在的意义,他就是《世界上最伟大的推销员》的作者——美国最伟大的成功学大师之一奥格·曼狄诺,他正是在阅读了历史上一些伟大的成功学著作后,受到强烈的激励,才由此走向了成功之路。

1924年,奥格·曼狄诺出生于美国东部的一个平民家庭,在28岁以前,他过着平静而又顺利的生活,他完成了学业,有了工作,并娶了妻子。但是后来,面对人世间的种种诱惑,由于自己的愚昧无知和盲目冲动,他犯了一系列不可饶恕的错误,最终失去了自己一切宝贵的东西,包括家庭、房子和工作,当时的他赤贫如洗,一如沿街乞讨的乞丐。突然发生的巨大变故让曼狄诺开始忏悔和反思自己的生活,他决定去寻找人生成功与幸福的最终答案。

两年后,历经艰辛,他终于找到了一个契机,在一座教堂里,他认识了一位在当地十分受人尊敬的牧师。这位牧师与他进行了一次深入的交流,针对困惑曼狄诺的各种人生问题,牧师都一一给予了解答。临走的时候,牧师送给他一部圣经,此外,还有一份书单,上面列着一些成功学著作,牧师告诉他,他要寻找的人生成功与幸福的最终答案都在这些著作里面。

此后,曼狄诺便依照牧师开列的书单,天天到图书馆去,把这些著作一一找来细细阅读,渐渐地,遮挡在他心头的那一片浓重的迷雾褪去了,自信、勇气、和智慧在他身体中产生,曼狄诺万分激动,他坚信自己找到了寻觅已久的答案,他决定:"我现在就付诸行动!"

在之后的日子里,曼狄诺当过卖报人、公司推销员、业务经理……,从最底层做起,他一步步攀升了人生的巅峰,虽然在这条他所选择的道路上,充满着挫折与辛酸,但他已注定成功——因为,他掌握了人生成功的准则。当遭遇挫折乃至失败时,他都用那些书中的故事和道理激励自己:坚持不懈,直至成功! 就这样,他紧紧扼住生命的咽喉,控制着自己的人生,用不懈地奋斗赢来了最终的成功,在他35岁生日那一天,他创办了自己的企业——《成功无止境》杂志社,并由此步入了成功而又幸福的乐园。

1968年,也就是在奥格·曼狄诺44岁时,他写出了《世界上最伟大的推销员》一书。这是一部伟大的作品,它凝结了作者一生的心血,该书一经问世,即以22种语言在世界上各个国家出版。与此同时,为了让更多人掌握成功与幸福的秘诀,奥格·曼狄诺决定将牧师写给他的那些成功学著作辑录成卷,命名《羊皮卷》并公开出版。此后,《羊皮卷》被译成多种文字在全世界范围内流传,被众多追求的成功的年青人捧为励志圣经,而许多的成功人士更是直言不讳地承认自己曾在《羊皮卷》中获取巨大的力量。毫不夸张地说,《羊皮卷》是人类历史上最伟大的励志书。有了这本书的陪伴,相信你在追求成功与幸福的道路上,一定会时刻感受到一种神奇力量的鼓舞,一定会获得自己想要的成功与幸福。如果不信,你不妨读读看。

目 录

卷一

积极心态的力量 原著[美]拿破仑·希尔

关于作者：在美国，拿破仑·希尔的名字家喻户晓，他创造性地建立了全新的成功学，他在人际学、创造学、成功学等领域甚至比戴尔·卡耐基地位更高。他也是世界上最伟大的励志成功大师，他创建的成功哲学和十七项成功原则，以及他对待任何事情永远如火如荼的热情，鼓舞了千百万人，因此他被称为"百万富翁的创造者"。

人生成败全在于在心态 …………………………… 2
积极心态的基本原则 ……………………………… 6
积极心态使你出类拔萃 …………………………… 9
正确认识积极心态 ………………………………… 12
积极的心态可以激发潜能 ………………………… 15
如何培养你的积极心态 …………………………… 17
保持积极心态需要丰富你的心智 ………………… 20
摆脱消极心态的干扰 ……………………………… 22

卷二

人际交往的学问　原著[美]戴尔·卡耐基

关于作者：戴尔·卡耐基，美国著名心理学家，人际关系学家，20世纪最伟大的人生导师，他一生中亲笔写作了《人性的弱点》、《人性的光辉》、《语言突破》、《林肯传》等伟大著作，以超人的智慧，严谨的思维，在道德、精神和行为准则上指导了世界范围内的万千读者。

给别人最真诚的关怀 …………………………… 30
将微笑始终保持在脸上 ………………………… 32
牢记别人的名字 ………………………………… 35
善于倾听别人的讲话 …………………………… 38
谈论别人感兴趣的话题 ………………………… 41
使他人感到自己不可或缺 ……………………… 45

卷三

让目标达到沸点　原著[美]奥里森·马登

关于作者：奥里森·马登被公认为美国成功学的奠基人和最伟大的成功励志导师，成功学之父。此外，奥里森·马登还是《成功》杂志的创办人，如今《成功》杂志在美国无人不晓，它通过创造性地传播成功学改变了无数美国人的命运，致力于马登尚未完成的事业：把个人成功学传授给每位想要出人头地的年轻人。

梦想是成功者的行囊 …………………………… 50
为自己制定一个合适的目标 …………………… 54
拥有一个明确的主导目标 ……………………… 57
让你的目标达到沸点 …………………………… 59
目标需要靠行动去实现 ………………………… 62
别刻意追求完美,制定目标要依据现实 ………… 65

卷四

激发无限的潜力　原著[美]安东尼·罗宾

关于作者:安东尼·罗宾本来是一名贫穷潦倒的小伙子,26岁时仍然住在仅有10平方米的单身公寓里,洗碗盆也只能在浴缸里洗,生活一团糟,人际关系恶劣,前途十分暗淡。然而自从他发现内心蕴藏着无限的潜能之后,生活便开始大为改观,成为一名充满自信的成功者。如今,他是一位白手起家、事业成功的亿万富翁,是当今最成功的世界级潜能开发专家。安东尼·罗宾的主要作品有《激发无限的潜力》《唤起心中的巨人》《巨人的脚步》和《一分钟巨人》等,而且已经被翻译成数十种语言广泛传读。

充分挖掘自己的潜能 …………………………… 70
成功激发自己的潜能 …………………………… 74
想象力能让你创造奇迹 ………………………… 76
伟大的潜意识 …………………………………… 81
冲破自己设置的"心理牢笼" …………………… 85

卷五

向你挑战　原著[美]威廉·丹佛

　　关于作者:威廉·丹佛是美国著名的演讲家、作家和成功学导师。他的代表作《向你挑战》是一部激励和改变无数人的伟大著作,在书中,作者向我们展示了挑战自我的神奇力量,阅读本书,将让你变得更加自信,变得对一切更富有激情,让你产生在困境中战胜一切的勇气。

　　向你挑战:勇敢地去冒险 ………………………………… 90
　　向你挑战:去努力地做事 ………………………………… 93
　　向你挑战:变得更强壮 …………………………………… 95
　　向你挑战:勇于创新 ……………………………………… 97
　　向你挑战:发展你的迷人个性 …………………………… 105
　　向你挑战:懂得与人分享 ………………………………… 107

卷六

钻石宝地　原著[美]拉塞尔·康维尔

　　关于作者:拉塞尔·康维尔,被誉为伟大的美国公民。他亲自巡回演说《钻石宝地》超过6000次,历经50余年。他一直为别人而生活,并捐献演讲所得400万美元创办了TEMPLE大学。他的演讲鼓舞了整整两代美国人,他们当中的许多人都是通过他那条朴素的道理——"钻石就在你家后院"成功地帮助自己过上了富足而幸福的生活。

　　财富就在你的脚下 ………………………………………… 112
　　厉行节约而不是炫耀财富 ………………………………… 114

金钱是一种力量 …………………………………… 118
致富要紧紧抓住机遇 ……………………………… 123
坚信自己可以赚钱 ………………………………… 126
致富的一个技巧:借用他人的资金为自己赚钱 ……… 128

卷七

自己拯救自己   原著[英]塞缪尔·斯迈尔斯

关于作者:塞缪尔·斯迈尔斯是19世纪英国伟大的道德家,成功学的开山鼻祖,又是著名的作家和社会改革家。他的名著《自己拯救自己》一经问世,便引起巨大反响,法、德、俄、西班牙、丹麦、日、韩等众多国家都以各自的语言翻译出版,并不断重印,至今仍在全球畅销不衰,已成为全球有志青年最喜爱的成功学经典教材,同时也是众多贫寒之人突破人生困境最有效的教科书。

自己拯救自己 …………………………………… 136
苦难是一笔伟大的财富 …………………………… 139
勤奋就一定会有所回报 …………………………… 143
优秀的品质孕育成功 ……………………………… 145
礼节很重要 ………………………………………… 150

卷八

最伟大的力量   原著[美]马丁·科尔

关于作者:马丁·科尔在美国享有极高的声誉,他曾多次荣获《纽约时报》等各大报纸的最佳畅销图书奖。他几乎走遍了美国各地，为不同的人们祛疑解惑，帮助无数人勇敢地面对挫折与失败。《最伟大的力量》是马丁·科尔的代表作，本书将教会你如何发现自己身上所隐藏的最伟大的力量——选择的力量，并教你如何正确运用选择的力量。

每个人都拥有最伟大的力量………………………… 154
选择财富………………………………………………… 157
选择环境………………………………………………… 159
选择性格………………………………………………… 162
选择幸福………………………………………………… 164
在关键时刻作出最正确的选择……………………… 166

卷九

如何控制你的情绪 原著[美]约翰·辛德勒

关于作者：约翰·辛德勒是美国著名的医学博士，他于1939年与人共同创办了著名的门罗诊所。在那里，他开创了关于情绪诱发症的革命性理论。1949年，他做了一次名为《如何快乐度过百年》的电台节目，收效颇好。那次节目的笔录印刷后销售了数万册。也正是由于这次意想不到的成功才让他写出了《纽约时报》的畅销书——这本极具影响力的《如何控制你的情绪》。

自制拥有巨大的力量…………………………………… 170
获取成功的首要条件就是自制………………………… 174
如何驾驭自我意识……………………………………… 178
保持平稳良好的情绪…………………………………… 182
克服你的忧虑…………………………………………… 185

自我激励与激励他人 …………………………………… 189

卷十

像赢家一样思考　原著[美]丹尼斯·威特利

关于作者：丹尼斯·威特利是全美最杰出的演讲家和激励大师之一、阿波罗太空计划太空人教练、美国《财富》500大企业高级行政人员培训导师。他创作了数十种与成功相关的书籍和有声书课程。其中一套课程《成功心理学》一直畅销于世。

向赢家学习 …………………………………………… 194
善于变通，想成功就不能太过固执 …………………… 196
把自己估计得高一些，要有一个远大的志向 ………… 197
冷静让你稳步前行 …………………………………… 200
保持你的本色，活出真正的自我 ……………………… 203
一定要认清自己的能力 ………………………………… 205

卷十一

决不拖延　原著[美]戴尔·韦恩

关于作者：戴尔·韦恩是美国深受欢迎的自助导师，畅销书作家与演讲大师。他于1976年写作的《你的误区》一书至今销售最高达3000万册，成为常销不衰的经典。被誉为"一本将人本主义思想带给大众的作品"。

当机立断，犹豫会使你错失良机 ……………………… 210

切忌拖延,准确并且迅速的行动 …………… 212
千万不要为自己找任何借口 ……………… 214
没有办法时要学会借助外力 ……………… 216
如何克服优柔寡断的毛病 …………………… 219

卷十二
获取成功的精神因素　原著[美]克莱门特·斯通

关于作者:克莱门特·斯通是美国联合保险公司的创建者和主席,他从一百美元开始建立他的事业并将其发展成为全美数一数二的大公司。他身上那种激励人们积极向上的精神在他的著作有着深刻的体现,通过阅读他的书,我们可以有效学习获取成功和幸福的珍贵知识。

高贵的心灵 …………………………………… 224
良好的性格 …………………………………… 227
正确的思考方式 ……………………………… 229
合作精神 ……………………………………… 231
保持专注之心 ………………………………… 235

卷十三
通往成功之路　原著[英]詹姆斯·艾伦

关于作者:詹姆斯·艾伦被称为20世纪的"文学神秘人",他于1864年生于英格兰。艾伦一生过着一种平衡、索居但始终在思索的朴素生活。48岁时,艾伦突然离开了人世。在他身后,世界文坛才通过他的作品,认识到他的天赋才智。而这恰好也是这位英国隐士所梦想的方式——死后与这世界分享其精神智慧和生活灵感。艾伦代表作有《通往成功之路》、《思考的人》、《做命运的主人》等。

从失败的经历中汲取教训 …………………… 240
成功就是一连串的奋斗与冲刺 …………………… 242
藐视一切的困难 …………………… 244
顽强让我们跨越逆境 …………………… 246
即使有万分之一的可能,也不要轻言放弃 …………………… 248
坚定转败为胜的信念 …………………… 251

卷十四

自动自发 原著[美]阿尔伯特·哈伯德

关于作者:阿尔伯特·哈伯德是美国著名出版家和作家。1899年,他创作了一篇名为《致加西亚的信》的文章,刊登在《菲士利人》杂志上,引起了巨大的轰动,以此为主要内容的书籍更是畅销全世界,到1915年作者逝世为止,该书印数高达4000万册。一个世纪以来,该书被翻译成各种文字,许多政府、军队和企业都将此书赠送给士兵和职员,作为培养士兵、职员敬业守则的必读书。《自动自发》是阿尔伯特·哈伯德商业思想的完美结合,涵盖了勤奋、敬业、忠诚、自信等内容。从某种意义上说,该书是对《致加西亚的信》一书更深入、更详细的阐述。

抛弃"为老板打工"的错误思想 …………………… 258
对待工作一定要保持热情 …………………… 261
突破工作困境,享受工作的快乐 …………………… 264

主动与你的老板沟通 …………………………… 268
不要只为薪水而工作 …………………………… 271
将你的爱融入到工作中去 ……………………… 273
不断为自己寻找新的挑战 ……………………… 275
即使是分外的工作也不要抱怨 ………………… 277

卷十五

塔木德的智慧　原著[美]塔尔莱特·赫里姆

关于作者：塔尔莱特·赫里姆是美国著名的犹太专家，由他精心编写的《塔木德智慧》凝聚了上千年来2000多位犹太学者对自己民族历史、文化、智慧的发掘、思考和提炼，尤其是其中关于经商和财富的部分，更是在美国乃至全世界引起巨大反响。

78∶22 法则 ……………………………………… 282
能花钱才能赚钱 ………………………………… 285
用钱难于赚钱 …………………………………… 287
诚信第一 ………………………………………… 290
知识重于金钱 …………………………………… 292
逆境中求财富 …………………………………… 294

卷一

积极心态的力量

原著[美]拿破仑·希尔

关于作者:在美国,拿破仑·希尔的名字家喻户晓,他创造性地建立了全新的成功学,他在人际学、创造学、成功学等领域甚至比戴尔·卡耐基地位更高。他也是世界上最伟大的励志成功大师,他创建的成功哲学和十七项成功原则,以及他对待任何事情永远如火如荼的热情,鼓舞了千百万人,因此他被称为"百万富翁的创造者"。

人生成败全在于在心态

你的心态是你命运的控制塔。消极心态是失败、疾病与痛苦的源流,而积极心态是成功、健康与快乐的保证!你千万要记住,你的心态决定了你是否能够成功,无论情况怎么样,都要抱着积极的心态,莫让你的沮丧取代了你的热情。

你的命运可以价值连城,也可以一无是处,随你怎么选择。

一个人只要选择了积极心态,就一定会到达成功的彼岸,选择了消极心态,则只会遭遇失败。有些人只是暂时拥有积极的心态,他们一旦遇到了挫折,就失去了信心。他们一开始是对的,但是一遇到挫折,就会以消极心态来麻痹自己,慰藉自己,封闭自己,期望凭着他们的消极心态,天上会掉下馅饼来。他们不了解消极心态会产生的恶劣后果。

一般来说,持续持有消极心态会产生两种十分严重的后果:其一是消极的心态会在关键时刻为你带来疑虑,其二便是使你的希望最终破灭。

就第一种后果而言,我们可以看出,一个人如果在生活中老是寻找消极的东西,那么消极心态就会成为一种难以克服的习惯,这时即使出现好机会,这个消极的人也看不见抓不着,他会把每种情况都看作一种障碍,一种麻烦。障碍与机会有什么差别呢?其关键就在于人们对它的态度,积极的人往往把障碍当成成功的基础,并将障碍转化为机会;消极的人则往往把障碍当成成功的绊脚石,让机会悄悄溜走,我们常说无所用心便是这样。你不难发现,面对同样的机会,充分使用积极心态的人能获得人生中有价值的东西;而总是以消极心态看待事物的人则会看着幸福渐渐远去,心里懊悔,却看不到他有任何行动。

积极的心态可以使你克服困难,发现自身的力量,有助于你踏上成功的彼岸;而消极的心态却会在关键时刻使你产生疑虑,使你错失良机。

在南方某地,人们一般都用烧木柴的壁炉来取暖,有一个樵夫,他给某一个人家供应木柴达两年之久,他知道木柴的直径不能大于18厘米,否则就不适合那户人家特殊的壁炉,但是,有一次,他给这个老主顾送去的木柴大部分都不符合规定的尺寸,主顾发现这种情况后,就打电话给他,要他调换或者劈开这些不合尺寸的木柴。

"我不能这样做!"这位樵夫说,"这样所花费的工价就会比全部柴价还要高。"

主顾只好自己来劈柴。

大概在劈了一半的时候,他注意到一根非常特别的木头,上面有一个很大的节疤,节疤明显地被人凿开又堵塞住了。这是什么人干的呢?他不禁自问道。

他掂量了一下木头,觉得它很轻,仿佛是空的。他用斧头把它劈开,一个发黑的白铁卷掉了出来。他蹲下去,拾起白铁卷,打开一看,他吃惊地发现白铁卷里包着一些很旧的50美元和100美元的钞票,他数了数恰好有2250美元。

从这些钞票的颜色可以看出,它们藏在这个树节里已有许多年了。

主顾唯一的想法是使这些钱回到它的真正的主人那里。

于是,他又立即打电话给那位樵夫,问他从哪里砍了这些木头。

但是,这位樵夫的消极心态却使他说出了这样的话:

"那是我自己的事。小心你的嘴,如果你泄露了秘密,我不会放过你的。"

主顾尽管作了多次努力,还是无法知道这些木头是从哪里砍来的,也不知道是谁把钱藏在树内的。

十分明显,这个故事并不是要讽刺什么,而是要说明:具有积极心态的人发现了钱,而具有消极心态的人却视钱而不见。

可见,好运在我们每一个人的生活中都是存在的,然而,以消极的心态对待生活的人却会阻止好运造福于自己。

　　只有具有积极心态的人才会抓住机遇，进而从不利的环境中获得某种成功，另一方面，消极心态还会使你难得的希望破灭。看不到将来的希望，就激发不出现在的动力。消极心态会摧毁人们的信心，使希望破灭。

　　心态消极就像一剂慢性毒药，吃了这副药的人会慢慢变得意志消沉，失去任何动力，成功离他也会越来越远。

　　关于这一严重后果，拿破仑·希尔讲过一个十分有趣的故事。

　　约翰·格里尔是一匹良种赛马，曾经取得过多次赛马比赛的胜利。1902年7月，在阿查德市即将举行一次盛大的比赛，约翰·格里尔是其中的种子选手之一，并极有可能战胜在任何时候都占优势的一匹良种赛马——"战斗者"。

　　于是，它被精心地照料、训练，最后，两匹马终于相遇了。

　　这是一个极为庄严隆重的日子，万众瞩目着起跑点。当这两匹马沿着跑道并列奔跑时，人们都清楚，"格里尔"是在同"战斗者"做殊死的搏斗。

　　跑了1/4的路程，它们不分高低，跑了一半的路程，跑了3/4的路程时它们仍然不分高低。在仅剩1/8的路程的时候，它们似乎还是齐头并进。然而就在这时，"战斗者"却使劲向前窜去，并最终跑到了最前面。

　　很明显，对于"战斗者"的骑手来说，这是一个十分危急的时刻。因为，他看得出，约翰·格里尔是在同他的"战斗者"进行一场生死搏斗。

　　于是，他便在赛马生涯中第一次用皮鞭持续地抽打着坐骑。

　　对于"战斗者"来说，骑手似乎在放火烧它的尾巴。它猛冲到前面，终于同约翰·格里尔拉开了距离。相反，约翰·格里尔却好像静静地站在哪儿一样。

　　约翰·格里尔原是一匹精神抖擞的马，是一匹很有希望的马，但是，这次比赛却把它打败了，并将它的心态从积极的一面翻到了消极的一面,从此消极悲观,一蹶不振,后来它在一切比赛中都只是应付一下,而且再也没有获胜过。

人生虽然不是赛马,但是具有约翰·格里尔品性的人却并不少见。你不难发现,他们也像约翰·格里尔一样,在积极心态黄金定律的指导下,也曾经有过辉煌的时刻,但是当他们一遇到挫折,他们的心态便立即由积极的一面翻到消极的一面,他们是那样的悲观失望,看不到成功的希望,从此一败涂地,持有消极心态精神的人,他们对将来总是感到失望。在他们的眼中,玻璃杯永远不是半满的,而是半空的。

事实上,消极心态不仅会产生两种主要后果,而且还具有传染性,人们大概都知道物以类聚、人以群分的道理。对于那些结婚多年的夫妇来说,他们的行为在不知不觉间竟逐渐变得一样了,甚至连外貌也相似,而心态的同化则是最明显不过的。毫无疑问,跟消极心态者相处久了,你就会受他的影响,时常和具有消极心态的人接触,你就会像接触到原子辐射,如果辐射剂量小,时间短,你还能活,持续辐射就会要命了。

另外,消极心态还限制了人的潜能,一个人的行为方式,不可能永远与他的自我评价脱节,具有消极心态的人不但想到外部世界最坏的一面,而且总想到自己最坏的一面,他们不敢祈求,所以往往收获很少,遇到一个新观念,他们总是说:

"这事根本行不通!"

"我从没有这么干过!"

"不这样不也过得很好吗?"

"谁敢冒这种风险!"

"现在条件还不成熟吧!"

"这可不是我们的责任!"

在《圣经·箴言》第23章第7节中,以色列历史上最伟大的智者之一所罗门就说:"他的心怎样思量的,他的为人就是怎样的。"

换句话说,你相信会有什么结果,你就可能得到什么结果。

你不可能取得你自己并不追求的成就,你不相信自己能达到的成就,自然你就不会去争取,很明显,当一个心态消极的人对自己的事业不抱很大期望的时候,他自然就会给自己取得成功的能力打下一个大大的折扣,不言而喻,他成了自己潜能的最大敌人。

你一定要牢记,消极心态便是你失败、颓废、消极的源泉——你一定要想尽办法遏制这股暗流,不要被这种错误的心态所操纵,使你成为一个可悲的失败者。

积极心态的基本原则

积极心态的基本原则是,你能使你的大脑预备成功的先决条件。实际上,从你现在的思维模式便能预测你将来成功与否。现在,我们要对所说的"成功"一词加以界定。当然,我们并不仅指纯粹的成功,而是指比这更难做到的功业,即如何使你的生活过得更有意义,更有效率。它指的是,作为一个人,你成功了;面对困难,你能自我控制,有条不紊,不成为难题的一部分,而且能提出解决之道。我们为自己定下的目标是:过成功的生活,成为有创造力的人。人的成就绝不会超过一个人的所想,心存高远成就也大,燕雀之志则只能是小打小闹。

一位心理学家说:"在人的本性中有一种倾向:我们把自己想象成什么样,就真的会成为什么样子。"这里的想象并不是漫无目的的狂想。你对自己有什么样的影像十分重要,因为这个影像会成为事实。

思想是行为的先导。如果你预先想象自己的成功,你便会去实施使明日成功的行为。只要我们运用积极心态的原则,每个人都会成功。即使诸事不顺,也别轻言放弃,并认为自己与成功无缘。即使在最恶劣的情况下仍然会有出路,有隐藏的秘诀,它们能使你从失败转向成功,由绝望转向快乐。

著名心理学家威廉·詹姆斯说过:"世界由两类人组成:一类是意志坚强的人,另一类是心志薄弱的人。后者面临困难挫折时总是逃避,畏缩不前。面对批评,他们极易受到伤害,从而灰心丧气,等待他们的也只有痛苦和失败,但意志坚强的人不会这样。他们来自各行各业,有体力劳动者,有商人,有母亲,有父亲,有教师,有老人,也有年轻人,然而内心中都有股与生俱来的坚强特质。所谓坚强的特质,是指在面对一切困难时,仍有内在勇气承担外来的考验。"

有一天,拿破仑·希尔刚走出办公室,拦了一辆出租车。一上车便感觉到司机是个很快活的人。他吹着口哨,一会儿是电影《窈窕淑女》的插曲,一会儿是国歌。看他乐不可支的样子,希尔便搭腔说:"看来你今天心情不错!"

"当然喽!为何要心情不好?我最近悟出了一个道理,情绪暴躁和消沉都没好处,因为事情随时都会发生转机。"接着,他便给希尔讲了一个自己的故事。

那天一早,他开车出去,想趁上班高峰期多赚点钱。那天真冷,好像用手一摸铁皮,马上就会被粘住似的。不幸的是,他的车开出没多久,车胎便爆了。他肺都快气炸了!连忙拿出工具来,边换轮胎,边嘟囔着。可是天气太冷,只要工作一会儿,便得动动身子,暖暖手指头。就在这时,一辆卡车停了下来,司机跳下车。使他更惊讶的是,卡车司机居然开始动手帮忙。轮胎修好之后,他一再道谢,但是卡车司机挥挥手,不以为然地跳上车走了。

司机接着说:"因为这件事,我整天心情都很好。看来事情总是有好有坏,人不会永远倒霉的。起初因为轮胎爆了我很生气,后来因为卡车司机帮忙心情就变好了。好运似乎也跟着来了。那天早上忙得不得了,客人一个接着一个,所以口袋里进的钱也多了。先生,塞翁失马,焉知祸福。不要因为事情不如意就心烦,事情随时会有转机的。"

这就是个积极心态的例子,我们在生活中随时随地都可以发现这类例子。那位司机对希尔说,从此以后,他再也不会让人生中的不如意来困扰他了。他将一生信奉这种理论,世事随时会有转变,随时都可能否极泰来。这就是真正的积极心态。这种积极的心态一定会发挥功效。当你面对难题时,如果你期待能拨云见日,并能乐观以待,事情终将如你所愿。因为好运总是站在积极心态者的一边。一个积极心态者心中常能存有光明的远景,即使身陷困境,也能以愉悦、创造性的态度走出困境,迎向光明。

事实上,人生就是如此。我们难免会遇到无数挫折、困难及烦恼,但这并不意味着你注定要被打败。如果你秉持真诚的信念,勇敢面对人生,坚信好运必来,就能突破重围,任何难题都将迎刃而解。这一点适用于每一个人,每一种场合。

在纽约附近有一个小镇,镇上有一位名叫吉姆的男孩,他十分可爱,也是位真正的男子汉,一个真正意志坚强的人。他是个天生的顶尖运动好手。不过在他刚入中学不久,腿就瘸了,并迅速恶化为癌症。医生告诉他必须动手术,他的一条腿便被切掉了。出院后,他拄着拐杖返回学校,高兴地告诉朋友们,说他将会安上一条木头做的腿:"到时候,我便可以用图钉将袜子钉在腿上,你们谁都做不到。"

足球赛季一开始,吉姆立刻回去找教练,问他是否可以当球队的管理员。在练球的几星期中,他每天都准时到球场,并带着教练训练攻守的沙盘模型。他的勇气和毅力随即感染了全体队员。有一天下午他没来参加训练,教练非常着急。后来才知道他又进医院做检查了,并得知吉姆的病情已恶化为肺癌。医生说:"吉姆只能活6周了。"

吉姆的父母决定不将此事告诉他。他们希望在吉姆生命最后的时刻,能尽量让他正常地过日子。所以,吉姆又回到球场上,带着满脸笑容来看其他队员练球,给其他队员加油鼓劲。因为他的鼓励,球队在整个赛季中保持了全胜的纪录。为庆祝胜利,他们决定举行庆功宴,准备送一个全体球员签名的足球给吉姆。但是餐会并不圆满,吉姆因身体太虚弱没能来参加。

几周后,吉姆又回来了。他这次是来看篮球赛的。他脸色十分苍白,除此之外,仍是老样子,满脸笑容,和朋友们有说有笑。比赛结束后,他到教练的办公室,整个足球队的队员都在那里。教练还轻声责问他:"怎么没有来参加餐会?""教练,你不知道我正在节食吗?"他的玩笑掩盖了脸上的苍白。

其中一位队员拿出要送他的胜利足球,说道:"吉姆,都是因为你,我们才能获胜。"吉姆含着眼泪,轻声道谢。教练、吉姆和其他队员谈到下个赛季的计划,然后大家互相道别。吉姆走到门口,以坚定冷静的目光回头看着教练说:"再见,教练!"

"你意思是说,我们明天见,对不对?"教练问。

吉姆的眼睛亮了起来,坚定的目光化为一种微笑。"别替我担心,我没事",说完话,他便离开了。2天后,吉姆离开了人世。

原来吉姆早就知道他的死期,但他能坦然接受。这说明他是一个意志坚强、积极思考的人。他将悲惨的事实转化为富有创意的生活体验。或许,有人会说,他还是死了,积极心态最终也未能帮他多少忙,这并不完全对。至少吉姆知道凭借信仰的力量,在最坏的环境中创造出令人振奋而温暖的感觉。他不像鸵鸟般将头埋进沙堆,逃避事实。他完全接受命运,但决定不让自己被病痛击倒,他从未被击倒过。虽然他的生命如此短暂,他仍把握它,把勇气、信仰与欢笑永远留在他所认识的人们心中。一个能做到这一点的人,你还能说他的一生失败了吗?

有时候,积极心态之所以无效,最重要的原因之一是,我们没有真正去实行这一原则。积极思想需要不断训练、学习及持之以恒。你必须积极主动地去实行,这样经过一段时间后才有成效。

积极心态使你出类拔萃

纽约的零售业大王伍尔沃夫的青年时代非常贫穷。他在农村工作,一年中几乎有半年的时间是打赤脚的。他创造财富的秘诀就是保持自己的积极心态,仅此而已。最开始的时候,他借来300美元,在纽约开了一家商品售价全是5美分的小商店,曾经全天营业额还不到1.5美元,不久后便经营失败。以后他又陆续开了4个店铺,有3个店完全失败。就在他几乎丧失信心的时候,他的母亲来探望他,紧紧握住他的手说:"不要绝望,总有一天你会成为富翁的。"就在母亲的鼓励下,伍尔沃夫面对挫折毫不气馁,更加充满自信地开拓经营,最终一跃成为全美一流的资本家,建立了当时世界第一高楼,那就是纽约市有名的伍尔沃夫大厦。

其实不只是伍尔沃夫,几乎所有白手起家的创富者,无不有一个共同的特点,那就是具有积极的心态。他们运用积极的心态去支配自己的人生,用乐观的精神去面对一切可能出现的困难和险阻,从而保证了他们不断地走向成功。而许多一生潦倒者,则普遍精神空虚,以自卑的心理、失落的灵魂、失望悲观的心态和消极颓废的人生态度作前导,其后果只能是从失败走向新的失败,至多是永驻于过去的失败之中,不再奋发。

仔细观察比较一下失败者与成功者在心态上的差别,尤其是关键时候的心态,我们就会发现"心态"会导致人生惊人的不同。

在推销员中,广泛流传着这样一个故事——

两个欧洲人到非洲去推销皮鞋。由于炎热,非洲人向来都是打赤脚。第一个推销员看到非洲人都打赤脚,立刻失望起来;另一个推销员看后却惊喜万分:"这些人都没有皮鞋穿,这里的皮鞋市场大得很呢!于是想方设法引导非洲人购买皮鞋,最后发大财而回。

同样是非洲市场,同样是面对打赤脚的非洲人,由于想法不同,一个人灰心失望,不战而退;而另一个人满怀信心,大获全胜。

积极的心态不仅能使人走出困境,而且还能使人在同类中出类拔萃。

福勒是美国路易斯安那州的一个佃农家庭的黑人孩子。他们一家穷苦极了,福勒5岁时就开始干活,9岁就靠赶骡子挣钱了。这并不是什么特殊的事,农民或穷人的家庭都这样,这些家庭认为他们的贫穷是命运安排的而并不要求改善生活。但小福勒的母亲是个优秀的农妇，她绝不这样认为，她知道她这贫困的家庭存在于一个繁华世界中，一定是有什么蹊跷的。于是，她说："嗨，福勒，我不愿意听到你们说：这是上帝的旨意。不，圣经里的每一个字都想让我们富起来，你为什么不去做一个能出人头地的人呢？"这段话在福勒的心灵中刻下深深的烙印，以致改变了他的一生。

"我要致富、我要出人头地！"福勒决定把经商作为生财的一条捷径，最后他选择经营肥皂。于是他就作为流动销售员叫卖肥皂达12年之久。后来他获悉供应他肥皂的那家公司将拍卖，售价是150 000美元。当时他已存有25 000美元。他与那家公司达成了协议：他先交25 000美元的保证金，然后在10天之内付清剩下的125 000美元。如果10天过了付不出，他将同时丧失那笔作为自己全部储蓄的保证金。机会来了，但风险极大，然而福勒很积极地去做这件事并成功了，后来他是这样告诉别人的："我心中有数，即使当时的情况太冒险。我从客户、朋友、信贷公司和投资集团那里获得了援助。在第10天的前夜，我已筹集了115 000美元，但还差10 000美元。我怎么想也没有办法了，真要命！那时已是深夜了，我在幽暗的房间里一遍又一遍地做祷告，渴盼奇迹出现。可是我知道奇迹之说是骗人的，于是毅然走出房门，我要再寻找，仔细地搜寻。夜已深了，我沿芝加哥61号大街走去。走过几条街后，我看见一所承包商事务所还亮着灯。我激动地走了进去。在那里，写字台旁坐着一个看起来因为经常熬夜工作而疲乏不堪的人。我一下子放松了许多。我好像有点认识他，我意识到自己必须勇敢些、再勇敢些。"

"'先生，您想赚1000美元吗？'我直接地进入谈话。"

"这话使得这位承包商吓得向后仰去。'是呀，亲爱的，'他答道。"

"我一听见'亲爱的'这个词，立刻就愉快了起来。'那么，亲爱的，请给我开一张10 000美元的支票；当我奉还这笔借款时，我将另付1000美元给你。'我对他诚恳地说。我接着就把其他借我款的先生们的名单及签有亲笔字的借款单给这位承包商先生看，并详细地解释了我这次商业冒险的具体情况，承包商很感动，支持了我。这样，我就如期地付出了买肥皂公司所需的资金，有了这家公司，以后的一切都很自然地发展起来了。"

福勒先生最后向我们强调的正是：一定要树立你积极的心态。

有些人虽然有积极的心态，但是一遇到挫折就会失去信心，他们不了解成功需要用积极的心态不断尝试。

记住，我们创造了自己的环境——心理的、情绪的、生理的、精神的——我们自己的态度决定我们的人生。

正确认识积极心态

大千世界，芸芸众生，人们都在时刻盼望着实现自我的人生价值，人们都在企盼着发财致富，终日企盼着事业的成功。但是，怎样才能成功，通向成功之路的起点究竟又在哪里呢？

拿破仑·希尔告诉我们，积极和消极两种截然不同的心态，具有两种惊人的力量：其一，使人登峰造极，一览众山小，即积极心态；其二便是消极心态，它使人终身陷在谷底，即使爬到巅峰，也会被它拖下来。这两种巨大的力量既能吸引财富、成功、快乐和健康，又能排斥这些东西，夺走生活中的一切。

那么，心态是如何影响人的呢？在马斯洛的行为心理学看来，当你有一种信念或心态后，你把它付诸行动，就更能加强并助长这种信念了。

比如，你有一个信念，就是你能够很好地完成自己承担的工作，这时你会觉得在工作中很有信心，你常常这样想，并在实践中想方设法去做好工作，信心就会更强。这就是你的行动加深了你的心态。

又比如，你欣赏一个人，你喜欢他，你就会主动与他沟通交往。然后，你就会不断发现这个人的优点，从而更喜欢他。这是情绪和行为相应的一种反应。

同样，对你自己也一样。你很喜欢自己，或者你压根儿就不喜欢自己，其情形也会是一样的。

当一种心态存在以后，你的行为就会加深这种心态。

所以有的孩子或者女人，他们哭起来总是越哭越伤心，这就是哭的行为促使他们在发泄自己的情绪，彼此的因和果就混淆在一起了。所以，当你自认为自己有能力的时候，你就会觉得各方面只要经过自己努力就能取得成功。

事实上，这个世界上没有任何人能够改变你，只有你能改变自己；没有任何人能够打败你，也只有你自己可以。因此，无论你自身条件如何恶劣，只要你运用积极心态，并将它和获取成功的其他定律相结合，就可能达到成功的彼岸。否则，无论你自身条件如何优秀，机会如何千载难逢，只要你被消极心态所操纵，你的失败则是必然的。

富兰克林·罗斯福就是运用积极心态成就事业的典型。富兰克林·罗斯福8岁的时候，本是一个脆弱胆小的男孩，脸上时常显露着一种惊惧的表情。他的呼吸总像喘气似的，在背诵什么东西的时候，双腿不断发抖，嘴唇也颤抖不已，回答问题时总是含糊不清，且不连贯，回答完了后就十分颓废地坐下来。

或许，按照一般的情况，像他这样的小孩，自我感觉一定很敏感：回避任何活动，不喜欢交朋友，是一个只知自怜的人！

但事实上，罗斯福却不是这样。他虽然先天有些缺陷，却保持着积极心态，持有一种积极、奋发、乐观、进取的心态，这种积极心态激发了他的奋斗精神。

他的缺陷促使他更加努力地去奋斗，并未因为同伴对他的嘲笑便降低了勇气。他喘气的习惯变成了一种坚定的嘶声。他以坚强的意志，咬紧自己的牙床使嘴唇不颤动而克服他的惧怕。就是凭着这种奋斗精神，凭着这种积极心态，罗斯福终于成为了美国历史上最伟大的总统之一。

他并不因为自己的缺陷而气馁,甚至还将自己的这种缺陷加以很好的利用,使其变为自己勇敢进取的资本,变为自己向上的扶梯,从而爬到成功的顶点。

他的晚年,已经有很多人知道他曾有严重的缺陷。但是美国人民仍是一如既往地热爱他。

富兰克林·罗斯福的成功是神奇、伟大的,先天加在他身上的缺陷是那样的严重,但他却能毫不灰心地干下去,直到成功。

像他这样的人,如果停止奋斗而自甘堕落,应该说是相当自然而平常的事!但是他却不是这样。假使有什么可怜的地方,他就让朋友们来可怜他。他从来不落入自怜的罗网里,这种罗网害过许多比他的缺陷要轻得多的人。没有人能想象这位受到人们广泛爱戴的总统,竟会有如此悲哀的童年而又有如此伟大的信心。

假使他十分注意自己身体的缺陷,或许他会花费许多时间去洗"温泉",喝"矿泉水",服用"维他命",并花时间去航海旅行,躺在甲板的睡椅上,希望恢复自己的健康。他不把自己当做婴儿看待,而是要使自己成为一个真正的人。

他看见别的强壮的孩子玩游戏、游泳、骑马、做各种极难的体育活动时,他也强迫自己去打猎、骑马、玩耍或进行其他一些激烈的活动,使自己变为吃苦耐劳的典范。

他看见别的孩子用刚毅的态度对付困难、克服惧怕的情形时,他也就用一种探险的精神,去对付所遇到的可怕的环境。如此,他也觉得自己勇敢了。当他和别人在一起时,他觉得他喜欢他们,并不回避他们。由于他对人感兴趣,从而自卑的感觉无从产生。

他觉得当他用"快乐"这两个字去接待别人时,就不觉得惧怕别人了。未进大学之前,他已通过自己不断的努力,系统的运动和规律的生活,将身体和精力恢复得很好了。

他利用假期在亚利桑那追赶牛群,在落基山猎熊,在非洲打狮子,使自己变得强壮有力。

有人会怀疑这位西班牙战争中的马队领袖的精力吗?有人对于他的勇敢发生过疑问吗?可是千真万确,罗斯福便是那个曾经体弱胆怯的小孩。

罗斯福使自己成功的方式是如此的简单,然而却又是如此的有效!这是每个人都可以做到的。罗斯福成功的主要因素在于他的心态和他的努力奋斗。但最重要的还是他的心态。正是他这种积极的心态激励他去努力奋斗,最后终于从不幸的环境中找到了成功的秘诀。

"我是自己命运的主宰,我是自己灵魂的领导。"这句话告诉我们:因为我是我自己心态的主宰,所以自然会变成命运的主宰。心态会决定我们将来的机遇。

这句话也强调,无论心态是破坏性的还是建设性的,这个定律都会完全应验。运用这种积极心态,你就能把心中的各种念头和态度变成现实,并同样把你心中富裕或贫穷的思想都变成现实。

积极的心态可以激发潜能

拿破仑·希尔曾经讲过这样一个故事:一个星期六的早晨,一位牧师正在为讲道词而伤脑筋,他的太太出去买东西了,外面下着雨,小儿子又烦躁不安,无事可做。后来他随手拿起一本旧杂志,顺手翻一翻,看到一张色彩鲜丽的巨幅图画,那是一张世界地图。他于是把这一页撕下来,把它撕成小片,丢到客厅地板上说:"强尼,你把它拼起来,我就给你两毛五分钱。"

牧师心想他至少会忙上半天,谁知不到十分钟,他书房就响起敲门声,他儿子已经拼好了,牧师真是惊讶万分,强尼居然这么快就拼好了。每一片纸都整整齐齐地排在一起,整张地图又恢复了原状。

"儿子啊,怎么这么快就拼好啦?"牧师问。

"噢,"强尼说:"很简单呀!这张地图画的背面有一个人的图画。我先把一张纸放在下面,把人的图画放在上面拼起来,再放一张纸在拼好的图上面,然后翻过来就好了。我想,假使图拼得对,地图也该拼得对才是。"

牧师忍不住笑起来,给他一个两毛五的硬币,"你把明天讲道的题目也给了我了。"他说:"假使一个人是对的,他的世界也是对的。"

这个故事意义非常深刻:如果你不满意自己的环境,想力求改变,则首先应该改变自己。假如你有积极的心态,你四周所有的问题都会迎刃而解。

艾文·班·库柏是美国最受尊敬的法官之一,但他小时候却是一个懦弱的孩子。库柏在密苏里州圣约瑟夫城一个准贫民窟里长大,他的父亲是一个移民,以裁缝为生,收入微薄。为了家里取暖,库柏常常拿着一个煤桶,到附近的铁路去捡煤块。库柏为必须这样做而感到困窘,他常常从后街溜出溜进,以免被放学的孩子们看见了。

但是,那些孩子还是时常遇见他。特别是有一伙孩子常埋伏在库柏从铁路回家的路上,袭击他,以此取乐。他们常常把他的煤渣撒遍街上,使他回家时一直流着眼泪。这样,库柏总是生活在或多或少的恐惧和自卑的状态之中。

有一件事发生了,这种事在我们打破失败的生活方式时总是会发生的。库柏因为读了一套书,内心受到了鼓舞,从而在生活中采取了积极的行动。这本书是荷拉修·阿尔杰著的《罗伯特的奋斗》。在这本书里,库柏读到了一个像他那样的少年的奋斗故事。那个少年遭遇了巨大的不幸,但是他以勇气和道德的力量战胜了这些不幸。库柏也希望具有这种勇气和力量。

之后,库柏读了他所能借到的每一本荷拉修的书。当他读书的时候,他就进入了主人公的角色。整个冬天他都坐在寒冷的厨房里阅读。那些有关勇敢和成功的故事,使他不知不觉地养成了积极的心态。

在库柏读了那本荷拉修的书之后一个月,他又到铁路上去捡煤。

隔开一段距离,他看见三个孩子一起在他的后面飞奔。他最初的想法是转身就跑,但他很快地记起了他所钦羡的书中主人公的勇敢精神,于是他把煤桶握得更紧,一直向前大步走去,犹如他是荷拉修书中的一个英雄。

这是一场恶战。三个男孩子一起冲向库柏,库柏丢开铁桶,坚强地挥动双臂,进行抵抗,吓得这三个恃强凌弱的孩子大吃一惊。库柏的右手猛击到一个孩子的嘴唇和鼻子上,左手猛击到这个孩子的胃部。这个孩子便停止打架,转身溜跑了,这也使库柏大吃一惊。同时,另外两个孩子正在对他进行拳打脚踢。库柏设法推走了一个孩子,把另一个打倒,用膝部猛击他,而且发疯似的揍他的腹部和下巴。现在只剩一个了,他是孩子头,已经跳到库柏的身上,库柏用力把他推到一边,站起身来。大约有一秒钟,两个人就这么面对面站着,狠狠瞪着对方,互不相让。

后来,这个小头头一点一点地退后,然后拔腿就跑。库柏也许出于一时气愤,又拾起一块煤炭朝他扔了过去。

库柏这时才发现鼻子挂了彩,身上也青一块、紫一块。这一仗打得真好。这是他一生中最重要的一天,这一天他已经克服了恐惧。

班·库柏并不比那三个少年强壮多少,那些坏蛋的凶悍也没有收敛多少,不同的是他的心态已经有了改变。他已经学会克服恐惧,不怕危险,再也不受坏蛋欺负。从现在开始,他要自己来改变自己的环境,他果然做到了。通过运用积极心态,班·库柏战胜了懦弱,战胜了恐惧,最终成为全美国最受尊敬的法官之一。

如何培养你的积极心态

在拿破仑·希尔看来,对于一个坚定的成功者而言,乐观向上的心境同样是走向成功的必要条件之一,不过,为了培养你的乐观精神,你却必须遵循以下必要的步骤。那么,培养乐观精神的步骤是怎样的呢?

一、不要做一个受制于自我的困兽,而要冲出自制的樊笼

你只要抱着乐观主义,必定是一个实事求是的现实主义者。这样,乐观主义和现实主义这两种原则便成为解决生活与工作问题的孪生兄弟。

最不足以交往的朋友,是那些悲观主义者和一些只会取笑他人的人。真正的朋友,应该是那种说"没有什么大不了,只是有些不方便而已!"的人。

你帮助朋友时,不要仅仅只是去分担他或她的痛苦或者说些愚昧的话。如果要建立亲密的关系,你和你的朋友就必须有共同的人生价值和目标。

二、多了解他人的痛苦与不幸是十分有益的

情绪低落时,你不妨去访问孤儿院、养老院、医院,看看世界上除了自己的痛苦之外,还有多少不幸的人。

如果情绪仍不能平静,你不妨积极地去和这些人接触,深入他们的生活,和他们同喜同忧。

当然,和孩子们一起散步或者做游戏也是一种调整自己情绪的好办法。努力把你不好的情绪,转移到帮助别人身上,并重建自己的信心。

通常只要改变一下环境,就能改变自己的心态和感情。

三、享受愉快、欢愉的娱乐

不妨看看与你的职业及家庭生活有关的当地新闻;

不要经不起好奇或是诱惑而浪费时间去阅读别人悲惨的详细新闻。

开车上学或上班途中,听听电台的音乐或自己的音乐带。

如果可能的话,你也可以和一位持积极心态的人共进早餐和午餐。

你不妨看看那些介绍自然美景、家庭健康及文化活动的媒体。

观看电视节目或电影时,要根据它们的质量与价值来决定其取舍,而不是注意其商业价值或是某种突然而起的轰动效应。

晚上不要坐在电视机前,要把时间花在你所爱的人身上,比如和他们谈点什么。

四、改变你的习惯用语

不要说"我累坏了",而要说"忙了一天,现在真轻松"。

不要说"你们怎么不自己想想办法"而要说"我知道我将怎么办"。

不要总是在集体或组织中抱怨不休,而要试着去赞扬每一个人。

不要说"为什么偏偏找上我,上帝啊",而要说"上帝,考验我吧"。

不要说"这个世界简直就是乱七八糟",而要说"我得先把自己家里收拾好"。

五、要学会向龙虾学习

龙虾的生命历程可以是你学习的榜样。龙虾在某个成长的阶段里,会脱掉外面那层具有保护作用的硬壳,因而很容易受到敌人的伤害。这种情形将一直持续到它生长出新的外壳为止。

生活中发生某些变故是很正常的。每一次发生变化,你总会遭遇到陌生及预料不到的意外事件。只是,发生变化时,你不能躲起来,使自己变得更懦弱。相反,要敢于去应付危险的状况,对你未曾见过的事物,要培养出坚定的信心。

六、尽量表现你身体的健康

在幻想、思考或是谈话中,你应尽量表现出你的健康情况很好。

你应该每天都对自己做积极的自言自语,不要老是想着一些小毛病,像伤风、头痛、刀伤、擦伤、抽筋、扭伤以及一些小外伤等。如果你对这些小毛病太过注意了，它们将会成为你最好的朋友，经常来"问候"你。你脑中想些什么，你的身体就会表现出来。

要专门想着家庭的好处，注意整个家庭的健康环境。在抚养及教育孩子时，这一点特别重要。有一些父母，似乎比其他人更关心孩子的健康与安全，殊不知，他们这样却反而使他们的孩子变得更为懦弱。

七、不妨随时向他人传达你的积极心态

在你生活或工作中，只要可能或是方便，就写信、拜访或打电话给现在需要帮助的每一个人。向他人显示你的积极心态，并把你的积极心态传给别人。

保持积极心态需要丰富你的心智

一个人拥有正确的心态，那他就会创造不同凡响的奇迹。善于处理危机的人，往往都是为自己在成功之路上创造各种有利于自己的条件，而不是死死抱住自己原有的那些东西。

爱达华州的两个农夫辛普森和茨威格，他们各自经营着自己的农场。以种植马铃薯为主。这两个并不满足只当一个种植马铃薯的农夫的人认为每个人都可以创造自己的市场，而无需抢夺他人的市场。这种积极的心态，使辛普森创立了冷冻食品公司——辛普森公司，并成为麦当劳连锁店马铃薯的主要供应商；茨威格则创立了奥爱食品公司。

这两人成功的原因都是拥有"丰富心智"，他们深信：自然与人性资源足以实现任何梦想；我的成功不全然是别人的失败，别人的成功也不会剥夺我的机会。

根据诊断企业和个人的经验，拿破仑·希尔观察到丰富心智会消除狭隘的想法和敌对关系,而卓越与平庸的分歧也在于此。

拿破仑·希尔的一生也经历了许多丰富与贫乏心智的挣扎。当拥有丰富心智时,他相信别人,且开朗、肯施舍,愿意和别人共同生活,能够欣赏彼此的成就。因为他察觉到力量的源泉在于差异,个体并非一模一样,每个人都应该取长补短。

心智丰富的人,注重互利的原则,沟通时先求了解别人,再求被人了解,心理上的满足并非来自击败他人,或与他人比较。这些人没有占有欲,不要求他人照自己的话做,其安全感并非建立在别人的意见上。

丰富心智来自内在的安全感,而不是外在的排名、比较、意见、拥有或关系。如果自身的安全感是从这些俗务而来,那这些俗务举动就会影响到他们的生活。

"贫乏心智"的主张者认为机会是稀少的,若同事获得升迁,朋友得到认同或有重大成就,自己的安全感或自我身份即受到威胁,即使口头上赞誉有加,内心却是痛苦不堪。这些人的安全感是和他人比较而来,而不是来自自然法则与原则的信仰。

愈坚持以原则为重心,愈能培养丰富心智:愿意与他人分享权力、利润和认同,也愈能为他人的功成名就感到自豪。别人的成就对自己的影响是正面的,而非负面的。

有一般来说,丰富心智有以下七项特征:

一、回归正确的来源

丰富心智的人从内在安全感的泉源中汲取动力,并保有平和、开朗、信任,为他人成就而自豪。他们等于开展、塑造自己的生命,培养丰富的感情,以滋长舒适、内省、期望、指导、保护和宁静的心灵。

二、寻找孤寂,享受自然

丰富心智的人保留时间,寻找独处的机会;心智贫乏的人,由于本性喜欢喧嚣,独处时往往感到寂寞。

自然界有许多宝贵的东西可充实我们的心灵感受,静谧的自然环境让人深省、心境平和,让人可以做好准备重返步调紧凑的生活。

三、每天锻炼心智与体能,以保持身心巅峰

在心智方面,拿破仑·希尔建议培养广泛且深入阅读的习惯。而在体能方面,则是寻找各种适合自己的运动。

四、乐意为他人服务

为了培养内在安全感,有些人愿意尽力服务他人,不求名利,但与日俱增的内在安全感与丰富的心智,就是最好的回报。

五、与别人维持长期良好关系

配偶或亲密伙伴,在我们失去信心时,仍会关爱并相信我们。心智丰富的人会与许多人维持这种关系,当察觉到某人正在十字路口彷徨时,就会不辞辛苦地表达对那人的信任。

六、宽恕自己与他人

心智丰富的人不会为自己的愚蠢行为或社交过失而自责,也不会在意他人的莽撞。过去或明日的梦想不是他所关切的,这些人很理性地活在现在,仔细规划未来,并灵活面对变动的环境。充满幽默感、坦承错误并学着宽恕,满怀喜悦去做能力范围内的工作。

摆脱消极心态的干扰

我们必须面对这样一个奇怪的事实:在这个世界上,成功卓越者少,失败平庸者多。成功卓越者活得充实、自在、潇洒,失败平庸者过得

空虚、艰难、窘迫。

拿破仑·希尔认为，失败平庸者多，主要是心态观念有问题。遇到困难，他们只是挑选容易的倒退之路。"我不干了，我还是退缩吧。"结果陷入失败的深渊。成功者遇到困难，怀着挑战的意识，用"我要！我能！""一定有办法"等积极的意念鼓励自己，这样便能想尽办法，不断前进，直至成功。爱迪生试验失败几千次，从不退缩，最终成功地创造了照亮世界的电灯，这就是一个最好的例证。

成功者从成功中获得更多的信心，失败者从失败中得到更多的害怕和借口，积极行动的积累，可以造就伟大的成功；消极言行的累积，足以让人万劫不复。

那么，如何才能摆脱消极心态的干扰呢？你必须明白以下问题：

成功只在一念之间

仔细观察比较一下成功者与失败者的心态尤其是关键时候的心态，我们就会发现"一念之差"导致惊人的不同。

来看这样一个故事：

塞尔玛陪伴丈夫驻扎在一个沙漠的陆军基地里，她丈夫奉命到沙漠里去演习，她一人留在陆军的小铁皮房子里，天气热得受不了——在仙人掌的阴影下也是华氏一百二十五度。没有人能和她说话，只有墨西哥人和印第安人，而他们不会说英语。她太难过了，就写信给父母，说要丢开一切回家去。她父亲的回信只有两行，这两行信却永远留在她心中，完全改变了她的生活：

两个人从牢中的铁窗望出去，
一个看到泥土，一个却看到星星。

塞尔玛读完这封信，觉得非常惭愧。她决定要在沙漠中找到星星。

塞尔玛开始和当地人交朋友，他们的反应使她非常惊奇，她对他们的纺织、陶器表示兴趣，他们就把最喜欢舍不得卖给观光客人的纺织品和陶器送给了她。塞尔玛研究那些引人入迷的仙人掌和各种沙漠植物，又学习有关土拨鼠的常识。她观看沙漠日落，还寻找海螺壳，这些海螺壳是几万年前在沙漠还是海洋时留下来的……原来难以忍受的环境变成了令她兴奋、留连忘返的奇景。

是什么使这位女士内心有了这么大的转变？

沙漠没有改变，印第安人也没有改变，但是这位女士的念头改变了，心态改变了。一念之差，使她把原先认为恶劣的情况变为一生中最有意义的冒险。她为发现新世界而兴奋不已，并为此写了一本书，以《快乐的城堡》为书名出版了。她从自己造的牢房里看出去，终于看到了星星。

借口症的虚假和危害

社会中因各种借口造成的消极心态，就像瘟疫一样毒害着我们的灵魂，并且互相感染和影响，极大地阻碍着人们正常潜能的发挥，使许多人未老先衰，丧失斗志，消极处世。

然而，正如任何传染病都可以治疗一样，"借口症"这个心态病也是可以想办法克服的。办法之一就是用事实将借口的理由一一驳倒，使它没有脸面、没有理由在我们心中立足。

消除恐惧与忧虑

恐惧与忧虑，人人都或多或少有过，程度轻微，我们可能看不出它们的危害。实际上任何恐惧和忧虑都会侵蚀破坏我们的积极心态，妨碍我们的行为果断。只有当我们战胜恐惧，战胜忧虑，并利用它们为我们成功服务，恐惧和忧虑才可以变害为利。比如我们担心失败，但我们有信心战胜恐惧与忧虑，我们作更大的努力，采取更细致妥善的规划、谋略和行动去争取成功，这样我们就控制了恐惧和忧虑。

不受控制的恐惧和忧虑对我们危害很大，它会扰乱我们的心理平衡，并导致某些生理问题，如忧郁、失眠、神经衰弱、阳痿等等。严重的恐惧和忧虑，会使人理智混乱，产生严重的心理和生理病态。长期的恐惧和忧虑则会使一个优秀的人变成一个平庸无能的失败者。

只有战胜恐惧和忧虑,我们才能平安、幸福、成功卓越。

面对恐惧我们应该如何做呢?

(1)"恐惧衍生于无知。"这是拿破仑·希尔引用一位大哲学家的话。这话可以帮助我们战胜恐惧和忧虑:你担心害怕什么,你就采取行动了解它。

看清它的本来面目,然后用行动击溃它,战而胜之。但是必须借助积极成功的心态来武装自己:我要战胜它!我能战胜它!我一定能战胜它!成功积极的心态使人坚强无比,可以帮助人克服任何恐惧。

(2)不要说"人言可畏"。人们常常害怕流言,不但忧虑而且恐惧。让我们来分析一下:"人家会怎么说呀!""人言可畏!""众口铄金!""千夫所指,无疾而亡!"这些都似乎说明人的言论确实令人害怕,我们似乎只好恐惧忧虑了。

流言为什么令人害怕呢?主要原因大概是流言可能会使我们失去面子、失去自尊,受到攻击,受到威胁等等。注意,这里是用"可能会"三字,事实上并非如此。

就我们内心来说,除非自己不相信自己,谁能不经我们同意就打倒我们呢?请仔细品味这句话的意思。

流言大概有三种,一种是基于正确客观的,一种是以讹传讹的误会,一种是恶意的挑衅中伤、夸大事实的诽谤。后一种流言,其实反映了传播流言者的消极心态及虚弱和害怕。持积极心态的成功者是不会去中伤诽谤他人的。

不管哪种流言,其实都不可怕。林肯任美国总统期间,曾受到许多流言的攻击。如果害怕这些流言,他这个总统就不要当了。他是如何对待人言的呢?"如果结果证明我是对的,那么人家怎么说我,就无关紧要了,如果结果证明我是错的,那么即使花十倍的力气来说我是对的,也没有什么用了。""我尽我所知的最好办法去做——也尽我所能去做。而我将一直这样把事情做完。"

害怕流言毫无作用,唯有尽力去做,去行动,才是战胜流言恐惧的最佳办法。美国名将麦克阿瑟和英国首相邱吉尔都曾把林肯上述名言挂在办公室的墙上。

舌头长在别人嘴里，笔杆握在别人手上。别人爱怎么说，我们是无法控制的，但是，脑袋长在自己头上，我们可以控制我们自己的心态反应，可以控制我们的行为方式。按照自己的志向，努力提高素质，掌握人性的弱点和与人交往的技巧，战胜一切困难，争取成功卓越，这就是对一切流言的最好回答。

当流言影响我们成功怎么办？那就采取行动——策略指导下的行动。对流言最无价值的反应就是恐惧和忧虑。而恐惧和忧虑本身才是真正伤害我们自己的祸害。

社会上有种现象很可笑：你无能，什么事都不作，人家要说你。你追求成功卓越，人家也要说你，甚至找岔子说你。从我们自身的利益来说，成功卓越会带给我们财富的幸福，即便流言始终存在，但与其忍受人家说你无所事事，倒不如让人批评你追求成功。

流言不可怕，可怕的是我们自己不走自己的路。任何恐惧和忧虑都不能改变现实，只能给我们增添麻烦、压力和障碍。采取行动，恐惧和忧虑就会怕你。

其实任何恐惧和忧虑都可以采取分析的方法，让恐惧忧虑显得可笑和多余。不过彻底战胜和清除恐惧和忧虑还要针对具体情况，采取积极的行动。假如你担心害怕去公开谈话或演讲，唯一克服这种恐惧的办法就是去进行公开谈话或演讲。

拿破仑·希尔成功学的一个重要内容，便是通过协助人们公开谈话，帮助人们战胜恐惧，增强信心。这个方法非常有效，帮助了成千上万的人改变了心态，改善了人生。因为人们一旦能克服在一群人面前发表公开谈话的恐惧，那么他也容易克服其他场合下的恐惧。

这个课程的具体做法是：帮助学员认识公开谈话的实质和特点以及技巧，帮助学员认识到害怕公开谈话的原因是因为准备不好和缺乏经验，然后鼓励学员改变心态，以积极肯定的方式鼓励和协助学员在安全的环境下上讲台进行反复的练习，直至能够自信地发表公开谈话。获得成功经验后原先的恐惧便自然而然地被战胜了。你也由此极大地增强了克服困难的勇气和信心。

克服忧虑,抓住三个要点:一是认清忧虑的危害,忧虑不能解决任何问题,反而浪费时间,伤害自己的自信。二是对所忧虑的事情进行分析,并从中找出解决问题的方法。三是采取行动。人一旦采取行动,忧虑就会不战而败。对于忧虑的人,行动是一种良药。

下面是一些挣脱消极心态的方法:

(1)认识到家庭、学校和社会的教育可能是不健全的,可能存在相当多的消极因素。应该依靠自己,提高分析辨别能力,择善而从之。教育与训练决不能被动地依靠家庭、学校和社会教育。

(2)提高辨别积极心态和消极心态的能力,关键在于多学习,观察成功卓越人物的思想,心态和行为方式以及他们的成功经历和成功技巧。同时对照生活中的失败平庸者,观察思考他们的心态与行为,想想他们为什么会失败?把成功卓越人物与失败平庸者的心态进行对照比较,可使你洞察是非,增强抵制消极失败心态的能力。

(3)增加个人的成功体验,增强自信心。

(4)只以成功者为榜样,不向失败者学习。尽可能选择具有积极氛围的环境,选择积极乐观的朋友。回避细菌感染,是保持健康心理的一个重要方法。

(5)你想改变消极环境,你必须先提高自己,建立牢固的自信心基础。当今社会有一种好现象:大量青壮年农民离开落后贫穷的土地到沿海发达地区去打工。不少有志气的人经过几年打工训练,赚了钱,又学了本事,回到家乡办企业。先离开消极环境,救出自己,树立牢固的成功积极心态后,再去影响和改造那消极的环境,这也是落后地区社会进步的一条重要途径。

(6)对照成功的知识,接受成功训练,从小事开始,增加成功的实际体验,不断提高自己的能力和素质。

(7)进行提高自信心的训练,增强免疫消极心态的能力。

卷二
人际交往的学问

原著[美]戴尔·卡耐基

关于作者:戴尔·卡耐基,美国著名心理学家,人际关系学家,20世纪最伟大的人生导师,他一生中亲笔写作了《人性的弱点》、《人性的光辉》、《语言突破》、《林肯传》等伟大著作,以超人的智慧,严谨的思维,在道德、精神和行为准则上指导了世界范围内的万千读者。

给别人最真诚的关怀

为什么你需要去阅读这一本书来学习怎样找到朋友呢？与其这样，为什么不向最有人缘的人去学习这些技巧呢？你或许明天就能够遇到他，在街上，距离你十英尺远的地方它就会停下来对你摇头摆尾；而当你停下来对它轻轻爱抚的时候，它就会高兴地对你表示出亲热。我们都确信这一切并没有蕴含着什么不良意图，它并不是喋喋不休的房地产推销商，也不是想与你结婚的人——没错，大家都知道它是谁——一条可爱的狗。

不知道你有没有想过呢？在我们身边的家畜之中，狗是惟一一种不用工作却可以谋生的生物。母鸡需要下蛋，奶牛需要产奶，即使是家中笼子里的金丝雀，它也需要唱歌，但是，狗却什么都不用做，只要对我们表示亲热就可以得到我们的欢心。

直到现在我还能够记得自己在五岁时候养过的一条小黄毛狗，我叫它"踢皮"。那是我父亲给我的生日礼物。它并不名贵，可是它却有本事在两个月之内赢得了我周围所有人的欢心。

每当下午四点多钟的时候，它就会蜷缩在我家门口的草坪上，漂亮的眼睛用心地盯着门前的那条小路，只要听见我的声音或者看到我提着饭盒穿过小路的身影，它就会像一支闪电一样飞奔过来，在我的身边使劲摇着尾巴，并且快乐地吠个不停。

它并没有研读过心理学，可是，凭着它的天赋和生物的本能，它在两个月内就以向人表示亲热的方法赢得了许多朋友。多么可笑，一个人，如果要是单纯为了吸引别人的注意力，可能在两年之内都很难交到一个真正的朋友。

人们真正注意的是谁呢？并不是那些搔首弄姿企图引起他人注意的人。这个问题我已经无数次说过了，事实上，人们注意的只有自己——从早至晚，只有自己。

在纽约电话公司的一项调查之中，他们发现"我"这个单字在通话之中使用频率最高。在500个通话之中，这个字约被使用了3900次。

当你看到一张自己和别人的合影时，你最先注意到的是谁呢？肯定是你自己——那个被重复最多的"我"！如果我们只是一味地想引起别人的注意，想给别人留下深刻的印象，那么，就没有可能交到许多真心的诚恳的朋友。要知道，一位真心的朋友绝不是这样结交来的。

我曾经读过威尼斯著名心理学家阿尔弗雷德·阿德勒的著作《生命对你的意义是什么》，这本书中有一句话对我触动很大。阿德勒在书中说："凡是那些不关心别人的人，必然会在有生之年遭受到重大的困难，并且会大大地伤害他人。同样，就是这种人导致了人类的种种错误和过失。"或许你也读过各种心理学著作，但是未必能够遇到这样一段发人深省的话，就让我在这里重复一遍吧：凡是那些不关心别人的人，必然会在有生之年遭受到重大的困难，并且会大大地伤害他人。同样，就是这种人导致了人类的种种错误和过失。

当我还在纽约大学进修"短篇小说写作"课程的时候，曾经听过一家杂志社主编的讲课。他说，每天都会有很多的故事涌向他的书桌，而每个故事只要读上一小段，他就可以看出作者到底是不是真心地关心他人。"一个不关心他人的作者，也不会有人去关心他的故事。"在课堂的结尾他如是说。

如果连写作都是如此，那么我们又有什么理由不去相信面对面与人相处不是如此呢？

美国公认的魔术大师霍华·舍斯顿就是如此。在他从事魔术表演的40年间，约有6000万人观看过他的魔术表演，纯盈利大约200万美元之巨。

霍华·舍斯顿是如何获得如此大的成功的呢？他并没有接受过良好的学校教育，很小的时候他就已经离家出走，到处流浪。他一开始的识字课本是那些当他躲在货车的车厢里偷偷向外张望时飞驰而过的路标。

那么,是不是他懂得什么秘不外传的魔术呢?也不是,在美国的图书界,有关于魔术戏法的出版物简直就是汗牛充栋,许多人懂得都和他的一样多。但是,他具有两件其他人所不具有的法宝,这也是他成功的原因。

首先,他能够在舞台上表现出自己的个性。舍斯顿是一位深谙人性的表演大师。他在舞台上的每一个动作、手势、声调,甚至于何时扬眉何时微笑都被精确地计算过,并且在台下小心地演练过,等等。但是,这还不是最重要的。舍斯顿最最重要的成功之处在于他是真正地关心"人"。他曾经这样告诉我:"或许我的很多同行在面对观众的时候都心藏讥讽。他们可能在心里暗暗地讥笑:'看这一群蠢材,等着啊。我一会就会把你们吓得目瞪口呆。'可是,为什么要这么想呢?每一次我上台的时候,我都在深深地感谢他们,感谢他们来欣赏我的表演。正是因为有了他们才使我的生活如此愉快,所以我需要把自己最好的表演带给他们。每一次在我上台之前,我都不忘对自己讲话,我对自己说:'我爱我的观众。'"

听起来或许你会觉得荒诞不经,可是,这就是一位著名魔术家的成功秘诀。

所以,如果你想要改善你的人际关系,使大家都喜欢你;如果你希望能够帮助别人也帮助自己,请记住第一个原则:给别人最真诚的关怀。

将微笑始终保持在脸上

我在纽约的一个宴会上看到一位贵妇人,她有很多遗产,花了很多钱买貂皮、钻石、珍珠,为的是让人对她产生好的印象,但她脸上流露出来的却是尖酸刻薄的表情。她永远不明白一点:一个女人所表露出来的神色,要比她身上的衣服贵重得多。

斯考伯曾经告诉过我,他的微笑,价值百万。他大概向我暗示这一真理。因为他今日成就,该归功于他的人格,他的魅力,和他很会讨人喜欢的能力。而在他的个性中,最可爱的因素,就是他令人倾心的微笑。

有一次,我同莫里斯呆了一下午,坦白地说,我失望极了。他一直都沉默寡言,郁郁寡欢。出人意料的是,他最后终于有了微笑。而那一笑,就像拨云见日。也正是这一笑,改变了他的命运,否则他现在还在巴黎,和他的父兄一起做木活。

一个人的行动,比他所说的话,更有表现力,对人微笑就表示:"我喜欢你,你使我快乐,我非常高兴见到你!"

为什么狗那么讨人喜欢?当他看见你时,高兴得仿佛心都要从肚子里跳出来,自然,我们也喜欢看到它。

一个婴儿的微笑也有相同的效果。

如果你在候诊室呆过,一定知道周围的人都阴沉着脸,一副沉闷痛苦的样子。一个医生曾对我说过一件事:一次,他的诊室里挤满了人,每个人都等在那里,也许他们也想聊天,想做些什么,打发无聊的时间。

就在这时,一位女士带着一个九个月大的孩子和一只猫进来了。她坐在一位焦躁不安的男士旁边,当他朝旁边看时,发现这个孩子正看着他,并对他天真地笑了。你猜这个男士如何?当然,他也对孩子笑了笑。然后和孩子的母亲谈起来,很快,整个诊室的气氛活跃起来。

那么,是否我只要张嘴笑就可以呢?不是的,不诚意的笑是欺骗不了任何人的。那种笑机械、虚伪、惹人讨厌。因此我说的是一种真正会心的、真诚的笑,那种笑在人际交往中才有价值。

心理学家迈克尔教授说,会微笑的人在管理、教育、推销上更容易取得成功,更容易培养下一代。这也是教育上用鼓励和微笑代替责罚的原因。

　　一家大百货公司的人事部主任说，他宁愿雇佣一个拥有可爱微笑的小学未毕业的女职员，也不会用一个面如冰霜的哲学博士。

　　美国一家大橡胶公司的董事长说，一个人无论做什么事，如果不心怀愉悦，很少会取得成功。他们之所以成功，是因为他们乐于经营他们的事业，到后来，工作变得沉闷，他们失去了工作中的乐趣，就导致了失败。

　　如果你会觉得自己笑不出来怎么办？有两个方法，不妨试试！第一，强迫自己微笑，如果你单独一人，就吹吹口哨，唱唱歌，尽量让自己高兴起来，就好像你真的很快乐一样，那样真的能使你快乐起来。哈佛大学已故的詹姆斯教授说："行动好像追随着一个人自己的感受。然而事实上，两者是并行的。所以你需要快乐时，可以强迫自己快乐起来。"

　　我们再看看赫伯德这个神奇的建议——别忘记，你必须真正去实行，不然，那是没有用的。他的建议是这样的：

　　当你外出时，把下巴往里收，抬头挺胸，让你肺部充满新鲜的空气。遇到朋友时，跟他握手，全神贯注地。别怕误会，别想不愉快的事，不要让你的仇敌侵入你意识中。要在你心中，确定你喜欢做什么，然后一往无前。当你精神集中在你喜欢做的事业上时，随着岁月流逝，你会发现你在无意中已经抓住了满足欲望的机会。你想象自己是一个有能力、诚恳、有益于人的人，有了这种想法后，你会时时刻刻地改变你自己，使你渐渐成为这种人。你要知道，一个人的思想，能形成一种极大的力量。保持一种好的心理状态——勇敢、诚实、乐观。正确的思想能促进你的创造力。很多的事情，都是由理想欲望而生的。凡你真诚的祈求，都会获得应验。我们想要变成什么，只要把这种意念埋在我们心里，我们就会变成这样的人！放松你凝重的脸色，抬起头，我们就是明天的主宰。

　　古代的中国人充满着智慧，他们有一句格言，你应剪下来，贴在你帽子里。那句格言是："不笑莫开店"。

刚才我们谈到开店,弗雷克为考林公司所做的广告,有这样几句话也给人启示。

"圣诞节一笑值千金,

它没有投入,却回报颇多,

它能使得者受益,却无损予者,

它仅存瞬间,却可以永生铭记,

没有人会富到对它不屑,也没有人穷到无法因它而致富,

它在家中产生快乐,在生意之中产生好感,这是朋友之间最流行的口号,

它是疲倦者的休息,失望者的阳光,悲哀者的抚慰,又是大自然解除患难的良计,

但它无处买,无处求,借不到,偷不来,因为在付出之前,它毫无意义,

假如在圣诞节那最后一分钟的忙碌之中,由于售货员自身过于疲惫而无力给你一个微笑,请你给他们留下一个微笑好吗?因为没有什么比给人一个微笑更好的了"。

所以,如果你想要赢得良好的人脉关系,一定要记得二大原则:将微笑始终保持在脸上。

牢记别人的名字

1898年的冬天,纽约石他乡笼罩在一片悲痛之中。一个星期之内,这个小小的村子就举行了两场葬礼。

那天早上天气寒冷,地上积满了前一日未化的积雪。发莱到马棚去驾马,准备去参加村里前几天去世的那个孩子的葬礼。那马已经好

几天没有运动了,当发莱把它牵引到水槽旁边的时候,它在地上打转,接着双蹄腾空,竟然将发莱踢死。他成了这个村庄在一个星期之中第二个不幸离去的人。发莱去世后,他的家里只剩下了一个寡妇、三个孤儿,还有几百美元的保险。

为了养活家人,发莱仅有10岁的大儿子吉姆去砖厂工作。他的任务是把沙子摇进模型内,然后再把成型的砖放到一边,等着被太阳晒干。这个男孩丧失了接受正式教育的机会,但是,他爱尔兰人血统所带来的乐观性格和讨人喜欢的本领,帮助他走上了今后从政的道路。多年之后,他养成了一种非凡的记忆人名的奇异能力。

他从未踏入过中学的门槛,但是在他50岁之前,已经接受了4所大学所赠给的学位。那时候的他已经成为民主党全国委员会的主席,同时任职美国邮政总监。

"那么你成功的秘诀是什么呢?"有一次采访他的时候我问。

"苦干。"他一本正经地回答。

"不要开玩笑。"我严肃地回答,"我想要听真话,你知道的。"

"那么你认为我成功的秘诀是什么呢?"他反过来问我。

"我知道你能够叫出一万人的名字来,不是吗?"

"错了。"他说,"不夸张地说,我能够叫出5万人的名字!"

正是他的这种本领帮助罗斯福入主白宫。

那还是很早的时候,在吉姆还在为一家石膏公司四处游说做推销员的那些年里,在他担任某个小村书记员的时候,他发明了一种可以快速记忆姓名的方法。

方法其实十分简单。无论什么时候遇到一个陌生人,他都会去问清楚他的姓名、家中成员以及他所做的职业。当他下一次遇到那个人的时候,即使时间已经过了一年或者更多,他也能够拍拍那个人的肩膀,问候他的妻子儿女,问候他院内花草和家里的宠物。难怪他可以得到那么多人的追随!

在罗斯福开始竞选总统之前的数个月之中,吉姆一天要写数百封信,他把那些信发给西部以及西北部各州的人。之后他又跳上火车,用了19天,借助各种交通工具游遍20个州,行程共计12000里。他进入每一个城镇,与那里的人们倾心交谈,之后再继续下一段旅程。

等到他回到东部之后,他就会立刻给他所拜访过的城镇之中的某个人写信,并拜托他将他们所谈过话的客人名单寄给他。最后,他的名单中的名字简直数不胜数。可是,在名单之中的每一个人都能够保证得到吉姆发出的一封私函。这些信件往往以"亲爱的比尔"或者"亲爱的杰瑞"开头,而它们也总是签上了吉姆的大名。

吉姆在早年就已经发现了一个真理,那就是普通人会对自己的名字极其关注。记住他人的姓名并且十分容易地精确地呼出,你便是对他做了巧妙且有效的恭维。但是,如果你忘了或者记错了他人的姓名,则会把自己置于一个极其不利的位置上。

我曾经犯过这样一个严重的错误,那时候我在巴黎,要准备组织一次演讲的课程。于是我给巴黎城中所有的美国居民发出了一封印刷信。我的打字员是一位法国人,他的英文并不太好,所以在填写姓名的时候难免出错。其中一位收信人是巴黎一家美国大银行的经理。因为他的名字被拼错了,他便写给我一封言辞激烈的谴责信!可见,记住别人的名字对对方来说有多么重要。

很多时候,我们被介绍给一位陌生人,在几分钟的谈话之后,临别的时候,我们会发现自己甚至连这位谈话者的名字都记不起来。

记忆姓名的能力在事业和交际上的重要性,正如这种能力在政治生涯之中的重要性——能够想起选举人的姓名才是从政之才,反之就只能被湮没。

伟大的拿破仑的侄子,也就是法国皇帝拿破仑三世,曾经自夸说即使自己公务繁忙,他也能够记得住每一个曾经见过面的人的名字。

他是不是采取了什么奇妙的方法呢?并不是这样。他的方法远远简单过我们的想象。如果他一开始没有听清楚姓名,他就会说:"对不起,我没有听清楚你的名字。"如果那个姓名并不多见,他会说:"你告诉我这个名字的拼写方法好吗?"

在谈话之中他会费心地把姓名反复记忆数次,并且在脑海之中把这名字和这个人的外貌、神情以及其他特征联系起来。

如果这个人很重要的话,他会用更多的时间来记忆。在他一个人的时候,马上把这名字写在纸片上,默默记忆。等到记牢之后,再把纸片撕掉,这样一来,他就得到了深刻的印象。

是的,所有这些事情都会花费时间和精力,可是不要忘记了爱默生曾经说过的:"好的礼貌是由小的牺牲换来的。"

所以,当你希望他人喜欢你的话,你需记住第三大原则:牢记别人的姓名,这是语言之中最甜蜜也是最有力的部分。

善于倾听别人的讲话

你想要成为一个善于谈话的人么?那么,你首先需要学会成为一个懂得倾听的人。

我曾经被邀请参加一场牌局,但是很遗憾的是我个人不会打纸牌,刚好另外一位美丽的女士也不会打,于是我们选择坐下来聊天。她知道我曾经一度担任汤姆士的私人助理,并因此到过欧洲各地旅行,帮助汤姆士准备那些旅行的讲解资料。于是她对我说:"卡耐基先生,我想请您告诉我所有您曾经到过的名胜以及所见过的奇妙景观。"

当我们刚刚坐定在沙发上,她不经意地提起她同她的丈夫最近刚刚从非洲旅行回来。

"非洲!"我惊叹道,"多么有趣的地方啊!我总是想去非洲看看,可是除了在港口停留过短短的24个小时之外还没有到过别的地方呢!请给我讲讲那里的景观吧!你曾经游历过那些经常有野兽出没的村庄吗?你真的是太幸运了!我真的很羡慕你!请告诉我有关非洲的那些情形吧!"

那次谈话持续了45分钟。期间,她再也没有问过我曾经到过什么地方,也不再去询问我曾经看过什么样的景观。其实,事实上她并不需要我谈论我的旅行,她所需要的不过是一个专注倾听的对象,以便她可以讲述自己所经过的到过的地方。

在现实生活之中,这样的人并不在少数,前几天我在纽约出版商葛丽伯的宴会上遇到的那位著名的植物学家也是如此。

由于我从未遇到过一位植物学家并有机会和他交谈——想想吧,多么奇妙的一个职业!所以,他对我而言很有诱惑力,我安静地坐在椅子上听他为我讲述大麻、室内花园以及那些田园里的农作物的故事。事实上,我自己也有一个小型的室内花园——他仔细为我解释如何解决我现在所遇到的那些问题。

那是一场宴会,还有十几位别的客人在那里。可是,我忽略了礼节的基本,与这位植物学家专注地交谈了数小时之久。

等到午夜,所有的客人都要告别了,这位植物学家在和主人道别的时候对我极力赞扬。他说我是"一个最好的谈话家,是最富激励性的人"。

我是一个最好的谈话家?也许在别的时候是吧,可是,这一晚我几乎没有说什么话。假使我不更改我们谈话的题目的话,即使我想要交谈也不能谈什么,要知道,我对植物学的了解绝对不会多于我对企鹅解剖学的了解。但是我做到了关键的一点——注意地仔细倾听。我一直都在仔细地听着,因为我确实对这个深感兴趣。我想,这位植物学家也注意到了这一点,所以才使他感到欢喜。事实上,静静倾听是我们对任何人的一种最好的恭维。

以利亚,这位注重实际的学者说:"成功的商业交往并没有什么被认为是秘不可传的诀窍——你只是需要专心地注意听着谈话,这对那个和你交谈的人来说相当重要。没有别的能比这一样更使人开心了。"

很浅显的道理,不是吗?你不需要在哈佛商学院读上四年也可以完全明白这一点。可是,很遗憾的是,即使有些商人舍得在硬件上大加投资,他们租用豪华的店面,设置动人的橱窗,为了广告花费几千几百美元,却雇用一些不懂得如何静静倾听别人讲话的店员——他们终止顾客的谈话,粗暴地反驳他们并激怒他们,甚至于几乎要把客人赶出店门。

乌顿先生那次购物的经验可以说是一个很好的例子。他住在新泽西,这个故事来自于我们班上的一次讲述:

有一次,乌顿先生在一家百货商店买了一套衣服。可是,这套衣服却令人无比失望——他的上衣褪色,以至于把乌顿先生的衬衣领子也弄黑了。

于是乌顿先生把这套衣服带回店铺,找到那位把衣服卖给自己的店员,告诉他这事情的情形。当乌顿先生想要仔细诉说这事情经过的时候,店员粗暴地打断了他的讲述。这位店员气势汹汹地反驳:"我们已经卖出了几千套这种衣服!你是惟一一个前来挑剔的。"

这时候,另外一位店员也前来掺和:"但凡是黑色衣服,一开始都是要褪一些颜色的嘛。那是颜料的问题,这种价位的衣服都这样,我们也没什么办法。"

乌顿先生愈加生气。第一个店员在怀疑他的诚实,而第二个店员又跑过来暗示他买了一件廉价的衣服,这使得乌顿先生恼火起来,正当他准备和他们大吵一架的时候,经理过来了。他成功地改变了乌顿先生的态度。

那么,他是怎么使乌顿先生由一位恼怒的人变成了一个满意而归的顾客的呢?经理只是采取了三个步骤。

首先,他一言不发,静静地听乌顿先生讲述自己的经历。

其次,当乌顿先生讲述完自己的经过,那两个店员又要不甘寂寞地插话发表他们的意见时,经理坚定地站在乌顿先生的一方和他们开始辩论。他指出乌顿先生的衬衣领子明显就是由他们卖出的服装所染污。同时,还坚持说这样不能够使人满意的东西根本不应该放在店里出售。

最后,他诚恳地承认他并不知道这毛病的原因。并干脆询问乌顿先生关于处理这套衣服的意见，表示自己可以照办。

只是短暂的几分钟之前，乌顿先生还执意要退掉这套服装，可是现在他只是告诉经理它需要他的建议，好去决定如何解决这个问题。

经理建议乌顿先生再试这套衣服一个星期。他保证，如果一周之后乌顿先生还是不满意的话就可以拿来换一套他满意的衣服。他还为给乌顿先生造成的麻烦而深深抱歉。

一周之后，这衣服并没有什么问题，乌顿先生的问题得到了满意的解决，而他也恢复了对这家商店的信任。

即使是最激烈的批评者，或者那些最为挑剔的人，也会在一个有忍耐以及同情心的人面前软化。

所以，如果你想要成为一个善于谈话的人，就要先做一个注意倾听别人的人。只有你对他人感兴趣，他人才会反过来对你感兴趣。去问那些别人喜欢回答的问题，鼓励他们谈论自己取得的成就。别忘了，所有人对自己的需要以及自己的问题要比别人的问题感兴趣100倍还要多。你面前那个人对自己脸上一颗小痣的关注远远大于非洲发生的最近一次饥荒。

当你下次要开始谈话的时候，试一试这一点吧。如果你希望别人都喜爱你，记得第四大原则：做一个善于倾听的人，鼓励别人谈论他们自己。

谈论别人感兴趣的话题

凡是曾经拜访过罗斯福总统的人，无不对他那渊博的知识惊讶不已。正如伯莱特福所说的："不论一个牧童、猎手、纽约政客或者一位外交家，罗斯福总统都知道要与他谈些什么。"

那么，这位总统又是怎么样做到这一点的呢？很简单。罗斯福总会在接见来访者之前的一个晚上阅读有关这位来访者的兴趣所在，这样就帮助了他找到两人之间令人感兴趣的话题。

罗斯福和所有成功的领袖相同，他们都懂得与人沟通所需要的诀窍——谈论他人感觉最为愉悦的事情。

费尔普，这位和蔼的前耶鲁大学教授，就曾经在自己一篇关于人性的文章之中提起过自己少年时代一次令他感恩不尽的经历。

那时候我只有八岁，在自己姑母家度假。一天晚上，姑母的一位中年朋友来访，在和姑母简短的寒暄之后，这位中年人把自己的注意力转向了我。

那时候的我正在疯狂迷恋着船只，而这位客人所谈论的话题也丝毫没有离开这个主题。对我来说，这次谈话简直是妙趣横生！当这位客人离开之后，我向姑母真挚地称赞他，说他是一个很好的人，而且对船也非常感兴趣。你们知道接下来发生了什么吗？

"不。费尔普，我想这一点你就错了。"姑母微笑着对我说，"这位先生是一位纽约的大律师，我想，他的爱好并不在船舶上。"

于是我困惑于为什么他始终和我谈论有关船舶的事情。于是姑母告诉了我理由。

"其实理由很简单。"姑母说，"这位先生是一位高尚的人，他喜欢使别人感到愉悦。他看到你对船舶感兴趣，所以他知道谈论船舶会使你快乐。记住，费尔普，在你使人愉悦的同时，你也会变得深受别人欢迎。"

想要让别人乐于帮助你，最好的方式莫过于让他喜欢你，而又有什么方法能够让他真心地喜欢你呢？去看看查理夫的例子吧。

查理夫热心于童子军事业，他总是在试图帮助童子军募集到更多的经费。有一次，欧洲将要举行童子军大露营，不用说，查理夫当然希望他的小朋友们能够去参加啦！

可是难题在这里，他们并没有足够的钱去做旅费，于是他需得请美国一家大公司的经理来资助他们。

查理夫学习了罗斯福总统的方法，在拜访这位经理前一个晚上，他收集关于这位经理的许多资料，并且找出这位经理最感兴趣的东西。

多么幸运！在他所做的功课中他发现这位经理曾经开出了一张价值一百万美元的支票！这张支票被银行退回之后，他把它放置在自己的镜框之中。

于是，第二天查理夫走进经理办公室的第一句话就是："我对您的那张百万美元的支票很感兴趣，让我们来谈谈这件事情吧。老实说，我还从来没有亲眼见过或者听说过这么大面值的一张支票哩！我想等我回去之后，我要把这事情告诉我的童子军们，和他们说我曾经见过一张有着一百万面值的支票，也好让他们相信这是真的。"

他严肃的脸慢慢松弛下来，然后绽开真心的微笑。他拿出那张支票，高兴地向查理夫展示。查理夫也表示了自己的羡慕，并且请这位经理告诉他其中的精彩经历。

"我没有提到童子军的一点事情，欧洲露营也没有开口。"查理夫这样回忆，"我只是在和他谈这张他很感兴趣的百万美元面值的支票而已。可是，一会之后，他问我我的来意，我就把欧洲露营的事情原原本本地告诉了他。"

本来，查理夫只是希望这位经理可以资助一个童子军去欧洲，可是他竟然痛快地答应资助5个童子军以及查理夫，并让他们在欧洲做一次为期七个礼拜的旅行。不仅如此，他还给查理夫开了一封介绍信，指引他去找自己分公司的经理，让他们在欧洲帮忙。至于这位经理自己嘛，他则到了巴黎亲自迎接他们，还做导游带领他们游览整个城市。此后，他还向家境贫苦的童子军提供一些工作。直到现在，这位先生依旧很快乐地活跃于童子军活动之中。

让别人高兴，这不仅仅是达到自己目的的一种良方，也是显示一个人高尚品德的一面镜子。

在商界，这难道不是一种很有价值的方法吗？来看看杜佛诺先生是如何卖出自己面包的吧。

杜佛诺先生在纽约开了一家面包公司，在这四年以来，他一直都想方设法要把自己的面包卖给纽约一家旅馆。他每个星期都去拜访这家旅馆的经理,参加这位经理举行的所有交际活动,最后,他甚至于在这家旅馆中开了个房间住在那里,可是,他还是没有能得到这笔生意。

后来杜佛诺先生改变了自己的做法,在他研究人际关系之后,他决定先去找出这位经理的兴趣所在。

于是他仔细调查,发现这位经理是美国旅馆招待会的会员,而且他也热衷于成为这个组织的会长,甚至他还想要成为国际招待员协会的会长呢。不论这个协会在什么地方举行大会,即使需要飞跃山岭,跨越沙漠、海洋也一定要到会。

于是当第二天杜佛诺先生见到这位经理的时候,他并未提及任何一点有关于面包买卖的话,只是和经理谈论有关招待员协会的事情。经理的反应令人兴奋!他滔滔不绝,对着杜佛诺先生讲了半个小时有关于招待员协会的事情。他的声音充满激情,很明显,这个爱好是他非常感兴趣的,甚至于在杜佛诺先生离开之前,他还劝说杜佛诺先生也加入这个协会。

几天之后,这家旅馆的一位负责人给杜佛诺打来电话,说他们希望看到他们面包工厂的货样以及价格单——要知道,他那一天可一句有关面包的话都没有讲!

这四年以来,杜佛诺对这位先生紧追不舍,可是,如果不是他动脑筋去想他感兴趣的东西,只恐怕直到今天还是一无所获。

所以,当你希望被别人喜爱、受大家欢迎的时候,请牢记第五大原则:谈论那些别人感兴趣的话题。

使他人感到自己不可或缺

现实生活之中,有很多人都会出现交际上的障碍。那是为什么呢?让我们去观察一下他们吧。这样的人虽然年龄、性别、爱好等等很多方面都不同,可是他们都有着一个相同的特点,那就是喜欢自我表现。他们总是选择在别人面前夸大自己、吹嘘自己,强调自己的重要性以及自己的不可或缺。在每一次事情成功之后,他们总在强调自己做出了多么大的贡献,或者是有多么大的功劳。

事实上,他们完全忘记了一个交际之中的重要原则,那就是:令别人觉得自己是重要的。

让你身边的人觉得愉悦吧!这并不会花费你什么,可是却会带给他们快乐。

那一次我去纽约第三十二街和第八道交叉口处的邮政局邮寄自己的一封挂号信。排队等待的人很多,那位可怜的营业员一定觉得这份工作很枯燥了——年复一年的秤重、拿邮票、找零钱、写收据——他的脸上满是疲倦和无聊。于是我在心里自言自语:"我希望能够让他喜欢我。当然,要让他喜欢我的话,我一定得说一些好话了——不是关于我自己的,而是关于他的。""可是,他又有什么地方是值得让我称赞的呢?"我深深为难,不过,当我排到他的面前时,我马上找到了话题。

他疲惫地为我的信件秤重。这时候,我发自真心地对他称赞:"你的头发真棒!我希望自己也能有这么好的头发。"

他愣了愣,接着脸上显出微笑,谦虚地回答:"啊,真不好意思呢。不过说老实话啊,它已经没有从前那么好了。"他的情绪开始好起来,我和他聊了几句,在临走的时候,他对我说:"从前的时候大家都会夸奖我的头发呢！"

我敢打赌，在午餐休息时间，这位先生肯定会多看自己的头发几眼，面带微笑，脚步轻快；而当他回家之后，也一定会将这件事情告诉他的太太，并且照着镜子自语："啊！多么漂亮的头发啊！"

当我在一次演讲之中提到这件事情时，一位听众问我："你想要从这个人身上得到什么呢？"

请允许我反问吧。我会想从那人身上得到什么？或者说，我能够从那个人身上得到什么呢？为什么我们会如此自私，只有需要从他人身上得到什么好处的时候才会去向他人表示一点赞赏或者一些真诚的感谢——如果我们的灵魂如野生的酸苹果一样狭小不堪，我们又能指望自己心灵有多么丰富？

不错，我曾经希望在那位老先生身上得到一些东西，而且我也得到了——那就是助人的快乐——不值分文，但是千金不换。

人类的本质决定了这种生物和其他动物的区别，那就是——对别人肯定的渴望。所以在我们交往的行为之中同样存在着一个重要的法则——时刻让别人感觉到自己的重要。只要我们能够遵从这个法则，并在和他人交往的时候做到这一点，就会得到许多友谊以及永恒的快乐；但是，如果我们破坏了这个法则，就不免要招致麻烦。正如前面曾经提到的著名哲学家约翰·杜威所说的那样："人类本质里最深层的驱动力就是希望自己具有重要性。"

许多古代先贤都曾经深刻思考过人与人之间相处的问题，而得到的答案也惊人地一致——不论是波斯的所罗亚斯特、中国的孔子、道教始祖老子、印度的佛陀……他们都在讲述一个同样的道理——想要使别人如何对待自己，必须得先同样对待别人。

我知道，每个人都从心里希望得到朋友们的认同，希望别人明白自己的价值；我们希望在自己的生活圈子里让大家觉得自己对他们来说非常重要；我们不喜欢那种廉价的、轻飘飘的恭维，我们喜欢出自真诚的赞美……是的，我们需要什么，在心里都非常清楚。

可是，你是否知道应该如何得到这些呢？去遵循这个古老的定律吧——希望别人如何对你,首先要同样的对待别人。不要去挑剔时间、地点,你要每时每刻都这样去做。

打个比方,当你在餐厅里点餐,女侍者送来的不是你想要的炸薯条而是马铃薯片的时候,何不微笑着说:"对不起,我不想麻烦你,可是我还是比较喜欢炸薯条。"这一点儿也不麻烦,而她也会微笑着向你致歉,并迅速地为你调换。

没错,我们可以使用许多日常用语来打破日常生活中的单调和忙碌,打个比方,"对不起,麻烦你……","能不能请你……";"请问……"……这些一点儿都不麻烦,却能够使你的生活焕然一新。

让我们再去看一个14岁羞怯的男孩子的故事吧。

这个故事来自加州的罗纳尔德·罗兰。他是一个手工艺班的美工教师。故事的主人公是他的初级手工艺班的学生,他叫克里斯,是一个文静、害羞的男孩子,平时很少能够引起教师们的注意。

有一天,罗纳尔德看到他正在阅读课本,就走过去和他搭话,问他喜不喜欢现在所上的课程。可是,这个孩子的情绪突然之间起了很大的波动,他开始抽泣,哽咽地询问:"先生,你的意思是说我表现得不够好对吗?"

"当然不是!"罗纳尔德非常惊异,连忙否认,"我是想告诉你,你做得已经足够好了。"

那个下午,当课程结束的时候,克里斯抬起头,走到自己教师的面前,坚定对他说:"谢谢你,罗兰先生!"

这一幕使得罗纳尔德明白了人们内心之中自尊的重要,从此,他一直都不忘记在自己的心中提醒自己,每一个自己教授的学生,都是同等重要的。他甚至在教室的前方悬挂标语来使所有人时时自我勉励,那标语上写着:"你是重要的!"

这是一个不可否认却总会被我们忽略的事实:每个人在自己的心中都会认为自己某一个方面比别人优秀,所以,要打动他们的最好方法就是巧妙地表现出你正在衷心地认为他们很重要。

唐纳德的一个赞美为他赢得了宝贵的友谊和礼物,他是怎么做到的呢？

唐纳德是纽约一家园艺设计和保养公司的负责人。一次，他为一位有名的鉴赏家做庭院设计。这位屋主向他做了一些简单的交代，告诉他自己想要在什么方位栽种一片石楠以及杜鹃。

这时候，唐纳德凭着自己对他的一些了解，开口和他聊天。

"先生，我想我知道你有一个爱好。"唐纳德说，"你养了很多漂亮的好狗啊。我要是没有记错的话，每一年在麦迪逊广场花园的犬类展览中，你都能够拿到好几个蓝带奖呢。"

这位鉴赏家先生高兴起来，他回答唐纳德："是的，我从饲养它们中得到了不少的乐趣，我能邀请你去参观我的宠物朋友们吗？"

于是他花了差不多一个小时的时间来带领唐纳德参观自己的犬舍、曾经得到的奖项，还仔细地向唐纳德说明血统对狗的外貌和智慧的影响。

最后，他问唐纳德："那么，你有小孩子吗？"

"是的，一个调皮的八岁小孩。"唐纳德回答。

"他会喜欢要一只小狗吗？"

"我想是的。"

"那么，我将送给他一只。"鉴赏家向唐纳德这样宣布。

他本来想要告诉唐纳德怎么样饲养小狗，可是又停了下来。"饲养小狗其实是很繁琐的事情，你大概不能记得很清楚吧。我来写一份详细的说明给你吧。"

他送给唐纳德一只血统纯正、价值好几百美元的小狗和一份详细的饲养说明，还在百忙之中挤出将近两个小时与唐纳德谈话，而这一切，完全是因为唐纳德衷心地赞美他的成就和爱好。

"同人们谈论他们自己，他们会愿意谈上几个钟头。"这句话出自那位曾经统治着大英帝国的狄斯莱利。

所以，如果你要是想得到别人的喜爱的话，你需得牢记第六大原则：使他人感到自己不可或缺。

卷三
让目标达到沸点

原著[美]奥里森·马登

关于作者:奥里森·马登被公认为美国成功学的奠基人和最伟大的成功励志导师,成功学之父。此外,奥里森·马登还是《成功》杂志的创办人,如今《成功》杂志在美国无人不晓,它通过创造性地传播成功学改变了无数美国人的命运,致力于马登尚未完成的事业:把个人成功学传授给每位想要出人头地的年轻人。

梦想是成功者的行囊

有一个终生都充满失败的人对奥里森·马登吹嘘说,他只对自己一个错误不感到后悔,那就是建造空中楼阁。

奥里森·马登指出,这个人之所以终生充满失败,就是因为他没有在年轻的时候练就本领,没有花费力气为自己的"楼阁"打好基础,而并不是他有建造空中楼阁的梦想。

有些人非常蔑视做梦的人,喜欢贬低建造空中楼阁的愚蠢行为。可事实上,人类历史上所有重要的成就几乎都是做出这些成就的人先在脑海之中有一个空想的目标的基础让建立起来的。

奥里森·马登指出,如果你有一个梦想并且正在努力给予这个梦想以坚实的基础,那么,你所走的路就一定是正确的。

奥里森·马登还在《奋力向前》一书中这样写道:一个人,他可以一无所有,但不能没有梦想;一个人若想成功,首先要明确自己最爱的是什么,最渴望的是什么,梦想做什么。谁也不能没有远大梦想便干成大事。梦想是成就一切的驱动器。正是这一品质将成功者与苦干家、个性威严者与生性懦弱者区别开来。这辈子干什么、成为什么样的人、取得什么成就,在很大程度上要取决于你的梦想。

的确,梦想是最伟大的目标,梦想不高远,你的人生目标也就不会伟大,你的人生舞台就不会广大。当然,光有梦想还不够,还要通过实干为自己实现梦想,但无论怎么说,梦想都是成功的第一步。

1801年,有两位年轻人,一个叫柏波罗,一个叫布鲁诺,他们是堂兄弟,都是不甘于贫穷的人。他们住在新泽西的一个大村子里。

他们两人常常谈论,在某一天通过某种方式,让自己可以成为村里最富有的人。他们都很聪明而且勤奋,他们所需要的只是机会。

有一天,机会来了。村里决定要雇用两个人把附近河里的水运到村广场的蓄水池里去。村长把这份工作交给了柏波罗和布鲁诺。

两个人各抓起两只水桶奔向河边开始了他们辛勤的工作。当一天结束时,他们把村广场的蓄水池装满了。村长按每桶水一分钱付钱给他们。

"我们的梦想终于实现了!"布鲁诺大喊着,"我简直不敢相信我们的好运气。"

但柏波罗却不是这样想的,他认为这并不算是梦想的实现,只能说是实现梦想的一个契机。

他的背又酸又痛,用来提那重重的水桶的手也起了泡。他害怕每天早上起来都要去做同样的工作。于是他发誓要想出更好的办法,来将河里的水运到村里来。

"布鲁诺,我有一个计划,"第二天早上,当他们抓起水桶去河边时柏波罗说道,"一个桶水才1分钱的报酬,却要这样辛苦地来回提水,我们不如修一条管道,将水从河里引进村里去吧。"

布鲁诺愣住了。

"一条管道?谁听说过这样的事?"布鲁诺大声地嚷道,"柏波罗,我们拥有一份很棒的工作。我一天可以提100桶水,一天就是1元钱!我已经是富人了!一个星期后,我就可以买双新鞋。一个月后,我就可以买一头牛。6个月后,我还可以盖一间新房子。我们有全镇最好的工作。我们这辈子都不用愁了!放弃你的管道幻想吧。"

柏波罗不是一个容易气馁的人,他耐心地向他最好的朋友解释这个计划,可惜的是并不能改变布鲁诺的想法。于是柏波罗决定,即使自己一个人也要实现这个计划,他将一部分白天的时间用来提桶运水,用另一部分时间以及周末的时间来建造他的管道。他知道,要在像岩石般坚硬的土壤中挖出一条管道是多么艰难的事。因为它的薪酬是根据运水的桶数来支付的。他知道在开始的时候,自己的收入会下降。他也知道,要等上1年,2年,甚至更多的时间,他的管道才能产生可观的效益。但是他坚信,只要自己能够坚持下去,他的梦想会实现,于是他全力以赴地去做了。

不久,布鲁诺和其他村民就开始嘲笑柏波罗了,称他为"管道建造者柏波罗"。布鲁诺挣到的钱比柏波罗的多一倍,并常向柏波罗炫耀他新买的东西。他买了一头毛驴,配上全新的皮鞍,拴在了他新盖的两层楼旁。

他还买了亮闪闪的新衣服,在饭馆里吃着可口的食物。村民尊敬地称他为布鲁诺先生。他常坐在酒吧里,掏钱请大家喝酒,而人们则为他所讲的笑话而格外的高声大笑。

当布鲁诺晚上和周末在吊床上悠然自得时,柏波罗却还在继续挖他的管道。头几个月里,柏波罗的努力没有多大的进展。他工作得很辛苦——比布鲁诺的工作更辛苦,因为柏波罗晚上、周末也还在工作。

但柏波罗不断地提醒自己,实现明天的梦想是建立在今天的牺牲上面的。一天一天过去了,他继续地挖,一次只能挖1英寸。

1英寸又1英寸……成为1英尺。他一边挥动凿子,打进岩石般坚硬的土壤中,一边重复这句话。1英寸又1英寸……成为1英尺,然后10英尺,……20英尺……100英尺……

"短期的痛苦带来长期的回报。"每天的工作完成后,筋疲力尽的柏波罗跌跌撞撞地回到他那简陋的小屋时,他总是这样提醒自己,自己是在为梦想而努力。他通过设定每天的目标来衡量自己的工作成效。他这样一直坚持下来,因为他知道,终有一天,回报将大大超过此时的付出。

每当他入睡前,耳边尽是酒馆中村民的嘲笑声。"目光要牢牢地盯在回报上。"他一遍又一遍地重复这句话。

就这样一天天,一月月地过去了。有一天,柏波罗意识到他的管道已经完成了一半了,这也意味着他只需提桶走一半路程了。又一天天,一月月地过去了,柏波罗继续建造着自己的建造管道。终于,完工的日期越来越近了。

在他休息的时候,柏波罗看到他的老朋友布鲁诺还在费力地运水。布鲁诺的背驼得更厉害了,并由于长期的劳累,步伐也开始变慢了。布鲁诺显得很生气,闷闷不乐,好像是为他自己注定一辈子要运水而愤恨的样子。

他在吊床上的时间减少了,却花更多的时间泡在酒吧里。当布鲁诺进来时,酒吧的老顾客们都窃窃私语:"提桶人布鲁诺来了。"当镇上的醉汉模仿布鲁诺弓腰驼背的姿势和他拖着脚走路的样子时,他们都咯咯地大笑。布鲁诺不再请大家喝酒了,也不再讲笑话了。他宁愿独自坐在漆黑的角落里,被一堆空酒瓶所包围,他已经没有了梦想,也没有了生活的动力。

最后,柏波罗的重大时刻终于来了——管道完工了!村民们簇拥着来看水从管道中流到水槽里!现在村子里有源源不断的新鲜水了。附近其他村子里有人也都纷纷地搬到这个村子中来了,于是这个村子就发展和繁荣起来了。

管道一完工,柏波罗就再也不用提水桶了。无论他是否工作,水都一直源源不断地流入。他吃饭时,水在流入。他睡觉时,水在流入。当他周末去玩时,水还在流入。流入村子里的水越多,流入柏波罗口袋里的钱也就越多。

这是个美国版的愚公移山的故事。我们为许多人缺乏远见而感到悲哀。但现实令我们又不得不承认,大多数人是生活在一个"提桶"的世界里,只有一小部分人敢做建造管道的梦。你是谁?提桶者还是管道建造者?梦想在这其中起了重要的作用。

梦想是支撑我们自身追求的一种精神力量,也是我们日益进取的动力源泉。对于任何一个想要成功的人来说,拥有梦想都是迈向成功的第一步。且不说拿破仑的那句旷世名言,"不想当将军的士兵不是好士兵",就说我们平日常见的那句曾停留在央视广告部门的广告词:"心有多大,舞台就有多大"也激励了芸芸众生。

然而,很多人还是一生碌碌无为,或者许多年来一直处在一种停滞不前的状态,究其原因,答案在于:是否拥有梦想?拥有梦想之后是否把它付诸实践之中?梦想不同于空想,空想家只是在白天做梦而已,并不付诸于行动。真正的梦想，无论大小，无论高下，最终都一定要用成果来兑现，否则最多只是一个令人遗憾的、但对这个世界多一个少一个都没有意义的愿望表达，甚至只是一大通大话。

拥有梦想，然后再勇于实践，在这个美丽的世界里有很多是我们可以梦想得到而且是能够得到的。请相信，我们有实现自己梦想的权利，也有实现自己梦想的能力。

为自己制定一个合适的目标

哥伦布在探险时，在每天的航海日志的末尾都写着同样的一句话："今天我们继续前进！"这句话看似平凡，其实却豪放无比，其中蕴含着的伟大的目标和决心。

英国首相丘吉尔是一位有名的演讲家。他的最后一次演讲是在一所大学的结业典礼上，这次演讲大约只持续了2分钟，在这2分钟内，他只讲了两句话："坚持到底，永不放弃！坚持到底，永不放弃！"而就是这两分钟、两句话，却成为历史上最有名的演讲之一。

有一位老太太，在70岁时开始学习登山，不怕年事已高，不畏登山艰难，在以后的日子里奋勇前行，终于在95岁高龄之际登上了日本的富士山，并打破了登上富士山的最高年龄记录，她就是胡达·克鲁斯老太太。

看，目标的力量就是如此之神奇！

对于一个想成功的人来说，奥里森·马登认为，必须把你的所有才能集中在一个绝不动摇的目标上，还要有那种不成功、便成仁的坚韧决心。

有了目标也就有了人生追求的高度，而人一旦有了追求，成功也就不再遥远。每个人都应该有一个能够让自己信服且为之奋斗的目标，这个目标并不一定是个确定的值，而是自己设定的在将来的某个时间点要达到的成就。

对现状来说，目标总是很遥远的。但是如果你懂得如何看待，它便不再可怕，而会成为你奋斗的发动机及人生导航。当你明确了你的人生目标，你要懂得将它分解，这样，你就不需要天天想着那个离你遥远的总目标而沮丧，而只是想着离你现在最近的那个目标，就像游戏过关一样，一关一关地过了，随着时间的推移，实现你的人生目标一定是水到渠成。当你明确了你的人生目标，你便找到了人生的主流，也就是找到了奋斗的方向。你便会明白：做什么事情是重要的，什么事情是不重要的；什么样的知识是你必须掌握的，什么样的知识你不掌握也没关系。

那么，应该如何制定目标呢？

奥里森·马登认为，制定任何目标的时候，首先要确定的是：我想制定的这样一个目标是否真的现实呢？

这也就是说，制定一个现实的目标非常重要，这是最终可能成功的根本保障。很多人之所以失败，实际上是注定的——因为他们的目标首先是不现实的。如果希望能够保证目标是现实的，那么就要尊重现实、遵守常识。

在制定目标之前，我们该做什么？

（1）评估自己的长处和短处。我们每个人都有自己独特的技能、天赋和能力。在当今分工非常细的市场经济社会里，每个人擅长于某一领域，而不是样样精通。根据个人情况，请做个表，列出您自己喜欢做的事情和你的长处所在。同样，通过列表，你可以找出自己不是很喜欢做的事情和你的弱项。找出你的短处与发现你的长处同等重要，因为你可以基于自己的长处和短处做两种选择：一是努力去提高的长处，充分发挥你的优势；二是放弃那些对你不擅长的技能要求很高的职业。因为这样做无疑是自己给自己制造苦难。

(2)找出自己的职业机会和威胁。我们知道,不同的行业(包括这些行业里不同的公司)都面临不同的外部机会和威胁,所以找出这些外界因素将助您成功地找到一份适合自己的工作,对你求职是非常重要的,因为这些机会和威胁会影响你的第一份工作和今后的职业发展。如果公司处于一个常受到外界不利因素影响的行业里,很自然,这个公司能提供的职业机会将是很少的,而且没有职业升迁的机会。相反的,充满了许多积极的外界因素的行业将为求职者提供广阔的职业前景。请列出您感兴趣的一两个行业(比如说,保健、金融服务或者电信),然后认真地评估这些行业所面临的机会和威胁。

如何制定适合自己的目标?

(1)目标要切实可行。制定一个切实可行的目标非常重要,这是最终可能成功的根本保障。不现实的目标,非常可怕,只会让你好高骛远,到最后竹篮打水一场空。举个不太恰当的例子,我们常常看到有些人宣称:"我要一个月内减肥减掉20斤!"可是这样的目标基本上是不现实的。你可以节食一个月,甚至依靠减肥药去消除食欲,然后确实一个月内减掉了二十斤,但是这是无效的,因为任何人都做不到常年节食。因此,没有多久就肯定坚持不下去了,然后就开始体重反弹,最终,曾经制定的目标不仅没有达成,甚至可能会出现比原先还差的情况。

(2)目标必须是可衡量的。目标必须能量化的,可测定的,这样才能循序渐进。同时,目标要量力而行,可给自己树立一个切合实际的总目标,然后,再给自己树立分目标,分目标是为总目标服务的,分目标容易实现,这能提高你的自信心,会增加你战胜困难的勇气。

(3)目标要具体。你用一块磁石朝着一些铁屑试试看。当你把磁力那一端对准铁屑的方向,好些铁屑立刻就会被吸附过来;当你把磁铁从这个定点移开,其磁力就随着距离和方向的偏差而退减。一块磁石绝无可能向两个不同的方向发散磁力,而必须对准一个确定的目标。

目标必须明确而具体。目标在开始的时候,就应是一幅清晰、简明、有待追求的画面。当那幅画面成长扩大,或发展到使人着魔的程度时,就被人的潜意识接受。从那一刻起,我们会身不由己地被牵扯着、引导着,为实现心底的那幅画面而努力不已。这就是我们所说的:明确的目标是成功的基础。如果你制定的目标确实是现实的,那么成功就有了一定的保障。

(4)把目标写下来。把自己已经确定好的、确定是现实的并且已经相当具体的目标用纸笔写下来是很重要的一件事情。千万不要以为自己知道就可以了。每个人都有不同程度的惰性——这是人类的基因所决定的,甚至不是大脑可以控制的。我们的惰性几乎可能以任何形式发作,所以必须让目标变得醒目,以便随时提醒自己。

拥有一个明确的主导目标

奥里森·马登认为,实现目标并没有多少秘诀,但如果真的要给实现目标找个诀窍的话,那就是拥有一个明确的主导目标。一个人要想成功,首先就要制定一个明确的主导目标,这个目标统领着其他的目的——一个居高临下、势在必行的最高原则,要求绝对的承认和执行,绝对不能出现任何的不服从。在有了主导目标之后,可以再根据情况制定分期目标,一步步走好每一段路,一步步向主导目标迈进。这样做的话,要获得成功就并不是一件很难的事情了。

比赛尔是西撒哈拉沙漠中的一颗明珠,每年有数以万计的旅游者来到这儿。可是在肯·莱文发现它之前,这里还是一个封闭而落后的地方。这儿的人没有一个走出过大漠,据说不是他们不愿离开这块贫瘠的土地,而是尝试过很多次都没有走出去。

肯·莱文当然不相信这种说法。他用手语向这儿的人问原因,结果每个人的回答都一样:从这儿无论向哪个方向走,最后都还是转回出发的地方。为了证实这种说法,他做了一次试验,从比塞尔村向北走,结果三天半就走了出来。

比塞尔人为什么走不出来呢?肯·莱文非常纳闷,最后他只得雇一个比塞尔人,让他带路,看看到底是为什么?他们带了半个月的水,牵了两峰骆驼,肯·莱文收起指南针等现代设备,只拄一根木棍跟在后面。

十天过去了,他们走了大约八百英里的路程,第十一天的早晨,他们果然又回到了比塞尔。这一次肯·莱文终于明白了,比塞尔人之所以走不出大漠,是因为他们根本就不认识北斗星。在一望无际的沙漠里,一个人如果凭着感觉往前走,他往往会走出许多大小不一的圆圈,最后的足迹十有八九是一把卷尺的形状。比塞尔村处在浩瀚的沙漠中间,方圆上千公里没有一点参照物,若不认识北斗星又没有指南针,想走出沙漠,确实是不可能的。

肯·莱文在离开比塞尔时,带了一位叫阿古特尔的青年,就是上次和他合作的人。他告诉这位青年,只要你白天休息,夜晚朝着北面那颗星走,就能走出沙漠。阿古特尔照着去做,三天之后果然来到了大漠的边缘。阿古特尔因此成为比塞尔的开拓者,他的铜像被竖在小城的中央。铜像的底座上刻着一行字:新生活是从选定方向开始的。

这个小故事告诉我们,就像比赛尔当地的人们不知道北斗星所以才走不出沙漠一样,如果我们的人生没有明确的主导目标,我们永远只能站在原地转圈。只有设定了明确的目标,我们的人生旅程才会清晰不盲目,我们才不会虚度光阴。

心理学家曾经做过这样一个实验:

组织三组人,让他们分别向着10公里以外的三个村子进发。

第一组的人既不知道村庄的名字,也不知道路程有多远,只告诉他们跟着向导走就行了。刚走出两三公里,就开始有人叫苦;走到一半的时候,有人几乎愤怒了,他们抱怨为什么要走这么远,何时才能走到头,有人甚至坐在路边不愿走;越往后,他们的情绪就越低落。

第二组的人知道村庄的名字和路程有多远,但路边没有里程碑,只能凭经验来估计行程的时间和距离。走到一半的时候,大多数人想知道已经走了多远,比较有经验的人说:"大概走了一半的路程。"于是,大家又簇拥着继续往前走。当走到全程的四分之三的时候,大家情绪开始低落，觉得疲惫不堪，而路程似乎还有很长。当有人说："快到了！""快到了！"大家有振作起来，加快了行进的步伐。

第三组的人不仅知道村子的名字、路程、而且公路旁每一公里都有一块里程碑，人们便走边看里程碑，每缩短一公里大家便有一小阵的快乐。行进中他们用歌声和笑声来消除疲劳，情绪一直很高涨，所以很快就到达了目的地。

心理学家得出了这样的结论：当人们的行动有了明确目标的时候，并能把行动与目标不断地加以对照，进而清楚地知道自己的行进速度与目标之间的距离，人们行动的动机就会得到维持和加强，就会自觉地克服一切困难，努力到达目标。

正像奥里森·马登所说的，积极而明确的主导目标所带来的力量将会改变一个人的一生，彻底地改变一个懒惰无能、胸无大志、游手好闲、一无是处的人。就好像他身体内的某种神圣力量开始起了作用一样。这种力量就像爱情的力量，可以把一个不修边幅、性格粗暴的人变成一个整洁的、温柔的、非凡的人。

当一个明确而又坚定的主导目标在一个人体内苏醒的时候，这个人就会焕然一新，就会创造出奇迹，不信，你试试！

让你的目标达到沸点

不怕事难干，就怕心不专，不能始终如一地坚持下去。有目标也有实现目标的实力也不等于你就能实现目标。如果你不能专心致"志"，用钻木取火的精神使你的目标达到沸点，那么任何目标都不可能成功实现。

奥里森·马登在其著作中做过这样一个形象的比喻：要使水变为蒸汽，一定要把水烧到华氏212度。200度的温度，水不能化为蒸汽，再加热到华氏210度，也仍然不能。而只有到212度，才能发出蒸汽来，这样才能推动机器，使火车获得前进的动力。至于温水是不能推动任何东西的。很多人想用微温的水或用将沸的水来推动火车,但他们会感到很惊奇,火车为什么老是停着不动?正如温水不能推动火车一样,如果用冷淡散漫的态度对待目标,肯定不会实现目标,也无法推动生命的火车。每一个人不但要有适合自己的目标,而且还应该具有专注的精神,使自己的目标趋于坚定。如果没有这种精神,就像永远达不到沸点的水一样,不可能推动奔向目的地的"火车"。

作为一个成功学大师,奥里森·马登认识很多看起来在事业上很积极进取的人,但是奥里森·马登发现,在某一天,他们就会因为别的事情而放弃了自己的事业。他们总是在想自己是否找到了正确的位置或者自己的能力在哪里才能得到最大的发挥。他们缺乏专注的精神,一旦遇到困难就会失去信心,或者一听到其他人在别的行业取得成功时,就会沮丧万分,想知道自己在那一个行业是不是也会做得很好。如果一个人失去了对目标的专注,总是轻而易举地放弃目标,那么可以肯定这个人很难真正的找到自己的位置。

拉马克1744年8月1日生于法国毕加底,他是兄弟姊妹11人中最小的一个,最受父母宠爱。拉马克的父亲希望他长大后当个牧师,就送他到神学院读书,后来由于德法战争爆发,拉马克当了兵。他因病退伍后,爱上了气象学,想自学当个气象学家,整天仰首望着多变的天空。

后来,拉马克在银行里找到了工作,想当个金融家。很快的,拉马克又爱上了音乐,整天拉小提琴,想成为一个音乐家。这时,他的一位哥哥劝他当医生,拉马克学医四年,可是对医学没有多大兴趣。正在这时,24岁的拉马克在植物园散步时遇上了法国著名的思想家、哲学家、文学家卢梭,卢梭很喜欢拉马克,常带他到自己的研究室里去。在那里这位"朝三暮四"的青年深深地被科学迷住了。从此,拉马克花了整整11年的时间,系统地研究了植物学,写出了名著《法国植物志》。拉马克35岁时,当上了法国植物标本馆的管理员,又花了15年,研究植物学。

当拉马克50岁的时候,开始研究动物学。此后,他为动物学费了35年时间。也就是说,拉马克从24岁起,用26年时间研究植物学,35年时间研究动物学,成了一位著名的生物学家。他是最早提出生物进化论的科学家。

由拉马克的经历我们不难看出专心与坚持的重要性。目标就是如此,如果你的目标不专或不能坚持,这样弄一点,那样弄一点,既想做生意,又想去读书还想找个女朋友,这样怎么能弄得好?怎么能实现梦想呢?

奥里森·马登指出,很多人往往不缺少宏图伟志,而缺少的是始终如一的专注和勇于坚持决心。认准一件事情,坚持下去,永不言弃,你就会有意想不到的收获。当然,坚持理想也不能盲目进行。以下是在确定了明确的目标之后,坚持目标的几大步骤:

步骤1:告诉自己,一定要实现目标

当制定好目标以后,一定要想拥有自信,要树立全神贯注的信念。唯有专注于自己的目标,并切实去做才能实现目标。很多经验证明,对目标的自信是迈向成功的第一步。

步骤2:要做最好的准备

凡事做好准备是做实现目标的重要因素。因为准备得充分,所以你才会信心十足,这就会给你带来信心,而且能够帮助你战胜对手。

步骤3:重心放在你最大的长处上

有大成就的人,知道把精力放在最擅长的地方。当你集中精神在你能表现最好的事情上时,你会觉得信心增强。

步骤4:从你错误和失败中吸取教训

唯一避免犯错误的方法是什么都不做,有些错误确实会造成严重影响,但是没有失败,没有挫折就无法成就伟大事业。聪明的人会从失败中学到教训。愚者是一再失败,却不能从其中获得任何教训。

步骤5:放弃逃避的念头方能产生信心

缺乏信心的人终日将以恐怖结伴为邻,自我肯定的机会也就渺茫。有一句名言说得好:现实中的恐惧,远比不上想象中的恐惧那么可

怕。大多数人在遇到困难时,大都考虑事物本身的困难程度,如此产生了恐怖感。但是一旦着手解决时,就会发现其实比想象中的要容易且顺利得多。

步骤6：要确实遵守自己为目标所订下的约束

这是实现目标的一个重要步骤,也是所有步骤中最简单且最具有效果的。这里指的约束,泛指包含你的工作、经济、健康等各种问题。当你自己做了某种程度的约束后再遵守这种约束时,你会发现由于实践倒置了自我信赖,这种自我信赖是你已经开始坦然面对自己的实证,此时,实现目标的信心当然也会跟着而来。随着时间的推移根深蒂固地成为你的勇气与力量。

总而言之,实现目标之路,贵在专注与坚持。谁能始终如一地专注、坚持到底,谁就能实现目标。在无边无际的沙漠中,只有坚持的人,才能找到绿洲,取得水源,才能获得生机。"为山九仞,功亏一篑"。成功路上有险滩、有风浪,但请记住：成功是专注与坚持的结晶。无论那虚掩的成功之门有多远,坚持就是胜利！

目标需要靠行动去实现

有了明确的目标,你不可能完全求助于他人去帮助你实现。因此,你自己的木材还是要你自己来砍,你自己喝的水一定要你自己来挑。同样,你自己确定的目标也必须由你自己来付诸行动才行。

奥里森·马登的成功学深刻地揭示出"化目标为成功"的现实必然性和可能性,它也同样告诉了你所必须采取的具体步骤。

行动是成功之母。你可以界定你的人生目标,并认真制定各个时期的目标,但如果你不行动,还是会一事无成。

如果你不行动,可以在这里为你设想了一下后果,比如说,你计划去欧洲旅游。

为此,你为自己制定了一个十分详细的旅行计划,花了几个月的时间来阅读自己所能找到的有关欧洲各国的各种材料——法国、德国、意大利等国家的历史、地理、哲学、文化、艺术……

你还研究了整个欧洲的地图,仔细研读了一些旅游指南,并为此准备了旅行的必需品(比如药品什么的),并制定了详细的日程表,而且最后也已经预订了最早开往英国的船票。

总之,可以说是万事俱备只欠东风了。大约1个月后,也就是你预定回国的日子之后的某日,你在大街上碰到一位要好的朋友。

朋友问:"欧洲旅游有何观感?"

毫无疑问,如果你不是自欺欺人地大讲一番梦中的欧洲之行,你肯定回答:"哎呀,我压根儿就没去!"

或许,你还会说一通自我嘲讽似的这原因那原因。

而你肯定想不到,朋友在听了你一通这样那样的原因后,已经对你这个人的品性与人生态度了然于胸;或许,已经对你的为人处事的能力大打折扣了。

试想,如果有什么事业,朋友还敢和你合作吗?

因为事实上,与其说你是一个思想者,还不如说你是一个只知空想的梦想家。

当然,但愿这只是我们在这里对你可能的一种设想。因此,你必须牢记:没有行动的人只是在作白日梦。

冥思苦想,谋划如何有所成就,是好事情,但这并不能代替身体力行和实践的。

目标实现的过程是循序渐进的过程,没有经过许多曲折而成功的例子几乎没有一个。

当我们"迂回前进"时,并没有改变原来的目标,只是选择另一条道路而已,目的地是不变的。

规定一个固定的日期,一定要在这个日期之前把你要求的事情做好——没有时间表,你的船永远不会"泊岸"。

拟定一个实现目标的可行计划,马上行动——你要习惯"行动",不能够再耽于"空想",即"现在就做"!

在你的有生之年，当"现在就做"的提示从你的潜意识闪现到你的意识中，而要你做应该做的事情时，立刻投入以适当的行动，这是一种能使你成功的良好习惯。

这种良好的习惯是事业成功的有效途径，它影响到日常生活及事业的每个方面。它可以迅速完成应做的但你不喜欢做的事，它能使你在面对不愉快的问题时，不至拖延，也能帮助你做你想做的事，它能帮助你，抓住那些宝贵的，一经失去便永远追不回的时机。

深受奥里森·马登影响的另一位成功学大师拿破仑·希尔在将目标变为现实这方面为我们做出了好榜样。

1908年，年轻的希尔在田纳西州一家杂志社工作，同时又在上大学。由于他在工作上的杰出表现，被杂志社派去访问伟大的钢铁制造家安德鲁·卡耐基。卡耐基十分欣赏这位积极向上、精力充沛、有闯劲、有毅力、理智与感情又平衡的年轻人，他对希尔说："我向你挑战，我要你用20年的时间，专门用在研究美国人的成功哲学上，然后提出一个答案。但除了写介绍信为你引荐这些人，我不会对你做出任何经济支持，你肯接受吗？"年轻的希尔信任自己的直觉，勇敢地承诺"接受！"以致数年后，希尔博士在他的一次演讲中说："试想，全国最富有的人要我为他工作20年而不给我一丁点薪酬。如果是你，你会对这建议说YES还是NO？如果识'时务'者，面对这样一个'荒谬'的建议，肯定会推辞的，可我没有这样干。"

在卡耐基对希尔的挑战中包括了明确的目标——研究美国人的成功哲学，以及达到目标时限——20年。长谈之后，在卡耐基的引荐下，希尔遍访当时美国最富有的500多位杰出人物，对他们的成功之道进行了长期研究，终于在1928年，他完成并出版了专著《成功定律》一书。1908年开始，到1928年完成并如愿以偿，正好是20年。《成功定律》这本书震动了全世界，激发了千千万万的人发财或成名之路。

立刻行动吧！制定目标，变目标为现实，你会发现你离成功已越来越近。

别刻意追求完美,制定目标要依据现实

我们的生活中总是存在很多烦恼、无奈与不公,但是很多人又在不停地追求完美的目标,希望以此得到幸福。其实仔细琢磨,幸福与完美并没有本质的关系,很多时候完美甚至会是阻碍我们幸福的绊脚石。

奥里森·马登曾为自己的学生讲述了这样一个寓言:一个圆的一部分圆弧被切去了,它希望自己是一个完美的圆,因此就四处寻找它遗失的那一部分,但因为它不是一个完整的圆,所以只能慢慢滚动,由此她得以沿途欣赏花草的芬芳、阳光的明媚,并与蚯蚓娓娓而谈。

途中它也发现了许多圆遗失的部分,但没有一片能与自己相匹配,因此它不得不继续寻找。有一天,圆找到了自己遗失的那部分,与自己相配得天衣无缝。它高兴极了,因为它又是个完美的圆。它又开始飞快的滚动,快得连花都看不清楚,更不用说与蚯蚓谈话了。它发现在快速滚动中世界整个变了样,许多美好的东西都失去了,于是它又停了下来,将千辛万苦找回的那一部分丢在路旁,然后慢慢地滚动着行走。

奥里森·马登认为这个寓言揭示了这样一个道理:有缺憾时拼命追求完美,而一旦拥有了完美的一切,反而没有梦想,没有渴望,没有奋斗的激情与快乐。

有一个成语是:白璧无瑕。洁白晶莹的玉,通体透明,没有一点瑕疵,确实是够美的,可惜的是,世上这样的玉却是罕见的。

不知道是在哪个远古的时代,曾经出现过凤凰。后来凤凰再度出现,于是乎,无论是天上的飞禽,还是地上的走兽,都立刻簇拥到凤凰的周围。它们惊异于凤凰的美丽,全都直瞪着两眼凝视着凤凰,羡慕她的如梦如幻的美。但随着时间的推移,终于那些最聪明、最慎重的动物便开始用同情的目光审视凤凰了。它们惋惜地说:"完美的凤凰啊!她

的命也真够苦的,既没有情侣,也没有朋友,她永远体会不到爱或者被爱的快乐!"

人也是如此,如果过于完美,就会让别人敬而远之,因而也就没有了朋友。

不能容忍美丽的事物有所缺憾,是大多数人的一种普遍心态。追求尽善尽美对大多数人来说是理所当然的事。但他们从未想过,正是这种似乎无关紧要的态度,给他们的生活带来了巨大的压力。

如果进一步分析,渴望完美是出于一种自我保护的需要。安全感是人的最基本需要之一。假如一个人缺乏自信,生活上屡遭挫折,那么他的安全感就受到了伤害。这种伤害需要通过其他途径来加以补偿。

心理学研究证明,试图达到完美境界的人与他们可能获得成功的机会,恰恰成反比。追求完美给人们带来莫大的焦虑、沮丧和压抑。事情刚开始,他们在担心着失败,生怕干得不够漂亮而辗转不安,这就妨碍了他们全力以赴去取得成功。而一旦遭到失败,他们就会异常灰心,想尽快从失败的境遇中逃避开去。他们没有从失败中获取任何教训,而只是想设法让自己避免尴尬的场面。

具有这种性格的人,在日常生活中通常具有以下特点:

(1)神经非常紧张,以致于连一般的工作都不能胜任。

(2)不愿冒险,生怕任何微小的瑕疵损害了自己的形象。

(3)不能尝试任何新的东西。

(4)对自己诸多苛求,毫无生活乐趣。

(5)总是发现有些事未臻完美,于是精神总是得不到放松,无法休息。

(6)对别人也吹毛求疵,人际关系无法协调,得不到别人的合作与帮助。

很显然,背负着如此沉重的精神包袱,不用说在事业上谋求成功,而且在自尊心、家庭问题、人际关系等方面,也不可能取得满意的效果。他们抱着一种不正确和不合逻辑的态度对待生活和工作,他们永远无法让自己感到满足,每天都是焦灼不安的。

只求完美,害怕失败,只能使我们处于瘫痪的境地。如何从追求尽善尽美的诱惑中摆脱出来?奥里森·马登给出的建议是:

对自己的潜能有个正确的估计

既不要自视太高,更不要过于自卑。有一分热发一分光。你如果事事要求完美,这种心理本身就成为你做事的障碍。不要在自己的短处上去与人竞争,而是要在自己长处上培养起自尊、自豪和学习的兴趣。

重新认识"失败"和"瑕疵"

一次乃至多次的失败并不能说明一个人价值的大小。仔细想一下,如果从不经历失败,我们能真正认识生活的真谛吗?我们也许一无所知,沾沾自喜于愚蠢的无知中。因为成功仅仅只能坚定期望的信念,而失败则给了我们独一无二的宝贵经验。

人只有经受住失败的考验才能达到成功的巅峰,亡羊补牢,犹为未晚。更不必要为了一件事未做到尽善尽美的程度而自怨自艾。没有"瑕疵"的事物是不存在的,盲目地追求一个虚幻的境界只能是劳而无功。我们不妨问一问:"我们真的能做到尽善尽美吗?"既然不行,我们就应该尽快放弃这种想法。

请你为自己确定一个短期的目标

寻找一件自己完全有能力做好的事,然后去把它做好。这样你的心情就会轻松自如,办事也会较有信心,感到自己更有创造力和更有成效。实际上,你不追求出类拔萃,而只是希望表现良好时,你会出乎意料地取得最佳的成绩。

目标切合实际的好处不仅于此,它还为你提供了一个新的起点,能使你循序渐进地摘取事业上的桂冠。同时你的生活也会因此而丰富起来,变得富有色彩,充满了人情味,并不像你原来所想的那样黯淡。

卷四

激发无限的潜力

原著[美]安东尼·罗宾

关于作者:安东尼·罗宾本来是一名贫穷潦倒的小伙子,26岁时仍然住在仅有10平方米的单身公寓里,洗碗盆也只能在浴缸里洗,生活一团糟,人际关系恶劣,前途十分暗淡。然而自从他发现内心蕴藏着无限的潜能之后,生活便开始大为改观,成为一名充满自信的成功者。如今,他是一位白手起家、事业成功的亿万富翁,是当今最成功的世界级潜能开发专家。安东尼·罗宾的主要作品有《激发无限的潜力》、《唤起心中的巨人》、《巨人的脚步》和《一分钟巨人》等,而且已经被翻译成数十种语言广泛传读。

充分挖掘自己的潜能

在安东尼·罗宾的成功学看来,我们每个人自身都有着无限的潜能。

潜能日夜地工作,以一种不为人知的程序利用着你无穷无尽的智慧力量,这种智慧可以把你的欲望转化为财富或地位等你想拥有的东西。

人们都渴望成功,那么,成功有无"秘诀"呢?

安东尼·罗宾认为,任何成功者都不是天生的,成功的根本原因是开发了人的无穷无尽的潜能,只要你抱着积极心态去开发你的潜能,你就会有用不完的能量,你的能力就会越用越强。相反,如果你抱着消极心态,不去开发自己的潜能,那你只有叹息命运不公,并且越加消极越加无能!

每一个人的内部都有相当大的潜能。

著名发明家爱迪生曾经说:"如果我们做出所有我们能做的事情,毫无疑问,它会使我们自己大吃一惊。"

从这句话中,可以提出一个相当科学的问题:"你一生有没有使自己惊奇过?"

有一次,安东尼·罗宾阅读到一件极富戏剧性的事,说的是战争期间一名海军水兵的故事。这位脑筋清楚、思路条理分明的人使得他身边的人无不感到惊奇。

毫无疑问,他在危机中表现出来的能力也使他自己惊奇不已。

安东尼·罗宾所读到的这个海军水兵的故事是这样的:

二次大战期间,一艘美国驱逐舰停泊在某国的港湾。那天晚上万里无云,明月高照,一片宁静。一名水兵按例巡视全舰时突然停步,他看到一个乌黑的大东西在不远的水面上浮动着。

他惊骇地看出那是一枚触发水雷,可能是从一处雷区脱离出来的,正随着退潮慢慢向着舰身中央漂来。

水兵立即抓起舰内电话机,通知了值日官。值日官马上快步跑来。他们又很快通知了舰长,并且发出全舰戒备的讯号,全舰立时动员了起来。

官兵都愕然地注视着那枚慢慢漂近的水雷,大家都了解眼前的状况,灾难即将来临。

军官立刻提出各种对策。他们该起锚走吗?不行,没有足够的时间。发动引擎使水雷漂离开?不行,因为螺旋桨转动只会使水雷更快地漂向舰身。以枪炮引爆水雷?也不行,因为那枚正在漂近的水雷太接近舰里面的弹药库。

那么该怎么办呢?放下一艘小艇,用一支长杆把水雷捅开?这也不行,因为那是一枚触发水雷,同时他们也没有时间去拆下水雷的雷管。

悲剧似乎是没有办法避免了。

突然,那名水兵想出了比所有军官所能想出的更好的办法。

他大喊着:"把消防水管拿来。"

大家立刻明白,这个办法有道理。

他们便向舰艇和水雷之间的海上喷水,以制造一条人工水流,使水雷顺着水流漂向远方,然后再用舰炮引爆水雷。

这位水兵真是了不起。他当然思维不凡——但是他却只是个凡人。不过他却具有在危机状况下冷静而正确思考的能力。

我们每一个人的身体内部都有这种天赋的能力,也就是说,我们每一个人都有创造的潜能。

不论有什么样的困难或危机影响到你的状况,只要你认为你行,你就能够处理和解决这些困难或危机。对你的能力抱着肯定的想法就能发挥出积极心智的力量,并因而产生有效的对策。

不知道你是否听过一只鹰自以为是鸡的寓言？

寓言说，一天，一个喜欢冒险的男孩爬到父亲养鸡场附近的一座山上，发现了一个鸟巢。他从巢里拿了一只鹰蛋，带回养鸡场，把鹰蛋和鸡蛋混在一起，让一只母鸡来孵。孵出来的小鸡群里有一个小鹰。小鹰和小鸡一起长大，因而不知道自己除了是小鸡外还会是什么。起初它很满足，过着和鸡一样的生活。

但是，当它逐渐长大的时候，它的内心里就有了一种奇特不安的感觉。

它不时想："我一定不只是一只鸡！"只是它一直没有采取什么行动。

直到有一天，一只苍劲的老鹰翱翔在养鸡场的上空，小鹰感觉到自己的双翼有一股奇特的力量，感觉胸膛里的心脏正在猛烈地跳着。

它抬头看着老鹰的时候，一种想法出现在心中："养鸡场不是我呆的地方。我要飞上青天，栖息在山岩之上。"

它从来没有飞过，但是它的内心里有着无穷的力量和天性。它展开了双翅，飞升到一座矮山的顶上。极为兴奋之下，它再飞到更高的山顶上，最后冲上了青天，到了高山的顶峰。终于，它发现了伟大的自己。

当然会有人说："那不过是个不错的寓言而已。我既非鸡，也非鹰。我只是一个人，而且是一个平凡人。因此，我从来没有期望过自己能做出什么了不起的事来。"

或许这正是问题的所在——你从来没有期望过自己能够做出什么了不起的事来。这是事实，而且这是严酷的事实，那就是我们只能把自己钉在我们自我期望的范围以内。

但是人体内确实具有比表现出来的更多的才气，更多的能力，更有效的机能。安东尼·罗宾从报上看到这样一个故事，不仅有趣，而且有意义。这个故事是这样的：

一位农夫在谷仓前面注视着一辆轻型卡车快速地开过他的土地。他14岁的儿子正开着这辆车，由于年纪还小，他还不够资格考驾驶执照，但是他对汽车很着迷——而且似乎已经能够操纵一辆汽车，因此农夫就准许他在农场里开这辆客货两用车,但是不准在外面的路上开。

但是突然间,农夫眼看着汽车翻到水沟里去了。

他大为惊慌,急忙跑到出事地点。他看到沟里有水,而他的儿子给压在卡车下面,躺在那里,只有头的一部分露出水面。

农夫并不很高大,顶多只有170公分高,140磅重,但是他毫不犹豫地跳进水沟,把双手伸到车下,卡车就这样被抬了起来。

当地的医生也很快赶来了,医生给男孩检查了一遍,只有一点皮肉伤需要治疗,其他毫无损伤。

这个时候,农夫却开始觉得奇怪了起来,刚才他去抬卡车的时候根本没有停下来想一想自己是不是抬得动。出于好奇,他就再试一次,结果根本就动不了那辆卡车。

医生说这是奇迹。他解释说,身体机能对紧急状况产生反应时,肾上腺就大量分泌出激素,传到整个身体,产生出额外的能量,这就是他可以做出的惟一解释。

要分泌出那么多肾上腺激素,首先当然得有那么多激素存在腺体里面。如果里面没有,任何危急情况都不足以使它分泌出来。由此可见,任何人都蕴藏着巨大的潜能。

这个事件还告诉我们另一项更重要的事实,农夫在危急情况下产生了一股超常的力量,并不光是肉体反应所致,它还涉及到心智和精神的力量。

农夫看到自己的儿子可能要淹死的时候,他的心智反应是要去救儿子,一心只要把压着儿子的卡车抬起来,而再也没有其他的想法。可以说是精神上的肾上腺引发出潜在的力量。而如果情况需要更大的体力,心智状态就可以产生出更大的力量。

有一句老话说:"在命运向你掷来一把刀的时候,你能抓住它的两个地方:刀口或刀柄。"如果你抓住刀口,它会割伤你,甚至使你致死;但是如果你抓住刀柄,你就可以用它来打开一条道。

因此当遭遇到大障碍的时候,你要抓住它的柄。换句话说,让挑战提高你的战斗精神。你没有充足的战斗精神,你就不可能有任何的成就。

因此你要能发挥战斗精神,让这种战斗精神来引出你内部的力量,并最终将它付诸行动。

成功激发自己的潜能

每个人的潜能都需要激发,而且这种被激发的潜能常常具有出人意料的力量。实际上,大多数人的才能都深藏着,必须要外界的东西予以激发,它一旦被激发并加以继续的关注和保护,就能发扬光大,否则就会萎缩甚至消失。

安东尼·罗宾在其著作中曾说过这么一个例子。

翰·费尔德把儿子马歇尔放在戴维斯的店里作招待员,有一天他问戴维斯:"戴维斯,近来我儿子生意学得怎样?"

戴维斯一边从桌上拿了一只苹果递给约翰·费尔德,一边答道:"约翰,我们是好朋友,不想让你日后后悔,而我又是一个直爽的人,喜欢讲老实话,马歇尔肯定是个诚实的年青人,这不用说,一看就知道。但是,他即使在我店里学上1000年。也不会成为一个杰出的商人。他生来就不是个做商人的料。约翰,还是把他领回乡下去,教他学养牛吧!"

如果马歇尔依旧留在戴维斯的店里做个伙计,那么他以后决不会成为举世闻名的商人。可是他随后到了芝加哥,亲眼目睹在他身边许多原来很贫穷的孩子做出了伟大的事业,他志气突然被唤起。他的心中也激起了要做大商人的决心。他问自己:"为什么别人能做出惊人的事业来,而我不能呢?"

其实,马歇尔具有大商人的天赋,但戴维斯店铺里的环境不能够激发他潜伏着的才能,无法发挥他潜藏着的能量。

爱迪生说过:"我最需要的,就是有人叫我去做我力所能及的事情。去做我力所能及的事情,是激发我的潜能的最好途径。拿破仑、林肯未必能做的事情,但我能够做,只要尽我最大的努力,发挥我所具有的才能。"

在美国西部某市的法院里有一位法官,他中年时还是一个目不识丁的铁匠。他现在60岁了,却拥有了全城最大的图书馆,获得了很多读者的称誉,被人认为是学识渊博、为民谋福利的人。这位法官惟一的希望,是要帮助同胞们接受教育,获得知识。可是他自己并没有接受系统的教育,为何会产生这样的远大理想呢?原来他不过是偶然听了安东尼·罗宾一篇关于"潜力之价值"的演讲。结果,这次演讲唤醒了他潜伏着的才能,激发了他远大的抱负,从而使他做出了这番伟大的事业来。

然而在现实生活中,虽然所有人都具有无限的潜能,但是大多数的人还是在默默无闻中度过了一生,是他们天生就是一个普通人的命运吗?答案是否定的。

我们都有这样的体会,在成长的经历中,由于经常遭到外界太多的批评、打击和挫折,久而久之,我们身上原有的奋发向上的热情被压制,大胆开拓的思维被封杀,对人生之路惶恐不安,对碌碌无为习以为常。渐渐地,我们丧失了信心和勇气,并养成了犹豫、狭隘、自卑以及不思进取、不敢拼搏的精神面貌,生命变得枯燥而毫无生气。

这是我们自己的悲哀。

事实上,我们的志气和才能和那些成功人士是一样的,最初的时候都是深藏潜伏在身体的某个角落。只不过他们的幸运在于潜能得到了激发,并且加以关注和培养,才造就了其灿烂的人生。

所以说,要想获得成功,我们就必须尽早激发自己的潜能。无论在何种情况下,要不惜一切代价走入一种可能激发你的潜能的氛围中,走入一种可能激发你走上自我发达之路的环境里。接近那些了解你、信任你、鼓励你的人,学习他们的志趣高雅,了解他们的远大抱负,将会使你在不知不觉中受到感染。说不定哪一天,你会发现,自己真的与普通人不一样了。那么恭喜你,你的潜能已经被激活了,剩下的就是如何发扬光大,建功立业了。

有句话说得好,你自己的水要你挑,你自己的木材要你去砍。同样道理,你自己的潜能有待你去激发。

潜能的激发往往产生于不起眼的事情,机会的到来常常是由于意外的发现。行动激发潜能,仅有欲望不足以得胜,我要立刻行动,要自立自强,自己激发属于自己的那一片沃土——潜能。所以说,如果下定决心立刻去做,往往会激发潜能,往往会使你最热望的梦想也实现。

想象力能让你创造奇迹

我们每个人都具备不同程度的想象力,如果一个人缺乏想象力,那么他的工作与生活就会平淡而乏味。那么,想象力又是什么呢?

想象力就是一个人的灵魂的创造力,是每个人自己的财富,是一个人在这个世界上惟一能够自己绝对控制的东西。

你如果能正确使用你的想象力,它将协助你把你的失败与错误变成价值非凡的资产,也将引导你去发现一个只有使用想象力的人才能知道的真理,那就是,生活中的最大逆境和不幸,通常反而会带来幸运的机会。

美国最好的一位雕刻师,以前是位邮差。有一天,他搭上一辆电车,不幸发生车祸,使他的一条腿因此被切掉。

电车公司付给他 5000 美元,以赔偿他的损失。他用这笔钱作学费、学习雕刻技艺,最后,终于成为一名雕刻师。他凭借丰富的想象力和精深的雕刻工艺,赚到了比他利用双腿当一名邮差所能赚到的更多的钱。由于电车发生车祸,他必须改变他的努力目标,结果他发现了自己原来也具有想象力。

由于神经系统无法区分生动的、想象出来的经验和实际的经验,心理的图像便给我们提供一个实践机会,把新的优点和方法"付诸实践"。想象为我们获得技巧、成功和幸福开拓了一条崭新途径。

如果我们正想象自己以某种方式行事,几乎也就是实际上在这么干了,想象给我们提供的实践可以促使这种行为臻于完美。

通过一个人为控制的实验,心理学家凡戴尔证明:让一个人每天坐在靶子前面想象着他对靶子投镖。经过一段时间后,这种心理练习几乎和实际投镖练习一样能提高准确性。

《美国研究季刊》曾报道过一项实验,证明想象练习对改进投篮技巧的效果:

第一组学生在20天内每天练习实际投篮,把第一天和最后一天的成绩记录下来;

第二组学生也记录下第一天和最后一天的成绩,但在此期间不做任何练习;

第三组学生记录下第一天的成绩,然后每天花20分钟做想象中的投篮。如果投篮不中时,他们便在想象中做出相应的纠正。

实验结果:

第一组每天实际练习20分钟,进球增加了24%;

第二组因为没有练习,也就毫无进步;

第三组每天想象练习投篮20分钟,进球增加40%。

查理·帕罗思在《每年如何推销两万五》一书中,讲到底特律的一些推销员利用一种新方法使推销额增加了100%,纽约的另一些推销员增加了150%,其他一些推销员使用同样的方法则使他们的推销额增加了400%。

推销员们使用的魔法其实就是所谓的扮演角色。

其具体做法是:想象自己处于各种不同的销售情况,然后再找出方法,直至在出现各种实际销售情况时自己应当注意说些什么、该做些什么为止。

通过这种奇特的训练,一些卓有成效的推销员,取得了不菲的工作业绩。毫无疑问,这里面包含着想象力的功劳。

自古以来,许多成功者都曾自觉或不自觉地运用了"正确想象"和"排练实践"来完善自我,获得成功。

拿破仑在带兵横扫欧洲之前,曾经在想象中"演习"了多年的战法。

韦伯和摩尔根在《充分利用人生》一书中说:拿破仑在大学的时候所做的阅读笔记,整理印刷时竟达满满的400页之多。他把自己想象成一个司令,画出科西嘉岛的地图,经过精确的数学计算后,标出他可能布防的各种情况。

世界旅馆业巨头康拉德·希尔顿在拥有一家旅馆之前,很早就想象自己在经营旅馆。

当他还是一个小孩子的时候,就常常"扮演"旅馆经理的角色。

亨利·凯瑟尔说过,事业上的每一个成就实现之前,他都在想象中预先实现过了。这真是奇妙之极!

难怪人们过去总是把"想象"和"魔术"联系起来。"想象力"在成功学中,确实具有难以预料的魔力。

想象力的作用如此大,那么我们又该如何发挥想象力呢?

为此,安东尼·罗宾的成功学给我们指出了一条光明大道。其主要作法如下:

一、预见性想象力(即想象的超前性练习)练习一

在进行想象练习时,应首先练习自己的超前想象力。即通过科学的想象,培养自己对未来事件进行正确预见的能力。超前想象的练习办法如下:

(1)在对目前市场状况进行综合分析的基础上,预见到市场将要出现的某种变化。要知道,一切事物的静止总是相对的,而变化是绝对的。

(2)在预见到市场将要出现的变化时,更真切地在大脑中浮现某种场景,并同时注意自己正在干什么。

(3)在迈向成功过程的每一个阶段,都应依据自己所掌握的信息,结合市场状况,构思出自己将要面临的处境,在你的大脑中浮现出好的境况。

预见性想象对事业、生活成败的影响是不言而喻的。

一个错误的决定性往往与其预见不足有关,而一个正确的预见则可以帮助你对成功捷足先登。

曾一度令整个欧洲疯狂的联邦德国"电脑大王"海因茨·尼克斯多夫,就是以其超前想象力先声夺人而取胜的。

海因茨原在一家电脑公司里当实习员,搞一些业余研究,却一直不被接纳,于是他外出兜售研究成果。

终于,他获得了莱因一斯特发伦发电厂的赏识。电厂预支了他3万马克,让他在该厂的地下室研究两台供结帐用的电脑。

不久,他获得了成功,创造出了一种简便、成本低廉的820型小型电脑。由于当时的电脑都是宠然大物,只有大企业才用得起。所以这种小型电脑一问世,立即引起了轰动。

他为什么要搞这种微型电脑呢?他自己的回答是:"看到了电脑的普及化趋势,也因此看到了市场上的空隙,意识到微型电脑进入家庭的巨大潜力。"

在其预见性富于想象力的大脑中,他甚至"看到"每个工作台上都有一台电脑。可以说,正是这种预见性和想象力使他获得了成功,并成为巨富。

二、预见性想象力练习二

想象力的预见作用在成功之路上的发挥,还有一套尚不被人们重视的运作法,它要求经营者:

(1)重视所能获得的一切信息,并进行正确的综合分析和判断,预见其商业价值。

(2)及时证实某条信息的可靠性,估量其对成功目标的影响程度。

(3)当你确定注意到了这一征兆,就应立即着手拟定应对方案,并开始实施。

也就是说,要善于通过大量信息,及时、科学、准确地把握机遇到来时的各种征兆,并加以利用,以获得经营的成功。

菲力普·亚默尔对预见性想象力的妥善运用,曾帮了他所经营的美国亚默尔肉食品加工公司的大忙。

有一天,菲力普为在当天报纸上偶然看到的一条新闻而兴奋不已:墨西哥发现了类似瘟疫的病例。他马上联想到:如果墨西哥真的发生了瘟疫,那么瘟疫就一定会传染到与之相邻的美国加利福尼亚州和得克萨斯州,而从这两州又会传染到整个美国。事实上,这两州正是美国肉食品供应的主要基地。如果真如此,美国的肉食品一定会大幅度涨价。

于是,菲力普当即派医生在墨西哥考察证实,并立即集中全部资金购买了邻近墨西哥的两个州的牛肉和生猪,并及时运到东部。果然,瘟疫不久就传到了美国西部的几个州。美国政府下令禁止这几个州的食品和牲畜外运,一时间美国市场肉类奇缺,价格暴涨。

菲力普在短短几个月内,净赚了900万美元。

在这个成功的事例中,菲力普运用的信息,是偶然读到的"一条新闻",并运用了自身所具有的地理知识:美国与墨西哥相邻的是"加州和得州",此两州全美主要的肉食品供应基地。另外,依据常规,当瘟疫流行时,政府定会下令禁止食品外运,禁止外运的结果必然是市场肉类奇缺,价格高涨。

但是否禁止外运,决定于是否真地发生了瘟疫。因此,墨西哥是否发生瘟疫是肉类奇缺、价格高涨的前提。精明的菲力普立即派医生去墨西哥十以证实那条新闻的可靠性。他确实这样去做了,才获得900万美元的利润。这个运用过程可概括为两个关键点:第一,报纸对墨西哥瘟疫流行的报道;第二,派医生去墨西哥证实此信息。

类似菲力普这样运用预见性走向成功的实例,在商界不胜枚举。

这大概就是人们所谓的"机遇"。

在我们周围,不是许多人都在埋怨自己缺少机遇吗?那就请不失时机地运用预见性想象吧!因为预见性想象力对我们的大脑大言,只有越用方能越灵敏。要知道,预见性想象力具有使人一夜之间暴富的魔力。

伟大的潜意识

潜意识是你心中的大海。它汇集着一切思想感情的涓涓细流,容纳了各种心态观念的山川江河,它是形成你一切思维意识的源泉。

众所周知,著名的精神分析学家弗洛伊德第一个全面地研究并分析了潜意识这种活动状态。他曾用海上冰山来形容,在他看来,浮在海平面可以看得见的一角,是意识;而隐藏在海平面以下,看不见的更巨大的冰山主体便是潜意识,而潜意识则更是人类精神活动的最为主要的部分。不仅于此,他还把这个广大的潜意识中的推动力确定为是人的性欲冲动。因此,整个人类文明的结果都只是这种潜意识中的性欲冲动的结果。

抛开其理论极端的泛滥主义不说,但不管怎样,他最起码看到这个广大的潜意识在人类精神活动中的重要性。

一般而言,从功能上讲,潜意识大约有下面这些特点:

一、记忆储蓄

潜意识像个巨大无比的仓库或银行,它可以储存人生所有的认知和思想,人从出生到老死的所见所闻、所感所想等一切意识到的东西,都会进入潜意识并储存起来。一些熟悉的事物,如生活环境中的习俗、观念、人物景象、他人的某些思维习惯和行为特点等等,也常常不经过明显的意识记忆,不知不觉地直接进入人的潜意识,并储存起来。所谓"近朱者赤,近墨者黑"便是潜意识吸收和反馈的结果。

二、自动排列组合并分类

潜意识将保存储蓄的复杂的东西,进行自动的重新排列组合、分类,以随时应付各种需要。

人们做梦,便是潜意识的一种自动排列组合的反映。当我们思考某个问题的时候,与这类有关的潜意识就可能被我们唤醒,从潜意识里升到意识中来为思考服务。而与思考问题无关的潜意识,一般情况下不会被唤醒,它老老实实在那里埋藏着。大脑功能紊乱的"神经病",便是潜意识排列组合混乱无序造成的。

三、潜意识的"密码"性和"模糊"性

"密码"是用来比喻的权宜之辞,即潜意识的唤起,应有特定的情景或特定的意识指令才行。"模糊"指存入大脑的潜意识已经变成了我们无法认识的模糊的"代码",只有通过意识的重新"翻译",才能清晰起来。这个过程速度之快,我们几乎无法觉察。

当我们要思考回想某件事的时候,比如我们想回忆少年时代一件成功的往事,我们就给潜意识下了一个特定的指令,于是,这方面的潜意识很快便会被唤起,并经过意识的"翻译",而栩栩如生地重现出来。

当我们在某种特定情景的刺激下,一些相对应的潜意识有时会自动地重现出来;比如你看到电影中的接吻场面,你的潜意识中的某些相关的记忆有可能就闪现在脑屏幕上,与电影中的场面交相辉映在你的大脑意识里,煞是好看。这是潜意识的快速"密码"唤起和快速意识翻译的表现。

四、直接支配人的行为

人的一些习惯性动作、行为,以及一些自己也没有意料到的行为,

实际上就是潜意识在支配人。

一些人遇到难题,马上想到"挑战"、想到"解决办法",行动也几乎同时跟上。另一些人遇到难题,则不自觉地、甚至不加思考地就想到"退",想到"失败",而且也在行动上退却。这便是过去不同经验的潜意识在起作用。

五、自动解决问题

当我们冥思苦想某一难题,并且一时得不到解决时,我们可能会暂时停下来做别的事。结果突然有一天,答案的线索,甚至完整的答案从你脑中跳出来了,你不禁惊喜万分。其实这便是潜意识在自动替你思维解决问题。所谓"灵感",就是潜意识的自动思考功能的体现。

六、潜意识的加速习惯反应,便可形成超感和直觉功能

据说美洲印第安土著人能从马蹄印迹中判断马走了多远,这种超感和直觉实际上是长期与马、马蹄痕迹打交道形成的经验潜意识的习惯性反映。母亲对婴儿的某些直觉,也是长时间和婴儿生活在一起的习惯潜意识的直接反映。

人从娘胎里诞生起,潜意识便开始形成:父母的期望和教诲,家庭环境的影响,学校的教育,从小到大的阅历,一切影响过你的外部思想观念、意识和你自己内部形成过的观念意识情感,包括正面积极的意识情感和负面消极的意识情感,这些统统都会在你的潜意识里汇集沉淀储存起来,形成一个极为丰富的内心世界和灵魂。

毫无疑问,潜意识是我们形成新的思想、心态、智慧取之不尽及用之不竭的素材和信息源泉。

潜意识如此包罗万象,深厚神奇,那么你又该如何来训练、开发和利用它呢?

安东尼·罗宾的成功学在此为你提供了一些可资借鉴的途径,现分述如下:

(1)训练开发潜意识无限蓄储记忆的功能,会为你的聪明才智奠

定深厚的基础。

如果你想建造高楼大厦,就必须储备好各种各样的建筑材料、装修材料、设计知识、建筑技能、各种建筑机械,还有指挥管理技能等等。

对于一个追求成功与卓越的人来说,你应该不断地学习新的东西,给潜意识输进更多的基本常识、专业知识、成功知识以及相关的最新信息。

人们常说:"事事留心皆学问。"你想要大脑更聪明,更有智慧,更富于创造性,更符合现实性,就必须给潜意识输送更多的相关信息。

为了使你的潜意识储蓄功能更有效率,你可以采取一些辅助手段帮助储存。如重要资料重复输入、重复学习、增加记忆功能、建立看得见的信息资料库——分类保存图书、剪报、笔记、日记、现代的电脑软盘等等,以便协助潜意识为你的创造性思维和其他聪明才智服务。

(2)训练你对潜意识的控制能力,使它为你的成功服务,而不是把你引向失败。

由于潜意识是非不分,积极消极、好的坏的统统吸收,常常跳过意识而直接支配人的行为,或直接构成人的各种心态。所以,成潜意识,败亦潜意识。

因此,你需要不断地训练自己,努力开发利用有益的积极成功的潜意识,对可能导致失败的消极的潜意识加以严格的控制。具体地说,也就是珍惜原来潜意识中的积极因素,并不断输入新的有利于积极成功的信息资料,使积极成功心态占据统治地位,使其成为最具优势的潜意识,甚至成为支配你行为的直觉习惯和灵感。

另外,对一切消极失败的心态信息,进行控制,不要让它们随便进入你的潜意识中,遇到消极思想信息时,你可采取两个办法加以控制:

其一,立即抑制它、回避它,不要让它们污染你的大脑。对过去无意中吸收的消极失败的潜意识,永远不要提起它,让它被遗忘,让它沉入你的潜意识的海底。

其二,进行批判分析,化腐朽为神奇。用成功积极的心态来对失败消极的心态进行分析批判,化害为利,让失败消极的潜意识像毒草化成肥料一样,变成有益于你成功的卓越的思想。

(3)开发利用潜意识自动思维创造的能力,从而帮助你解决问题,并获得创造性灵感。潜意识蕴藏着你一生有意无意、感知认知的信息,又能自动地排列组合分类,并产生一些新意念。所以你可以给它指令,把你成功的梦想、所碰到的难题化成清晰的指令,经由意识转到潜意识中,然后放松自己,等待它的答案。

比如反复下达这样的指令:我该如何开辟这种新奇营养品的市场前景呢?你还可以把指令由大化小:我开辟市场的第一步应该怎样走?

有不少人冥思苦想某一问题时,结果却在梦中,或是在早晨醒来,或在洗澡时,或在走路时突然从大脑里蹦出了答案或灵感。古希腊物理学家阿基米德就在洗澡时,灵感忽现,发现了著名的浮力定律。

由此可见,只要你用心思考,潜意识随时都会跳出来帮助你解决问题。因此,当你在思考的同时,在任何地方,都应有记事本,以便一旦灵感从潜意识中出现,便立刻记下来。

冲破自己设置的"心理牢笼"

世上最难攻破的是"心理牢笼",但是每个人都有攻破"心理牢笼"的潜力,只要你有这个勇气。

在安东尼·罗宾的著作中曾提到一个长发公主的故事,主人公叫雷凡莎,她头上披着很长很长的金发,长得很俊很美。雷凡莎自幼被囚禁在古堡的塔里,和她住在一起的老巫婆天天念叨雷凡莎长得很丑很丑。

一天,一位年轻英俊的王子从塔下经过,被雷凡莎的美貌惊呆了,从这以后,他天天都要到这里来,一饱眼福。雷凡莎从王子的眼睛里认清了自己的美丽,同时也从王子的眼睛里发现了自己的自由和未来。有一天,她终于放下头上长长的金发,让王子攀着长发爬上塔顶,把她从塔里解救出来。

囚禁雷凡莎的不是别人,正是她自己,那个老巫婆是她心里迷失自我的魔鬼,她听信了魔鬼的话,以为自己长得很丑,不愿见人,就把自己囚禁在塔里。

哲人说得好,不要完全相信你听到的一切,也不要因他人的议论而鄙视自己,否则就会陷入自卑的"心理牢笼"。雷凡莎公主把巫婆的话信以为真,自己常常对自己说:"我长得很丑很丑,快躲起来吧,莫让别人看见我。"这些下意识的暗示,使自己陷入自卑的"心理牢笼"。我们常常发现有些人身上的自卑,除了喜欢拿别人的优点长处与自己的缺点和短处比较外,另一个原因和雷凡莎一样,喜欢听信那些不该听信的话,认不清自己身上蕴藏着无穷无尽的潜力,久而久之,丧失自信,心绪委靡,便不知不觉地为自己营造了自卑的"心理牢笼"。

人的心理牢笼千奇百怪,五花八门,但有一点是相同的,那就是所有的"心理牢笼",都是人自己给自己营造的。就拿自寻烦恼来说吧,有人老是责备自己的过失,有人总是唠叨自己坎坷的往事和不平的待遇,有人念念不忘生活和疾病带来的苦恼……时间一长,就不知不觉地把自己囚禁在"心狱"里。自寻烦恼有好多种,其中还有一种是喜欢用自己不懂的事情塞满自己的脑袋,使自己陷入紧张、痛苦之中。前苏联著名作家别洛夫斯基讲过下面的故事。

一位公司职员,一天觉得自己好像生病了,就去图书馆借了本医学手册,看该怎样治自己的病。他一口气读完了该读的内容,然后又继续读下去。当他读完介绍霍乱的内容时,方才明白,自己患霍乱已经几个月了。他被吓住了,呆痴痴地坐了好几分钟。

后来,很想知道自己还患有什么病,就依次读完了整本医学手册。这下可明白了,除了膝盖积水症外,自己一身什么病都有!

他非常紧张,在屋子里来回踱步。他认为:"医学院的学生们,用不着去医院实习了,我这个人就是一个各种病例都齐备的医院,他们只要对我进行诊断治疗,然后就可以得到毕业证书了。"

他迫不及待地想弄清楚自己到底还能活多久!于是,就搞了一次自我诊断:先动手找脉搏,起初连脉搏都找不到!后来才突然发现,一分钟跳一百四十次!接着,又去找自己的心脏,但无论如何也找不到!他感到万分恐惧,最后他认为,心脏总会在它应在的地方,只不过自己没找到罢了……

他往图书馆走时,觉得自己是个幸福的人,而当他走出图书馆时,却被自己营造的"心理牢笼"所监禁,完全变成了一个全身都有病的老头。

他决心去找自己的医生,一进他家门,他就说:

"亲爱的朋友!我不给你讲我有哪些病,只说一下没有什么病,我的命不会长了!我只是没有害膝盖积水症。"

医生给他作了诊断,坐在桌边,在纸上写了些字就递给了他。他顾不上看处方,就塞进口袋,立刻去取药。赶到药店,他匆匆把处方递给药剂师,药剂师看了一眼,就退给他说:

"这是药店,不是食品店,也不是饭店。"

他很惊奇地望了药剂师一眼,拿回处方一看,原来上面写的是:

煎牛排一份,啤酒一瓶,六小时一次。十英里路程,每天早上一次。他照这样做了,一直健康地活到今天。

这位职员幸亏治疗及时,否则一定会被自己营造的"心理牢笼"所囚禁,最后非得得病不可。

现实生活里,有不少人喜欢用自己不懂的事情塞满自己的脑袋,把一些不相干的事与自己联系在一起,造成了心理障碍。殊不知,不懂的事,就是不理解,不理解的东西是自己无法占有的。如果盲目地相信某些毫无根据的感觉,使自己失去理智的判断能力,最后被囚禁的就是自己。

人的一生充满许多坎坷,许多愧疚,许多迷惘,许多无奈,稍不留神,就会被自己营造的"心狱"监禁。营造"心理牢笼",既不花钱,也不费力,一瞬间就能制造出来。"心理牢笼"对人的健康危害极大,人的心脏病患,大多都与"心狱"有关,严重者则会造成精神失常,甚至自杀。有人说,"心理牢笼"是很难攻破的。这话只说对了一半,我们还应该明白,人的"心理牢笼"既然是自己营造的,人自己就有冲出"心理牢笼"的本能。这种本能就是精神意志的力量,有了这种力量,什么样的"心理牢笼"都可以攻破。

卷五

向 你 挑 战

原著[美]威廉·丹佛

关于作者:威廉·丹佛是美国著名的演讲家、作家和成功学导师。他的代表作《向你挑战》是一部激励和改变无数人的伟大著作,在书中,作者向我们展示了挑战自我的神奇力量,阅读本书,将让你变得更加自信,变得对一切更富有激情,让你产生在困境中战胜一切的勇气。

向你挑战：勇敢地去冒险

很多时候，成功的机遇很会主动降临到我们每一个人头上，就看我们是否能把握住，但是那些一定能成功的人则不是等待这种机遇降临在自己头上，他们是自己去捕获机遇，冒险就是他们最好的工具。

不要抱怨生活的不公平，机会是均等的，只是有的人有能力去抓，有的人不敢去抓，有的人甘愿与它失之交臂。那些成功者自然是捕捉机遇、创造机遇的高手，而且他们惯于在风险中猎获机遇！

机遇常与风险并肩而来。一些人看见风险便退避三舍，再好的机遇在他眼中都失去了魅力。这种人往往在机会来临之时踌躇不前，瞻前顾后，最终什么事也干不成。威廉·丹佛虽然不赞成赌徒式的冒险，但他认为任何机会都有一定的风险性，因为怕风险就连机会也不要了，无异于因噎废食。威廉·丹佛这样建议年青人："彻底研究实际情况，在心里想象你可能采取的各种方案，与每一种方案可能产生的后果。选择一种最可行的方案，然后放手去做。如果我们要一直等到完全确定后才开始行动，那一定成不了大事。每种行动可能会中途受阻，每个决定也都可能夭折，但是我们千万不能因此而放弃了所要追寻的目标。必须有每天冒险犯错误、面对失败甚至耻辱的勇气，走错一步永远胜于原地不动。你向前走就可以矫正你的方向；如果你抛了锚，站着不动，你的导引系统是不会牵着你向前走的。"

最有希望的成功者并不都是才华出众的人，而是那些最善于利用每一时机去发掘开拓的人。他们在机会中看到风险，更在风险中逮住机遇。

威廉·丹佛曾深入研究美国金融大亨J·P·摩根的发迹史，结果发现他就是一个善于在风险中投机的人。

J·P·摩根诞生于美国康乃狄格州哈特福的一个富商家庭:摩根家族 1600 年前后从英格兰迁往美洲大陆。最初,摩根的祖父约瑟夫·摩根开了一家小小的咖啡馆,积累了一定资金后,又开了一家大旅馆,既炒股票,又参与保险业。摩根的父亲吉诺斯·S·摩根则以开菜店起家,后来他与银行家皮鲍狄合伙,专门经营债券和股票生意。

生活在传统的商人家族,经受着特殊的家庭氛围与商业熏陶,摩根年轻时便敢想敢做,颇富商业冒险和投机精神。1857 年,摩根从德哥廷根大学毕业,进入邓肯商行工作。一次,他去古巴哈瓦那为商行采购鱼虾等海鲜归来,途径新奥尔良码头时,他下船在码头一带兜风,突然有一位陌生人从后面拍了拍他的肩膀:"先生,想买咖啡吗?我可以出半价。"

"半价?什么咖啡?"摩根疑惑地盯着陌生人。

陌生人马上自我介绍说:"我是一艘巴西货船船长,为一位美国商人运来一船咖啡,可是货到了,那位美国商人却已破产了。这船咖啡只好在此抛锚……先生!您如果买下,等于帮我一个大忙,我情愿半价出售。但有一条,必须现金交易。先生,我是看您像个生意人,才找您谈的。"

摩根跟着巴西船长一道看了看咖啡,成色还不错。一想到价钱如此便宜,摩根便毫不犹豫地决定以邓肯商行的名义买下这船咖啡。然后,他兴致勃勃地给邓肯发出电报,可邓肯的回电是:"不准擅用公司名义!立即撤销交易!"

摩根对此非常生气,不过他又觉得自己确实太冒险了,邓肯商行毕竟不是他摩根家的。自此摩根便产生了一种强烈的愿望,那就是开自己的公司,做自己想做的生意。

摩根无奈之下,只好求助于在伦敦的父亲。吉诺斯回电同意他用自己伦敦公司的户头偿还挪用邓肯商行的欠款。摩根大为振奋,索性放手大干一番,在巴西船长的引荐之下,他又买下了其他船上的咖啡。

摩根初出茅庐,做下如此一桩大买卖,不能说不是极大冒险。但上帝偏偏对他情有独钟，就在他买下这批咖啡不久，巴西便出现了严寒天气。一下子使咖啡大为减产。这样，咖啡价格暴涨，摩根便顺风迎时地大赚了一笔。

从咖啡交易中，吉诺斯认识到自己的儿子是个商业人才，便出了大部分资金为儿子办起摩根商行，供他施展经商的才能。摩根商行设在华尔街纽约证券交易所对面的一幢建筑物里，这个位置对摩根后来叱咤华尔街乃至左右世界风云起了不小的作用。

这时已经是1862年，美国的南北战争正打得不可开交。林肯总统颁布了"第一号命令"，实行了全军总动员，并下令陆海军对南方展开全面进攻。

一天，克查姆——一位华尔街投资经纪人的儿子，摩根新结识的朋友，来与摩根闲聊。

"我父亲最近在华盛顿打听到，北军伤亡十分惨重！"克查姆神秘地告诉他的新朋友，"如果有人大量买进黄金，汇到伦敦去，肯定能大赚一笔。"

对经商极其敏感的摩根立刻心动，提出与克查姆合伙做这笔生意。克查姆自然跃跃欲试，他把自己的计划告诉摩根："我们先同皮鲍狄先生打个招呼，通过他的公司和你的商行共同付款的方式，购买四五百万美元的黄金——当然要秘密进行；然后，将买到的黄金一半汇到伦敦，交给皮鲍狄，剩下一半我们留着。一旦皮鲍狄黄金汇款之事泄露出去，而政府军又战败时，黄金价格肯定会暴涨；到那时，我们就堂而皇之地抛售手中的黄金，肯定会大赚一笔！"

摩根迅速地盘算了这笔生意的风险程度，爽快地答应了克查姆。一切按计划行事，正如他们所料，秘密收购黄金的事因汇兑大宗款项走漏了风声，社会上流传着大亨皮鲍狄购置大笔黄金的消息，"黄金非涨价不可"的舆论四处传播。于是，很快形成了争购黄金的风潮。由于这么一抢购，金价飞涨，摩根一瞅火候已到，迅速抛售了手中所有的黄金，趁混乱之机又狠赚了一笔。

这时的摩根虽然年仅26岁，但他那闪烁着蓝色光芒的大眼睛，看上去令人觉得深不可测;再搭上短粗的浓眉、胡须,会让人感觉到他是一个善于深思熟虑、且老谋深算的人。

此后的一百多年间,摩根家族的后代都秉承了先祖的遗传,不断地冒险,不断地投机,不断地暴敛财富,终于打造了一个实力强大的摩根帝国。

机遇常常有,但往往掺杂在风险中,想猎获它,就要看你有没有勇气去冒这个险。

做人要想成就一翻大事业,取得一翻大成功,就要能把胆子放大,在不违背社会道德和法律制度的前提下,去冒最大的险。

威廉·丹佛指出,你不得不为成功而冒险,正如你必须为失败而冒险一样。如果你试图逃避,或被压夸,你就输了。所以说,要想成功,你就要敢于冒险,并且敢冒最大的险。

在某种程度上,生活是一场博弈。敢冒最大的风险的人,在商场才能赚得最多的钱,在事业上才能取得最大的成功,才可能实现人生的最大价值。

向你挑战:去努力地做事

1918年,在艰难的"一战"期间,威廉·丹佛惊叹于他的战友——第六工兵营的诺曼上校做事的方式。但对于这一切,开始他并不十分了解,直到在美国他听到了诺曼上校与儿子们告别的谈话时,威廉·丹佛才深切地明白了他这样做的原因。

诺曼说:"孩子们,你们要挑战自己。挑战自己,这将赋予你们做一切事的能力!"见儿子们显然都受到了鼓动,诺曼严肃而兴奋地接着说:"孩子们,你们命中注定是战士、是斗士;既然如此,你们就不会因以往的胆怯和自卑而恐惧战斗与躲避别人。逃离人生的战场非勇者所为。你,你们,有做好任何事情的能力。我是你们的父亲,深知这一切,所以你们可以相信我的话。你们更要相信自己!你们知道自己将成为什么人,将去何方。只要你们敢闯,任何社会都会为你们让出一条康庄大道来。有时道路会拥挤,危机像脱轨了的火车一样呼啸而来;恐惧、失望、无援,还有那些狂乱的躁动与寂灭的沉静会时时萦绕着你。怎么办,孩子们?退却还是迎上前去?我是你们的父亲,不可能让你们任何时候都不顾危险地迎上前去,不,必要时的退却还是有益的。我只是想说:战斗、勇敢地战斗,是你们实现成功的唯一方式。困难时要奋起抗争,接近成功时要不改初衷地勇往直前,已经胜利了要再接再厉、永不停止。总之,孩子们,请记住你们父亲的一句话:敢于向任何事物挑战、并敢于接受任何的应战。这样的人,必是社会之精英、人类的勇士。去勇敢地做事吧,会成功的!"

成功者必是勇敢者,而所谓勇敢者也必须是一个既敢想又敢做的人。这一切都是源于"爱"。

威廉·丹佛曾经读到过这样一个故事:当一只熊威胁到孩子的安全时,孩子的母亲用斧子砍死了它。按常人的推理,一位妇女不可能杀死一只强于自己几倍的熊——但她确实做到了这点。

威廉·丹佛的好友戈登·菲利普也告诉过他有关一个加拿大电车司机的事。第一次世界大战期间,电车司机被任命为某集团军的司令,这个司机原来并不知道自己有指挥别人的能力——但是他确实有。他知道了这一点就立刻付诸行动,成就了旁人看来绝对是奇迹的事情:从司机变成了司令。

许多年前,一个年轻人在铁路上做养路工。他严谨认真的工作态度,使他获得去运输办公室工作一段时间的机会。一位高级主管向这位年轻的替补职员索要一些重要的数据。这个年轻人对整理和查询账簿毫无经验,但是他连续工作了三天三夜,终于及时递交那些材料。他经常愿意去处理那些尽管自己还不了解但却很重要的工作。通过学习与研究,他在所做的每件事中表现出了那种兢兢业业的作风和不凡的成绩,这为他承担越来越大的责任铺上了一层层坚定的基石。后来,他成为一家国际化大公司的副总裁了。

一个一直徒手工作的阿拉巴马州的采矿者,意识到自己缺少教育。于是每天他秉烛夜读,学习法律知识。当育空岛发现金子时,他决定去那里淘金。他在育空岛的地壳深处发现了自己的宝藏,同时他也发现了更伟大的事物。在一次暴风雪中他迷路了,在那个寒冷、荒凉的小岛上,远处由传教士设立的一个闪光的十字架映入他的眼帘。那幅情景鼓励他去追随一位新的主人,他发现了一种新的生活。现在,他成为了最有魅力的演说家之一,并且,他把自己的财产连同他自己都奉献给耶稣基督的神圣事业中去了。

威廉·丹佛认识一位富有创造力的乡村少年,他自认为缺少教育、缺乏自信心,也没有社交魅力。但后来却恰恰是他,成为了集那些杰出品质于一身的人——勇敢的成功者。在常人看来,这不仅难以想象,也同样令人惊奇,但威廉·丹佛认为这其实这是必然的。

威廉·丹佛还认识一位事业成功但为人谦逊的商人。在一次危急关头,他发现自己有一种杰出的能力:他能使周围的人鼓起勇气,振作精神。

威廉·丹佛说,他能给读者写出以上所有人的名字,这些全是真实的。康·丹佛非常了解他们。他们发现了自己所拥有的做事的能力,并充分地使用了它。就这一点上,他们超出了凡人。

向你挑战:变得更强壮

威廉·丹佛在其著作中提到过这样一个故事:

有一个工人在一个伐木厂找到了一份不错的工作。他决定认真做好这份工作,好好表现。上班第一天,老板给了他一把斧子,让他到人工种植林里去砍树,这个工人卖力地干了起来。一天时间,他不停地挥舞着斧子,一共砍倒了19棵大树。老板满意极了,夸他干得不错。工人听了很兴奋,决定工作要更加卖力,以感谢老板对他的赏识。

第二天,工人拼命工作,他的腿站久了又酸又疼,胳膊更是累得抬不起来了,可是这样拼命,却并没有带来更好的结果。他觉得自己比第一天还要累,用的力还要大,可第二天却只砍倒了16棵树。

工人想也许我还不够卖力,如果我的成绩一直下降,老板一定会以为我在偷懒,所以我要更加卖力才行。第三天,工人投入了双倍的热情去工作,直到把自己累得再也动不了为止。可是,让他失望的是,他只砍倒了12棵树。

工人是个很诚实的人,他觉得太惭愧了,拿着老板给的高薪,工作却越来越差劲。他主动去向老板道歉,说明了自己的工作情况,并检讨说,我真是太没用了,越卖力干得越少。老板问他:"你多久磨一次斧子?"工人一听愣住了,他说:"我把所有的时间都花在砍树上了,哪里有时间去磨斧子啊?"

这个故事告诉我们这样一个道理:埋头苦干是很好的做事态度。可是,这并不意味着只要我们花上大量的时间,事情自然就会解决。实践告诉我们:不是不做事,也不是只做事,而是要注意做事的方式和方法。

有个理论叫做:$7+1>8$。就是7个小时的学习加1个小时的锻炼,效果绝对大于8个小时的学习效果。这也是科学验证出来的一个道理。道理很简单,身体有活力了,状态好了,学习效率会成倍提高。

人们常说:身体是革命的本钱。的确,没有一个好的身体,一切都将失去意义,若想创造成功的人生,首先就要管好自己的身体,拥有健康的体魄和心理。

"健全的心灵寓于健康的身体。"这句格言可以追溯到罗马时代,而且历久弥新,到今天仍然适用。

如果你想成功,想实现人生自我价值,你一定要注意保持身体健康。作为人生事业目标实施主体的你,不能因自己身体情况不佳而影响到目标的实现。

健康欠佳会减弱你的决策能力,因为如果达到一个目标需要较多的体力与耐力,你可能就因此放弃。即使这种影响只是在下意识里,终究会让你的决定不够谨慎,波及到许许多多的人。

事实上,若健康因素可能影响到决策力时,领导人就该辞去原来的职务。不管怎么说,即使在比较次要的职位上,这些人仍可贡献多年的经验与知识来帮助团队。

为了健全的心灵,为了达到成功的彼岸,尽力保持身体健康吧!

向你挑战:勇于创新

首先,让我们来弄清创新的涵义。大部分人都把创新想象成电或小儿麻痹症疫苗的发现,或小说创作,或彩色电视机的发明。不错,这些都是创新的结果。但是,创新不是某些行业专有的,也不只是超常智慧的人才具备的。

究竟什么是创新呢?

一个低收入的家庭订出一项计划,使孩子能进一流的大学,这就是创新。一个家庭设法将附近脏乱的街区变成邻近最美的地区,这也是创新。想法子简化资料的保存,或向"没有希望"的顾客推销,或让孩子做有意义的活动,或使员工真心喜爱他们的工作,或防止一场口角的发生,这些都是很实际的每天都会发生的创新实例。

什么叫创新?《伊索寓言》里的一个小故事给我们一个形象的解释:

一个暴风雨日子,有一个穷人到富人家讨饭。

"滚开!"仆人说,"不要来打搅我们。"

穷人说:"只要让我进去,在你们的火炉上烤干衣服就行了。"仆人以为这不需要花费什么,就让他进去了。

这个可怜人,这时请求厨娘给他一个小锅,以便他"煮点石头汤喝"。

"石头汤?"厨娘说,"我想看看你怎样能用石头做成汤。"于是她就答应了。穷人于是到路上拣了块石头洗净后放在锅里煮。

"可是,你总得放点盐吧。"厨娘说,她给他一些盐,后来又给了豌豆、薄荷、香菜。最后,又把能够收拾到的碎肉末都放在汤里。

当然,您也许能猜到,这个可怜人后来把石头捞出来扔在路上,美美地喝了一锅肉汤。

如果这个穷人对仆人说:"行行好吧!请给我一锅肉汤。"会得到什么结果呢?因此,伊索在故事结尾处总结道:"坚持下去,方法正确,你就能成功。"

创新不需要天才,创新只在于找出新的改进方法。任何事情的成功,都是因为找出把事情做得更好的方法。接着,我们来看看,怎样发展、加强创新性思考。

培养创新性思考的关键是要相信能把事情做成,要有这种信念,才能使你的大脑运转,去寻求做这种事的方法。

当你相信某一件事不可能做到时,你的大脑就会为你找出种种做不到的理由。但是,当你相信——真正地相信,某一件事确实可以做到,你的大脑就会帮你找出能做到的各种方法。

人们为了取得对尚未认识事物的认识,总要探索前人没有运用过的思维方法,寻找没有先例的办法和措施去分析认识事物,从而获得新的认识和方法,用以锻炼和提高人的认识能力。

在实践过程中,运用创新性思维,提出一个又一个新的观念,形成一种又一种新的理论,做出一次又一次新的发明和创造,都将不断地增加人类的知识总量,丰富人类的知识宝库,使人们去认识越来越多的事物,为人类实现由"必然王国"向"自由王国"和"幸福乐园"的飞跃创造条件。

创新是不满足人类已有的知识经验,而是努力探索客观世界中尚未被认识的事物规律,从而为人们的实践活动开辟新的领域、打开新局面。没有创新性思维,没有勇于探索和创新的精神,人类的实践活动只能停留在原有水平上,人类社会就不可能在创新中发展,在开拓中前进,人们所成就的事业就必然陷入停滞甚至倒退的状态。

威廉·丹佛指出,人的可贵之处在于具有创新性的思维。一个有所作为的人只有通过有所创新,才能为人类做出自己的贡献,才能体会到人生的真正价值和真正幸福。创新思维在实践中的成功,更可以使人享受到人生的最大幸福,并激励人们以更大的热情去积极从事创新性实践活动,使我们的事业和人生更加辉煌。

创新和事业是什么关系?威廉·丹佛说,创新是力量、自由及事业成功的源泉。英国著名哲学家罗素则把创新看做是"快乐的生活",是"一种根本的快乐"。前苏联教育家霍姆林斯基认为:创新是生活的最大乐趣,成功寓于创新之中。他在《给儿子的信》中写道:什么是生活的最大乐趣?我认为,这种乐趣寓于与艺术相似的创新性劳动之中,寓于高超的技艺之中。如果一个人热爱自己所从事的劳动,他一定会竭尽全力使其劳动过程和劳动成果充满美好的东西,生活的伟大、事业的成功就寓于这种劳动之中。这些论述深刻地揭示了创新与事业成功的内在联系,说明创新是获得新的成功的源泉。

为什么说创新是人类获得新的成功的源泉和动力?我们知道,成功是人们在进行物质生产和精神生产的实践中,由于感受和理解到所追求目标的实现而得到的精神上的满足。而人们需要的内容是不断发展的,需要的层次是不断提高的,旧的需要满足了,又要增加新的需要;低层次的需要满足了,又会产生高层次的需要。要满足人们不断提高的物质与精神需要,实现人们对幸福的追求,就要靠创新。社会的进步在于创新,人的幸福和成功与否在于创新。

那么,创新具有哪些优点呢?

与常规性思维相比较,创新具有自己的特点,主要表现在以下几个方面：

一、独创性

创新的特点在于"新"，它在思路的探索上、思维的方式方法上和思维的结论上，独具卓识，能提出新的创见，做出新的发现，实现新的突破，具有开拓性和独创性。常规性思维是遵循现存常规思维的思路和方法进行思维，重复前人、常人过去已经进行过的思维过程，思维的结论属于现成的知识范围。创新所要解决的是实践中不断出现的新情况和新问题；常规性思维所要解决的是实践中经常重复出现的情况和问题。

注意观察研究，可以看到我们周围有两种类型的人：一种是不加分析地接受现在的知识和观念，思想僵化，墨守成规，安于现状。这种人既无生活热情，更无创新意识。另一种是思想活跃，不受陈旧的传统观念的束缚，注意观察研究新事物。这种人不满足于现状，常常给自己提出疑难问题，勤于思考，积极探索，敢于创新。我们应该学习后一种人，培养和锻炼创新性思维的能力。

二、灵活性

创新不局限于某种固定的思维模式、程序和方法，它既独立于别人的思维框架，又独立于自己以往的思维框架。它是一种开创性的、灵活多变的思维活动，并伴随有想象、直觉、灵感等非规范性的思维活动，因而，具有极大的随机性、灵活性，它能做到因人、因时、因事而异。常规性思维一般是按照一定的固有思路方法进行的思维活动，缺乏灵活性。

三、风险性

创新的核心是创新突破，而不是过去的再现重复。它没有成功的经验可借鉴，没有有效的方法可套用，它是在没有前人思维痕迹的路线上去努力探索。

因此,创造的结果不能保证每次都取得成功,有时可能毫无成效,有时可能得出错误的结论,这就是创新的风险。但是,无论它取什么样的结果,都具有重要的认识和方法论的意义。因为即使是不成功的结果,也向人们提供了以后少走弯路的教训。常规性思维虽然看来"稳妥",但是它的根本缺陷是不能为人们提供新的启示。

世界上因创新而成功的人数不胜数,伊夫·洛列——法国一位美容品制造师就是靠经营花卉发家的:在一次新闻发布会上,他深有感触地说:

"我的今天,多亏了威廉·丹佛先生,在他的著作里我学会了一个秘诀,在过去我对这个秘诀未能足够地重视,甚至多次与它擦肩而过,而现在我要说这个秘诀:创新的确是一种美丽的奇迹!"

伊夫·洛列从1960年开始生产美容品,到1985年,他已经在全世界拥有960家分号。

伊夫·洛列的生意兴旺,多次摘取了美容品和护肤品的桂冠,他的企业是惟一可以和法国最大的"劳雷阿尔"化妆品公司相对抗的竞争对手,所有的成就,他都是悄无声息取得的,以致在发展初期从未引起同行业竞争者的警觉。

他所有的成功依赖于他所具有的创新精神,1958年,伊夫·洛列从一位年老体衰的女医师那里偶然得到了一种专门治疗痔疮的特效药膏秘方,这个秘方的内容令他产生了浓厚的兴趣,于是,他依据这个药方配制,研制出了一种植物香脂,并开始挨家挨户地推销这种新型产品。

有一天,洛列忽然灵机一动,为何不在《这儿是巴黎》杂志上刊登一则介绍自己商品的广告呢?如果再在广告上另附有商品邮购的优惠单,说不定会更有成效地促销产品呢。

洛列的这一大胆尝试果然使他获得了意想不到的成功,就当他的朋友还在为他所付出的巨额广告投资惴惴不安时,他的产品已在巴黎开始畅销起来——原以为会泥牛入海的广告费用,与其获得的利润相比,显得轻如鸿毛一样。

当时,用植物和花卉制造的美容用品在人们看来是毫无前途可言,几乎没有人愿意在这一领域大量投入资金,而洛列却反其道而行之,并对此产生了一种奇特的迷恋之情。

1960年,洛列所研制的美容霜开始小批量的生产,他那独具创新的邮购销售方式,又再次让他获得了巨大的成功,在极短的时间内,洛列通过采用各种营销方式,顺利地推销多达70多万瓶的美容用品,如果说洛列采用植物制造美容品是一种大胆的尝试的话,那么采取邮购的营销方式则是他的一种创举,在今天,邮购商品对我们来说已经不足为奇了,但在那个时代,这一方式却是行不通的。

1969年,洛列创办了他的第一家工厂,并在巴黎奥斯曼大街上开设商店,开始自产自销美容用品。

他还对他的每一位职员说:

"我们的每一位女顾客都是皇后,你应该像对待王后那样对其进行服务。"

为了贯彻这个宗旨,他首创了邮购的营销方式。

公司的邮购业务几乎占到全部订单的50%。

邮购的手续也很简单,顾客只需将地址填妥便可加入"洛列美容俱乐部",并会在很短的时间内即可收到样品,价目表和说明书。

这种销售方式对那些工作繁忙没时间逛街购物的女士来说无疑带来了很大的方便。到目前为止,全球通过邮寄方式从俱乐部订购产品的妇女已达6亿人次,他的公司每年收到8000余封函件。其中,有的为公司提出合理化建议,有的甚至寄来照片和亲笔签名,公司的回复函里往往也告诫订购者:美容霜并非万能的,有节奏的生活是最佳的化妆品:这样一来,顾客和公司便建立了固定的联系,公司还把1000万名女顾客的信息输入电脑,在她们的生日或重要节日时,公司都要送上小礼品以示祝贺。

这样做是有成果的,公司的销售额年增长率为30%,一年的收入超过了25个亿,而且国外的业绩比国内的还要好。

如今,公司的产品已增至400余种,同时拥有着800万名忠实的女顾客。

伊夫·洛列终于在付出了他的艰辛和劳苦之后,找到了成功的契机,化妆品市场竞争激烈,稍有不慎,便会被淘汰出局。

伊夫·洛列通过他不同于大众的产品——植物花卉美容品,使化妆品低档化,大众化,从而满足各个不同阶层顾客的需要,所以他可以在商场立于不败之地。

洛列的经历又验证了康·丹佛的话:"如果你想迅速致富,那么请别在人群中拥挤了,去另辟一条捷经吧!"

美国实业家罗宾·维勒的成功秘诀是"永远做一个不向现实妥协的叛逆者。"

罗宾·维勒的言行是一致的,罗宾以前经营着一家小规模的皮鞋工厂,只有十几个雇工,他很清楚自己的工厂规模小,要挣到大钱是很困难的,资本少,规模小,人力资源又不够,无论从哪一方面都不能和强大的同行相抗衡,那么,怎样改变这种局面呢?

罗宾面前摆着两条路:

一是提高鞋料的成本,使自己的产品能在质量上胜人一筹,然而在现在这种状况下,自己的成本原本就比别人的高,再提高成本,那么只能赔钱卖了,所以,这条路现在根本不可取。再有就是在款式上下功夫,只要自己能够翻出新花样、新款式,不断变换,不断创新,就可以为自己打开一条新的出路,罗宾认为这个主意不错,并决定走这条道路。

随后,他立即招集工厂的十几个工人开了个皮鞋款式改革会议,并要求他们各尽所能地设计新款的鞋样。罗宾还特没一个奖励办法:凡设计出的样式被公司采用者,可得到1000美元的奖励;若是通过改良被采用的,奖励500元;即使没被采用,但别具匠心的仍可获得100美元。

这一号召很快地被响应,没过多久被采纳的3款鞋样便试行生产了,当然这3名设计者也得到了应得的3000美金的奖励。

第一批生产出的产品,被送往各大城市进行推销。

顾客都很欣赏这些款式新颖的皮鞋,这些皮鞋在很短的时间内便被抢购一空。两个星期后，罗宾的工厂便收到了2700多份订单，这使得工人们也加班加点起来，生意越做越大，公司已在原来的规模上，扩充成18间规模庞大的工厂了。

没过多久，危机又出现了，当皮鞋工厂一多起来，做皮鞋的技工便显得供不应求了，其他的工厂都出重资挽留住自己的工人，即使罗宾提高工资也难以把工人从其他工厂拉过来，没有工人，工厂将难以维持，这是最令罗宾头疼的事了。他接了不少订单，但如若在规定的期限内，他交不上货，那么他将赔偿巨额的违约金。

罗宾为此煞费脑筋，他召集18家皮鞋工厂的工人开了一次会议，他坚信，三个臭皮匠将顶个诸葛亮，众人协力，定能把问题解决。

罗宾把没有工人的难题告知大家，并宣布了那个动脑筋有奖的办法，会场陷入了寂静，人们都在埋头苦想。

过了片刻，一个不起眼的毛头小子举起了右手，在罗宾应允后，他站起来发言：

"罗宾先生，没有工人，我们可以用机器来造皮鞋……"

罗宾还未表态，底下就有人嘲讽说："小子，用什么机器造鞋呀？你能给我们造台这样的机器吗？"

那小工听了，怯生生地坐回了原位，这时的罗宾却走到了他的身旁，然后挽着他的手把他拉到了主席台上，朗声向大家宣布：

"诸位，这孩子说得很对，虽然他还造不出这种机器，但这个想法很重要，很有用处，只要我们沿着这个思路想下去，问题肯定会很快解决的。

"我们永远不能安于现状，不能把思维局限于一定的框架之中，这样我们才能不断创新，现在，我宣布这个孩子可获得500美元奖金。"

过了4个多月，通过大量研究和实验，罗宾的皮鞋工厂中的很大一部分工作已经被机器取代了。

罗宾·维勒，这个美国商业界的奇才，就像一盏指路明灯照亮了美国商业界前途。

像伊夫·洛列和罗宾·维勒这样的例子，数不胜数。这些无不证明创新的强大威力。记住威廉·丹佛的这句话："依靠别人的赐予,是无济于事的;只有自己开动脑筋,才能拯救自己。因为,在某种意义上说创新力决定一个人的命运。"

向你挑战:发展你的迷人个性

个性是指一个人天生就具有的而其他人没有的那种东西,当然它也可以通过后天来培养。在社交和管理方面,有些人的确就是要强一些,但这并不代表你就无法发展自己的迷人个性。实际上,有许多成功人士,他们在未获得成功之前都是腼腆的、不善言谈的,但后来通过自身的努力,他们发展了自己的个性,变得能在大庭广众之下侃侃而谈了。

威廉·丹佛认为,一个人要想获得成功,就要尽早发展并管理自己的个性,因为,这是取得成功的坚实基础之一。

你也许会以最漂亮、最新款式的衣服来装扮自己,并表现出最吸引人的姿态。但是,只要你内心存在着贪婪、妒忌、怨恨及自私,那么,你将永远只能吸引和你同类的人。

你也许可以做出一个虚伪的笑容,掩饰住你真正的感觉,你也许可以模仿表现热情的握手方式,但是,如果这些吸引人的个性只是外在表现,而缺乏热情这个重要因素,那么,他们不但不会吸引人,反而会令人逃避你。

威廉·丹佛认为,真正迷人的个性必须具备以下几个要素:

(1)养成使自己对别人产生兴趣的习惯,而且你要从他们身上找出美德,对他们加以赞扬。

(2)培养说话能力,使你说的话有分量,有说服力。你可以把这种能力同时应用在日常谈话及公开演讲上。

（3）为你自己创造出一种独特的风格,使它适合你的外在条件和你所从事的工作。

（4）发展出一种积极的品格。

（5）学习如何握手,使你能够经由这种寒暄的方式,表达出温柔与热情。

（6）把其他人吸引到你身边,首先要使自己被吸引到他们身边。

（7）记住:在合理的范围之内,你唯一的限制就是你在你自己的头脑中设立。

在这7项因素中。第2和第4因素是最重要的。

如果你能具有这些好的思想、感觉以及行动,便可以建立起一种积极的品格。然后学习以有说服力的方式来表达你自己,那么,你将展示出迷人的个性。

现在提醒你注意,发展迷人个性另外所需要的是与他人友好相处。"与他人友好相处"的好处并不在于这个习惯可能为你带来金钱或物质上的收获,而在于它能对养成这个习惯的人的品格产生美化的效果。

你自己和蔼可亲。你将会使其他人感到快乐,你也会得到快乐,而这种快乐是无法以其他任何一种方式获得的。

改掉你喜欢吵架的脾气,不要向人挑战,不要进行没有用处的争吵。取掉你用来看生活的"忧郁"的有色眼镜,使你看清楚生活中友善的明媚阳光。把你的铁锤丢掉,停止敲打,因为你一定得生活,生活中的大奖是颁发给建设者而非破坏者的。

向你挑战：懂得与人分享

威廉·丹佛认为，正确对待成果与荣誉的三种方法是：感谢、分享、谦卑。在这三种方法中，威廉·丹佛特别强调分享，在他看来，与人分享是一种获得别人真诚合作的大智慧。

美国有家罗伯德家庭用品公司，八年来生产迅速发展，利润以每年18%~20%的速度增长。这是因为公司建立了利润分享制度，把每年所赚的利润，按规定的比率分配给每一个员工，这就是说，公司赚得越多，员工也就分得越多。员工明白了"水涨船高"的道理，人人奋勇，个个争先，积极生产自不待说，还随时随地地挑剔产品的缺点与毛病，主动加以改进。

与人合作，有福同享，有难同当。当你在工作和副业上干出点名堂，小有成就时，这当然是值得庆幸之事，你也应当为自己高兴。但是有一点，如果这一成绩的取得是大家集体的功劳，或者离不开他人的帮助，那你千万别独占功劳，否则他人会觉得你好大喜功，抢占了他人的功劳，如果某项成绩的取得确实是你个人的努力，当然应该值得高兴，而且他人也会向你祝贺。但对于你来说，千万别高兴得过了头，一来可能会伤害有些人的自尊心，另一方面，现实社会中害"红眼病"的人不少，如果你过分狂喜，可不逼得人家眼红吗？

有一位卡凡森先生很有精力，他是一家出版社的编辑，并担任下属的一个杂志社的主编。平时在单位里上上下下关系都不错，而且他还很有才气，工作之余经常写点东西。有一次，他主编的杂志在一次评选中获了大奖，他感到十分荣耀，逢人便提自己的努力与成就，同事们当然也向他祝贺。但过了个把月，他却失去了往日的笑容。他发现单位同事,包括他的上司和属下,似乎都在有意无意地和他过意不去,并回避着他。

过了一段时间,他才发现,他犯了"独享荣耀"的错误。就事论事,这份杂志之所以能得奖,主编的贡献当然很大,但这也离不了其他人的努力,他们当然也应分享这份荣誉。他们不会认为某个人才是惟一的功臣,总是认为自己"没有功劳也有苦劳",自己"独享荣耀",当然会引得别人不舒服,尤其是他的上司,更会因此而产生一种不安全感,害怕失去权力。

所以,当你在工作上有特别表现而受到肯定时,千万要记住一点——别独享荣耀,否则这份荣耀会给你的人际关系带来障碍。在谈到如何对待荣耀时,威廉·丹佛认为应该做到以下几点:

与人分享

别人或许不羡慕你得了多少利润,而是那种取得成绩的感觉,你应主动和口头上感谢他人的帮助与合作。你主动与人分享,这让旁人有受尊重的感觉,如果你的荣耀事实上是众人协力完成,那你更不应该忘记这一点。你可以采取多种方式与人分享,如请大家吃几颗糖,或请大家吃一顿。这样大家就不会说什么了。

感谢他人

要感谢同仁的协助,不要认为这都是自己的功劳。尤其要感谢上司,感谢他的提拔、指导、授权。如果实情也是如此,那么你本该如此感谢;如果同仁的协助有限,上司也不值得恭维,你的感谢也有必要,虽然显得有点虚伪,但却可以使你避免成为他人的箭靶。为什么很多人上台领奖时,他们首先要讲的话就是:"我很高兴!但我要感谢……",道理就是如此。这种"口惠而实不至"的感谢虽然缺乏"实质"意义,但听到的人心里都很愉快,也就不会妒忌你了。

为人谦卑

得了荣誉,当然要沾沾自喜,有些人往往还会得意忘形。这种心情是可以理解的,但旁人就遭殃了,他们要忍受你的气焰,却又不敢出声,因为你正在风头上。可是慢慢的,他们会在工作上有意无意地抵制你,让你碰钉子。因此有了荣耀时,要更加谦卑。不卑不亢不容易,但"卑"绝对胜过"亢",就算"卑"得过分也没关系,别人看到你如此谦卑,当然不会找你麻烦,和你作对了。

当你获得荣耀时,对他人要更加客气,荣耀越高,头要越低。另一方面,别老是提及你的荣耀,说得多了,就变成了一种自我吹嘘,既然你的荣耀大家早已经知道,那你何必要总是提及呢?

成功者往往不会独享荣耀,说穿了就是不要去威胁别人的生存空间,因为你的荣耀会让别人变得黯淡,产生一种不安全感。而当你获得荣誉时,你去感谢他人、与人分享、为人谦卑,这正好让他人吃下了一颗定心丸,人性就是这么奇妙,没什么话好说。因此,当你获得荣耀时,一定要记住以上几点。如果你习惯了独享荣耀,那么总有一天你会独吞苦果!

卷六

钻 石 宝 地

原著［美］拉塞尔·康维尔

关于作者：拉塞尔·康维尔，被誉为伟大的美国公民。他亲自巡回演说《钻石宝地》超过6000次，历经50余年。他一直为别人而生活，并捐献演讲所得400万美元创办了TEMPLE大学。他的演讲鼓舞了整整两代美国人，他们当中的许多人都是通过他那条朴素的道理——"钻石就在你家后院"成功地帮助自己过上了富足而幸福的生活。

财富就在你的脚下

许多人都梦想创立自己的事业，但却苦于找不到突破口，不知道从何入手或该干什么。拉塞尔·康维尔告诉我们，其实机遇就在你的手中，财富就在你的脚下。

有一次，日本索尼公司名誉董事长井琛大到理发店去理发，他一边理发一边看电视，但由于他躺在理发椅上，所以他看到的电视图像只能是反的。就在这时，他突然灵机一动。心想："如果能制造出反画面的电视机，那么即使躺着也能从镜子里看到正常画面的电视节目。"有了这些想法，他回到索尼公司之后就组织力量研制和生产了反画面的电视机，并把自己研制出来的电视机投放到市场上去销售。果然这种电视机受到了理发店、医院等许多特殊用户的普遍欢迎，因而取得了成功。这则事例给我们的启示就是：功夫不负有心人，只要你能够处处留心，那么就有很多的机会在向你招手。

意大利人对足球的狂热是人尽皆知的，但意大利人对足球的狂热却在一定程度上冲击了餐饮业。因为每到国内足球联赛，特别是像世界杯这样的足球大赛到来的时候，成千上万的球迷都闭门不出，端坐在电视机前观看足球赛。因而，每到足球大赛到来的时候，众多的餐饮业主都为生意的萧条而一筹莫展，然而有一位餐饮业主开设的餐馆的生意却异常的火爆。那么，这位老板有什么绝招呢？说来他的招数其实也很简单。他不过只是在自己的餐馆的角角落落，包括走廊、卫生间都安装上了电视机，以保证每位前来光顾的客人在任何一个角落都能够看到精彩热闹的球赛。说穿了，这位老板的成功，完全得益于他是一位生活当中的细心人。由于他的细心，他发现意大利人在球赛到来时不愿意到餐馆来的原因并不是意大利人每到赛季就变得吝啬而不愿意花钱了,而真正的原因是因为意大利人深深地爱着足球,如果让他们在美食和足球之间做出选择,他们会毫不犹豫地选择足球。因此要使顾客回到餐馆就得有一个两全其美的方法,因此,他才发明了用电视服务招揽顾客的方式,这一方法果然非常有效,使他取得了非常可观的收入。

事实上,有许许多多成功的范例,都是由现实生活中小事所触发的灵感引起的。

美国著名的家具经销商尼·科尔斯,一次家中突然失火,几乎烧光了他家里的一切,只有些粗壮的松木,外面烧焦,而内芯得以残存。要在一般人,可能在极度的痛苦中将这些废料扔掉完事,但尼·克尔斯却从这些焦木中发现了商机:因为那焦木的旧纹理和特殊的质感使他产生了灵感,他决定要制造以突出表现木纹为特点的仿古家具。

他用碎玻璃片刮去废木上的沉灰,再用细砂纸打磨光滑,再涂上一层清漆,便使废木显出了古朴、典雅、庄重的光泽和清晰的木纹。就这样,他制造的仿古典木质家具独领潮流,从此生意兴隆。

有人赞叹尼·科尔斯因祸得福,其实不然,只是他能从一件小事中观察和发现,奇迹才会出现。如果换一位不善于思考的人去看那堆燃而未尽的废木头,眼睛看直了也不会有所发现。

其实世界上很多事情就是这样,如果肯动脑子,任何一件看似平常的事都有其可开发之处,而且很多的智慧和发现都来自一些平常的小事,只是你没有发现罢了。那么怎样培养一种能从平常事物中有不平常发现的心态呢?那就是要有一种善于思考的态度,只要勤于思考,仔细观察,就不会让容易得到的机遇溜走。

美国玩具开发商布·希耐一次到郊外去散步,偶而看到几个孩子在玩一种又丑又脏的昆虫,且玩得津津有味,爱不释手,他立即联想到儿童玩具市场上所销售和设计的,全都是造型优美、色彩鲜艳的玩具,那么为什么不给孩子们设计一些丑陋的玩具来满足孩子们的好奇心呢?想到这里,他立即安排研制生产,推向市场后,果然反响强烈,供不应求,收益颇丰。从此,丑陋玩具在市场上的销售经久不衰。

每个人的脚下都有财富,只要你善于发现,勤于思考,你就一定能挖到属于你自己的财富。

厉行节约而不是炫耀财富

"石油大王"约翰·洛克菲勒的人生经历告诉我们,存起来的钱能给我们带来巨大的财富。洛克菲勒小的时候,他们家很穷,钱是赚一分花一分。洛克菲勒八岁左右的时候,他母亲给了他几只小火鸡。他特别小心、耐心地照看这些火鸡,后来把它们卖了个好价钱。他把赚来的钱小心地记在账本上,他自己称之为一号账本。

有几个八岁的小男孩有自己的账本,上面记载着自己赚的每一笔小钱,花掉的每一分钱?没有几个!那就是为什么没有几个人能达到洛克菲勒的成就的原因。

每当我们想象富人的时候,我们都把他们想成特别奢侈,他们用的东西都是普通收入的人可望而不可及的。这些完全不适用于那些白手起家的百万富翁。白手起家的人之所以能致富,是因为他知道节约的价值,并在日常生活的每一个细节中厉行节约。

在E·H·哈里曼已经成为美国铁路大王的时候,每天早上他在办公室里打开信件的时候,他都用金属架子固定住纸张,然后把空白的纸张撕下来,留着写备忘录。当一个来拜访他的人提到这一点的时候,哈里曼说:"不节约的生活谁也花费不起。只有穷人才浪费。"

白手起家的百万富翁们节约每一分钱,因为节约是他们财富的基础。于是有些挥霍的人就问,那为什么他们成了百万富翁以后还要继续节约呢?习惯,因为他们已经养成了节约的习惯了。他们审慎花钱、理性节约的习惯造就了他们与那些鄙视节约、一贫如洗的人的区别。因此即使在他致富以后,他们还是继续保持这种习惯,不管是在家里还是在事业上。

哈里曼把自己巨额的财富投资到纽约的山上赚取利润和乡下的农场里。他和他的家人办了个中型的奶场,每天都卖出好多的牛奶和黄油。这项投资事业组织得很好,很有远见,正如一个伟大的金融家的手笔。对他来说,这个奶场也是他的事业,是对他农场和牲口的充分利用。不管是对他的家人来说还是对他企业里的员工来说,都需要消耗牛奶和黄油。常识和良好的商业判断力都告诉他,要把奶场办成一个能赚钱而不是花钱的事业。哈里曼不允许浪费任何东西,他深知致富的唯一办法就是让你的收入增加得比你的开销快,而且花掉的每一分钱都要有百分之百的回报。

人并不是苍蝇,只知道享受夏天温暖的阳光,不知道寒冷的冬天即将到来。有些人一手赚到钱,转手就把钱花掉了。但又不能说他们的智力只等同于苍蝇的智力。一个月赚200美元的人如果转手就把钱花光的话,那么他和一天赚1.5美元也转手花掉的人一样朝不保夕。

那些不为自己的将来考虑,不在今天牺牲个人的享乐和奢侈消费节约用钱的人,是没有经济头脑的人。只有有经济头脑的人才能享受舒适的生活和宁静的心情。

"省钱太难了",我们从那些不会用钱的人嘴里经常能听到这样的话。有经济头脑的人是不会说省钱很难。其一,他们知道,大家都做的事情就是应该做的事。其二,他们总是为自己设定一定的省钱目标——这可以是买一座房子,也可以是做一项投资以增加自己的收入。

有一对新婚夫妇发现,通过改进自己的持家方法,他们可以省下不少的钱。他们是这样做的:一开始,他们为买一个起居室的沙发省钱;等他们存够这笔钱的时候,他们觉得还不如再多存点,买一架钢琴;等他们银行里的钱够买一架钢琴的时候,他们决定再存存,这样就可以买辆便宜的小汽车了;等终于存够买汽车的钱的时候,他们又说:"要再存一段时间的话,我们就可以买下M大街的那些漂亮平房了。"

他们不断地省钱——丈夫工资增加的时候,他们就节省更多的钱,而不是提高自己的生活开销。他们刚结婚没多少年,他们最大的孩子也才刚上中学。但是,他们已经拥有了自己的房子,还有另外两处房产是租出去的,这样就可以定期收房租了。丈夫现在已经成为他所在公司的合伙人了。而他刚进入这个公司的时候,只是一个周薪18美元的小职员。正是从那时候开始,他妻子就开始了"持家改进计划"。

从今天开始,从工资、薪水(随便你怎么称呼)中拿出一点钱,存到银行里,让自己的生活保持平衡。如果这些钱都是你通过劳动赚来的话,你以后就可以靠它生活了。

洛克菲勒曾是美国最富有的人,他买得起任何型号的车,想怎么开就怎么开,但是,他却只买了一辆普通的小轿车。他觉得花几千美元的钱炫耀自己的财富是毫无意义的。

纽约有位商业巨子也很有自己的主见和领导风范,他从不盲目跟风。他每天乘坐公车到市中心去。有一天,他在百货公司前看到下属的一位部门经理从他自己的车里钻出来,他就说:"既然我都能坐公车上班,你也同样可以做到。何不为自己多做打算呢?何必在意别人怎么看待你呢?把开车的钱省下来吧!"但是这位部门经理认为自己就是要炫耀。所以,他被炒了,在贫困中度过了一生。而那位认为坐公车上班无损自己高贵的气节的人,则成为百万富翁。

要知道,节约并不是吝啬,也不是斤斤计较或苛待自己,也不是以牺牲良好的仪表、自尊或舒适为代价。理智的节约和斤斤计较之间相差十万八千里。节约也不光是不花钱,它是合理地花钱。

节约意味着持家有道。节约意味着充分利用时间、金钱、精力和其他的东西。节约意味着你花掉的每一分钱都能得到百分之百的回报。节约意味着你用吃下去的每一点食物都能转化成需要的营养。节约意味着从出生的那一刻起,人生每小时的工作、学习、娱乐、休息时间都能得到充分的利用。节约意味着以前习惯花钱请别人帮你干的活现在试着自己干干。

对一个男人来说,节约或许意味着自己刮胡子、自己擦皮鞋。对一个女人来说,节约或许意味着合理搭配膳食,花最少的钱得到最多的营养和最美味的食物。节约意味着让孩子懂得浪费金钱是弱者和愚蠢的人才会做的事情。

节约意味着以经济之道持家。合理持家需要耗费的精力和智慧丝毫不少于管理一个企业所需要的。商人们每时每刻都在想如何减少一分一厘的开支,最精明的商人天生就有商业才能。同样,一个精明远虑的妇女会发现,只要厉行节约,花四美元买了的东西也能给家人带来舒适的生活和生活的改善,而同样的事情那些粗心大意、胡乱花钱的人要花五美元才能办到。

聪明的女人会告诉你,勤俭持家给你带来的热情丝毫不比男人对事业的热情低。她们也会告诉你,勤俭持家,那么你就会摆脱过去只干家务不动脑子的生活方式,这样你的生活就会变得更丰富多彩。她们还会告诉你,现在就开始省钱,那么在需要花更多的钱的时候或者有更好的花钱机会的时候,她们就拿得出钱来了。有好多人都误以为百万富翁的孩子就可以肆意地花钱。实际上,美国大多数的百万富翁都对自己的孩子严格要求,让他们保持独立。

范德比尔特曾经说过,虽然他有一亿美元的财产留给孩子,但是只要他还活着,他的十三个孩子们就得自力更生。他的二儿子威廉后来成为他的继承人。但是刚开始的时候,威廉是在一家银行当出纳员,周薪 16 美元。即使到他结婚的时候,工资也才那么一点。婚后,经过二十年的努力,他把一块偏僻的农场经营成功了。后来他还获得更大的成功,但是从来没有从他父亲那里寻求任何的帮助。老范德比尔特眼看着孩子遇到的种种困难和付出的种种努力也不伸手帮助。其实在这过程中,这位严父就是在训练他继承人的吃苦耐劳精神和经济头脑,他深知,这对他将来管理巨额财产是非常有必要的。长时间的训练是卓有成效的。这个独自奋斗了二十年的孩子,只用了七年的时间,就让父亲一亿美元的遗产翻了一番。

老范德比尔特给他的孩子上了重要的一课。而他的孩子也用同样严格的方法训练自己的两个孩子。大孩子刚参加工作时也是银行的职员,除了工资外没有别的收入,小儿子则是图书管理员。

只有节约花钱的人才能变成有钱的人,只有穷人才粗心大意、胡乱花钱,所以穷人依然是穷人。

金钱是一种力量

金钱是一种巨大的力量,既可用在正道,也可用来犯罪,关键是你如何利用它,在它用来满足基本的生活消费后,还可用来做一些慈善事业,这是体现金钱价值与力量的最好方式。

在全世界,成千上万的人通过洛克菲勒家族的捐款而得到幸福。

许多美国的工业大人物在19、20世纪之交相继去世,人们对于他们的巨额家产的下落自然极为关心。

大多数人认为那些继承者都将难以保持那份财产并且毫无节制地花掉。

例如,在钢铁工业界因冒险而获得"一赌百万金"的钢铁大王约翰·盖茨来说,他的巨大的家产在他儿子手中却被花销一空,所以"一掷百万"又成了他儿子的绰号。

小洛克菲勒自然也被人们关注着。

《世界主义者》杂志在1905年刊登了这篇文章《他将怎样安排它》开头写道:"约翰·D·洛克菲勒先生即将留下的世界上最大的一笔财产引起了世人的关注。他的儿子小约翰·戴·洛克菲勒将在几年后继承这笔财富。很显然,这样一笔巨额财富足以能够影响到整个世界……或者,把它用在干坏事上,那将使世界文明的发展推迟25年。"

牧师盖茨先生是老洛克菲勒的最亲密的朋友,在老洛克菲勒晚年时,他不断地劝说他把钱捐给一些慈善机构。老洛克菲勒在他的建议下把上亿美元巨款捐给学校、医学、研究所等机构,并组成了庞大的慈善机构。老洛克菲勒虽然进行一些捐款、投资,但是更吸引他的是如何赚钱,如何更好地掌握和运用赚钱这项艺术,这是他一生中最执著的动力,也是惟一的。

这样,小洛克菲勒就得到并紧紧地抓住了这种机会。

小洛克菲勒回忆道:

"盖茨在此间充当了创造家和理想家,我则是一名推销员——抓住一切时机向我父亲推销的中间人。"

小洛克菲勒在老洛克菲勒心情不错的时候趁机提出各种建议,通常情况下,他父亲都会答应的。

老洛克菲勒在 12 年间中,把 446719371 美元的巨金分给了他的 4 大慈善机构:普通教育委员会,劳拉·斯佩尔曼·洛克菲勒纪念基金会、洛克菲勒基金会和医学研究所。

在这些机构中,小洛克菲勒就成为具体负责人。

小洛克菲勒在这些机构的董事会中,远远不仅只充当个说客的作用。

他一边要主持摸底工作,一边要寻求合适的管理人才、管理机构。

1901 年,在慈善事业家罗伯特·奥格登的邀请下,小洛克菲勒和其余 50 名知名人士对南方的黑人学校作了一次历史性的考查。南方之行回来后,他就把建立普通教育委员会的建议通过邮信告诉了他父亲。两个星期后,他父亲就给他汇了 1000 万美元过去,以后又陆续捐赠了 3200 万美元。到 1921 年时,捐款额已达到 1.29 亿美元之巨。

盖茨凭牧师的神圣灵感和商业敏锐性,在洛克菲勒基金会成立后,已经准确地预料到它即将在全世界范围内产生巨大影响。

1914 年,在殖民统治和商业的背景下,盖茨计划在中国北京建立一些具有现代化水平的医院。

这样,协和医学院和协和医院就在北京建立了。小洛克菲勒称这是"亚洲第一流的医院";并亲自出席了北京的落成典礼。中国人民从这两座设备很先进的医院中得到不少好处和方便。

小洛克菲勒最为关注的还是慈善机构中的社会卫生局。

1909年,卖淫问题成为纽约州长竞选的一个重头戏。被人们称之为"好好先生"的小洛克菲勒着手组建并负责一个陪审团,任务是专门调查买卖娼妓的生意。

他将全部的精力都投入到他接受的任务中,全天候地忙于工作。一份详尽的调查报告在几个月后出台了。在报告中指出:应该建立一个专门委员会来解决这个问题,但被纽约市长拒绝了;于是,小洛克菲勒决定自己把这个任务担起来。

他于1911年投资50多万美元建立了社会卫生局。

派出弗莱克斯纳到欧洲去考察美国与欧洲娼妓问题的区别,是该局的第一步。

弗莱克斯纳在美国工务卿介绍信的帮助下,访遍欧洲大城市后得出一个结论:把这些事情转入地下是一种可行方法之一,这样虽然不能根除,但起码能有一个隔离的效果。

他认为:如果想解决卖淫问题,就必须了解卖淫存在的合法环境。

为了证明他的看法,该局又派人到欧洲对警方进行一次跨国的考察。

结论令人们十分吃惊:美国警察很随意、纪律性不强,而欧洲警察却是一丝不苟。

美国警察制度从这次调查中受益非浅,于是进行了完善和加强。

洛克菲勒基金会的广泛和复杂的捐赠范围,是难以计算的。人们对它的印象是它是一个高效率的造福人类的超级慈善机构。

实际上,美国的卫生、教育和福利事业在20世纪发展时,洛克菲勒在本世纪上半叶就开头了。

洛克菲勒基金会把目光不仅注视在克服世界性疾病,而且对世界各地的饥荒和粮食问题给予了极大的关注。

一些优秀的科学家在基金会的资助下,发明出来许多新玉米、水稻和小麦,给一些不发达的国家带来了极大的优惠。

在科学技术方面,加利福尼亚所造的世界上最大的天体望远镜和有助于分裂原子的184英寸回旋加速器,就是在基金会的巨额科研经费支持下完成的。

洛克菲勒基金会每年大约给16 000名科研人员提供活动经费,其中也包括许多世界一流的科学家。

小洛克菲勒在经营这些慈善机构的同时,还从事着保护自然这一他终生爱好的事业。

1910年,他把缅因州一个风景美丽的岛屿买了下来,目的就是使这里的自然风光不受到破坏。在保护自然和方便游人的前提下,他出资修建了路和桥。后来,他把这以后被称为阿卡迪亚国公园的岛屿捐给了国家。

1924年,在黄石公园游玩的他发现公园树木东倒西歪,两边杂草丛生,原因是政府不给清理路边的款项。他立刻出资10万美元清理和修复了公园的破落之处。10年后,美国政府中的永久政策中又添了一条:清理所有国立公园的路边。

据统计:为了保护自然,小洛克菲勒投入了几千万美元;

阿卡迪亚国立公园用了300多万;

送给纽约市的特赖思堡公园600多万;

替纽约州抢救哈得逊河一处悬崖用1000多万;

为加利福尼亚州的"抢救繁荣杉林同盟"捐款200万美元;

约塞米国立公园得到160万美元的捐赠。

谢南多亚国立公园得164000美元的捐赠。

大特顿山的名胜"杰克逊洞"是他花了1740万美元买下331 300多亩私人地产,后来他把它完好如初地奉送给人民大众。

恢复和重建一个整整的殖民期城市——弗吉尼亚时期的首府威廉斯堡,是小洛克菲勒最大的一项义举。

"不自由,毋宁死"的口号就是那时人们最早喊出来的,该州城被称为美国历史上的"无价之宝"。

在恢复和重建工作中,小洛克菲勒都亲自参与。他说,不论花多少金钱,多少精力,也要把原样的18世纪威廉斯堡呈献给公众。

事实上，81所殖民时期原有建筑都被恢复了，并重建了43所，把713所非殖民时期建筑迁走或拆毁，重新培植了83亩的草坪和漂亮的花园，另外，又新增建了45所其他风格的建筑。为此，他总共花了5260万美元。

1937年，美国政府的法律规定资产在500万美元以上的征收10%的遗产税，第二年又把1000万元及以上的遗产税增至20%，但尽管如此，在20多年的时间中，小洛克菲勒还是从他父亲那获得了5亿多美元的财产，这和老洛克菲勒捐给慈善机构的数目没什么差别。最后，老洛克菲勒只给自己留了在股市上消遣消遣的2000万元的股票。

小洛克菲勒继承了这笔令人瞠目结舌的财产，他一生都挥霍不完。但他从不以自己是这笔财产的主人自居，只是当成一名管家，他更愿意对得起自己的良

小洛克菲勒在从大学毕业后，近50年的时间里，他一直是他父亲的好助手。

后来，他凭自己对慈善事业的热情和宽大的胸怀，又为它投入了82 200万美元，只是按照他的想法去为人类谋福利。他说："健康的生活奥秘就是无私的给予……金钱除了能做坏事外，还能用来建设社会生活。"

在他所赞助的慈善事业和经济基金会中，所涉及的领域是广阔而深远的，而且，每一次投资都经过了他仔细的考虑。

"我相信，人们并未因为有了钱就能得到幸福的观点很流行，而真正体会到，幸福只能来自于帮助别人而得到的一种感觉。"

这是老洛克菲勒说的，但真正做到这一点的是他的儿子——小洛克菲勒。对他而言，本职就是一种无偿的赠予。

可以这样说，洛克菲勒家族的烙印在20世纪前50年的美国社会生活中每一个新开辟的事业中都能找到。他们的这种行为，足以表明金钱具有着怎样巨大的力量。

致富要紧紧抓住机遇

犹太人曾有过这样一个精彩的谚语:"做面包时三样东西不能放多:酵母,盐,犹豫。"

道理很容易理解,酵母放多了面包是酸的,盐放多了是苦的,犹豫多了则会丧失稍纵即逝的机遇。

犹豫是因为害怕失败。对失败的担心让人变得谨小慎微。犹豫的表现是以各式各样的借口延缓行动。结果当然是坐失良机。

富翁家的狗在散步时跑丢了,于是在电视台发了一则启事:"有狗丢失,归还者,付酬金1万元"。并有小狗的一张彩照充满大半个屏幕。启事发出后,送狗者络绎不绝,但都不是富翁家的。富翁太太说,肯定是真正捡狗的人嫌给的钱少,那可是一只纯正的爱尔兰名犬啊!于是富翁把酬金加到2万元。

原来,一位乞丐在公园的躺椅上打盹时捡到了那只狗。乞丐没有及时地看到第一则启事,当他知道送回这只小狗可以拿到2万元时,真是兴奋极了,他这辈子也没交过这种好运。

乞丐第二天一大早就抱着狗准备去领那2万酬金。当他经过一家大百货公司的墙体屏幕时,又看到了那则启事,不过赏金已变成了3万元。乞丐驻足想:这赏金增长的速度倒挺快,这狗到底能值多少钱呢?他改变了主意,又折回他的破窑洞,把狗重新拴在那儿。第四天,悬赏额果然又涨了。

在接下来的几天时间里,乞丐没有离开过大屏幕,当酬金涨到使全城的市民都感到惊讶时,乞丐返回他的窑洞。可是那只狗已经死了,因为这只狗在富翁家吃惯了牛奶和鲜肉,根本不吃乞丐从垃圾筒里捡来的食物。

乞丐不渴望财富吗？当然渴望。但是因为他太贪婪，所以没有抓住唾手可得的机遇，只有看着机会溜走了。

一个人要想发财致富，关键在出不仅在于要懂得如何创造财富，同时还要知道当财富的机遇出现在自己面前时应该如何去抓住它，把运气变成财气。

我们可以发现，辛勤者中间有着贫富之分，而在成功的辛勤者中间，成就亦有高低之别，但有一些表面上并不辛勤的人，却能成功致富。正是这些差异的出现，社会面貌才呈现出多姿多彩的变化，而促成社会面貌变化的其中一个重要因素就是机会。因此，有人曾说过这样一句话："机会是上帝的别名。"在特定的时间里，各方面因素配合恰当，就会产生有利的条件，谁最先利用这些有利条件，运用手上的人力、物力从事投资，谁就能更快、更容易获得更大的成功，赚取更多的财富。这些有利条件便是机会，一个高财商的人懂得掌握这些得到财富的机会。

要拿到红利，必须先拿钱投资。同样，想获得机会，则必须先有所付出——付出自己的时间、金钱、安逸和享受等等，随时全神贯注地做好准备，一有机会出现，便跳起来将它抓住。但是有的人创业致富常常是靠运气。而运气不是机会，不要把两者混淆，否则就会作出错误判断，招致损失。

运气带有偶然、意外的性质。有个人去买彩票，结果中了1000美金，这是运气。提炼青霉素的弗莱明原意是要培养葡萄球菌，霉菌的出现出乎他意料之外，对他来说，霉菌是个不速之客。中彩与发现青霉素有显著的区别，中彩纯属意外，那是运气，没有夹杂机会在里面；而发现青霉素的事，则在运气之外蕴藏着机会。

弗莱明发现霉菌之后，他可能有两个反应：一是觉得霉菌的出现阻挠了他对葡萄球菌的研究，把它当作麻烦事，不予重视；二是觉得好奇，进行研究。如果弗莱明采取前一种态度，发明青霉素的就不会是他，而是别人了。弗莱明能够及时掌握机会，结果他成就了大发现。

在致富的过程中，也要分清机会和运气，我们不排除运气，但是更重要的还是要用自己的财商，挖掘蕴藏在生活中的机会，也只有这样，你才能得到财富。

大多数富人都是善于抓住机会的能手，并且敢想敢做，这一点往往能让他们赚到大钱。

1981年6月，韦尔做了一件令人费解、出乎人们意料之外的大事情，他居然把辛辛苦苦花费了20年时间创建的希尔森公司出售给拥有80亿美元销售额的美国捷运公司。虽然美国捷运公司是一家经营赊账卡、旅游支票和银行等业务的大公司，但韦尔的希尔森公司虽说规模较其小，然而却是很有发展前景的，而且韦尔初入美国捷运公司时并不被重用。因此，许多人认为韦尔吃亏不小。然而一段时间后，人们不得不对韦尔的决策而叹服。现在韦尔在捷运公司的职位仅次于董事长和总裁，他的股份总额有2700万美元，个人年收入高达190万美元。

当然，韦尔为发展捷运公司也是兢兢业业，在他的一手策划下，捷运公司用5.5亿美元买进了南美贸易发展银行所属的外国银行机构，这家银行机构经营外汇、通货市场、珠宝贸易、银行业务等。因此这桩大生意的成交不仅是韦尔津津乐道的一件值得自豪的事，而且使韦尔在捷运公司身价百倍，成为华尔街的热门人物。

韦尔的成功之处有许多条，例如好胜心强烈，非常自信等，然而最重要的一条却是：他知道在什么时候该做什么事，能够抓住机会，敢想敢做。创业之初，对于合并与否，他果断地拍板；后来，他吃小亏获大利，与捷运公司合并，一跃成为该公司第二号人物。

坚信自己可以赚钱

"大石拦路,勇者视为进步的阶梯,弱者视为前进的障碍。"只要相信自己的力量,树立必胜的信心,尽自己最大的努力,是一定会获得成功的。而对于想要获得财富的人,其道理又何尝不是如此呢?

为什么自信主动才能获得财富?因为唯有自信主动意识才能使人重视、发挥和强化人的主体性与能动性。

在做生意赚钱时,有许多事情,人们已经习以为常,认为这个生意大家都是这么想的,这么做的,自己也应该只能这么想,这么做。所以唯有如此才合乎人情常理、传统习惯。其实,持这种观点的人是错误的。这种习以为常的状态必然对自我意识与人生选择产生消极的影响和严重的束缚。但自己又不甘愿安于现状,失去自我,于是心理难以平衡,也就难以保持良好的自我状态,形成整个心理态度的不良循环。所以,明确的价值观念是构成成功心理必不可少的一种要素。

良好的自我状态是指一个人能否经常保持一种奋发向上、朝气逢勃的精神状态,也是一种能否选择控制自己情感的心理机制。

很多旧的观念认为,人的言行大都是靠智商支配,但实际并非如此。人们越来越认识到一个事实:人的非理性成分很大,人有许多言行是靠一种感觉、一种情绪支配。理性与非理性对人的支配是很不平衡的。情感对人的影响之大,决不亚于智力和体力之和。

人的情感如同人体的发电机,如果允许不良情绪经常造成"短路"之类的故障,这时有许多能量就要白白浪费掉。如果能以积极的情绪对待一切,那就如同发电机不断产生动力一样,会有大量的功能得到很好的利用。情感的潜在威力足以证明能否选择、控制情感对做生意的人有多么重要!

自信的人能我够控制自己的情感,使自己成为一个理性的人。做生意最容易成功的人往往是那种非常自信的人。

自信的力量无穷这一句名言,大多数人都听过、都记在心里,包括许多生意人在内。但是,真正体味了个中奥妙、走向成功的,却是少数人。自信需要勇气。有了勇气,才能排除万难,一往无前。勇气来源于多个方面。因为有亲人、朋友的鼓励、支持,可以走出失败的阴影,恢复信心,从头再来;因为肩上有责任、众人有期盼,可以愈挫愈勇,屡败屡战;因为总结了经验、吸取了教训,可以重整旗鼓,大干一场……

自信不是盲目。自信要注意策略、技巧、方法。像刘雁翎搞婚纱摄影一样,有巨大的市场前景,自己有内行的手艺、丰富的经验、创新的招式,当然有自信将这个办好,自然也会获得成功。

的确,坚强的意志,顽强的毅力等个性品质对事业成功;生活的顺逆起着重要的作用。特别是对于白手起家,做生意的人来说。

如果你充分相信自己有能力进行任何活动,那么,你实际上就能获得成功。一旦你敢于探索那些陌生的领域,便有可能体验到人世间的种种乐趣。想想那些被称为"天才"的人,那些在生活中颇有作为的成功者,他们并不仅仅是某方面的专家,也不是试图回避困难的人。富兰克林、贝多芬、达·芬奇、耶稣基督、爱因斯坦、伽利略、罗素、萧伯纳、丘吉尔以及许多其他伟人,他们大多是敢于探索未知的先驱者,在许多方面与普通的人一样平常,唯一区别只不过是他们敢于走他人不敢走的路罢了。另一位文艺复兴式人物施魏策尔曾经说过:"人类的一切都不会使我感到陌生。"人们可以用新的眼光重新看待自己,打开心灵的窗口,进行那些自己一向认为力所不能及的活动;否则,就只会以同样的方式重复进行同样的活动,直到生命终结。而伟人之所以伟大,往往体现在其探索的品质以及探索未知的勇气上。

一个人的必胜心,是坚信自己一定能成功的坚定信念。这种坚定信念,不管遇到了多么严重的挫折,不论碰到了多么巨大的困难,都不会发生动摇。

遇到挫折后,必胜心的恢复和保持,来源于对自我的否定之否定。自信是对自我的肯定,失败是对自我的否定,必胜心则是对自我进行否定之否定之后才得以恢复和保持的,它是在经历失败的打击后,增强了挫折容忍力的基础上对自信的恢复。也只有完成对自我的辩证否定,才能恢复自信,并在更高水平上回归自我,才能恢复和保持必胜心。

恢复自信,坚信自己能战胜失败而获得成功,这需要作出艰辛的努力,要对自我进行辩证的否定。对自我的辩证否定,不是对自我过去的一切加以绝对的肯定或否定,而是要在作了深刻的自我解剖的基础上肯定过去的自我的成绩、正确、优点,否定过去的自我的过失、错误、缺点;既热爱自我,又不迷恋于自我;既相信自我,又不固执己见;既解剖、批判自我,又不丧失自我,不自渐形秽、妄自菲薄;既相信"世上无难事,只怕有心人"、"只要功夫深,铁杵磨成针",又要实事求是地分析自己的能力与所设定的目标的适应性,及时进行自我调适和自我调整,这对于一个想要在财富上有所猎取的人来说,是一种不可缺少的心理素质。

致富的一个技巧:借用他人的资金为自己赚钱

小仲马在剧本《金钱问题》中指出:"商业就是借别人资金的事,没什么难的。"

是的,的确不复杂,通过借用别人的金钱为自己赚钱,这是致富的一个最重要的技巧。

借用别人资金你需遵循以下原则,你的行动要合乎最高道德标准:正直、诚实和守信。这些道德标准将贯穿于你的事业中。

人们很难对不诚实的人产生信任感。你必须按时把所借别人的钱款和利息还清。缺乏信用就导致个人、团体或国家逐步走向困境。所以，你不妨看看成功而明智的本杰明·富兰克林的建议。

在《对青年商人的忠告》一书中，富兰克林对"借用他人资金"作了如下的建议。

"记住，生产和再生产是金钱的性质，金钱能生产金钱，而它的产物又能生产更多的金钱。"

"记住，每年6磅，对每天来说是微不足道的。正因如此，它才会在不知不觉中被浪费掉。一个有良好信用的人，可以保证让它积累到100磅，并把它真正当成100磅用。"

在今天，这个建议依然有很高的价值。按照这个忠告，你可以从几分钱开始，可以积累到500元以至更多。希尔顿就做到了这点。他很讲信用。

希尔顿旅社在大机场附近修建了许多豪华带有停车场的旅社，这是靠数百万元借贷完成的。希尔顿诚实的名声就成了公司最好的担保。

诚实是一种美德，从来没人能够想出一个代替它的名词。人的内心表达更是：非诚实莫属，一个人的神态或言行，自然而然地就体现出诚实与否。不诚实的人，在他谈话的神情、外在表情、谈话的性质和倾向中，或者在他接人待物时，都能流露出致命的弱点。

所以，一个人要想事业有成，除了借用别人资金外，品德问题也是不可忽略的。事业的成功和诚实、正直、守信是密不可分的，一个人如果拥有诚实，那么其余三种也会在前进的道路中获得。

威廉·立格逊也是一位著名的守信和诚实的人士，他在书中说出怎样充分利用业余时间，利用他人的资金赚到钱。

在《如何利用我的业余时间，把1000美元变成了300万美元》一书中，他写道：

"假如你告诉我一位百万富翁，我就可以告诉你一位大贷款者。"他举出亨利凯撒、亨利·福特和沃尔特·狄斯尼作为例证。

此外，像靠借贷而致富的还有：查姆·塞姆斯、康德拉·希尔顿、威廉，立格逊等。

贷款是银行的一项主要业务，他们给诚实可信的人贷款越多，他们的回报就越丰厚。银行贷款的目的是发展商业，为了过豪华生活的人是很难贷到款的。

你要成为银行家的朋友这一点是很重要的，你可以得到他的帮助。假如你的银行家朋友很精通商业，那你不妨多听听他的建议。

一个精明的人绝不会轻视他借到的一元钱或专家的忠告。一个叫查理·塞姆斯的美国孩子，正是通过借用他人的资金和计划，再加上本身的积极心态、主动精神和勇气，而成为一名富翁的。

他出生在德克萨斯州。在19岁时，他除平时省下的和一点工资外，并不显得比别人有钱。

他规定自己每周六都去一家银行存款，因而该行的一名职员对他产生了浓厚的兴趣。他认为这个小伙子是个品德好、能力强，又懂得金钱价值的人。

所以，在查理决心独自做棉花买卖时，他就从这位银行家手里借到了钱。这也是他借的第一次银行贷款。你也许会预料到，这绝不是最后一次。于是这样一个真理显现出来：你最好的朋友就是银行家。一直到现在，这种观点依然被证明是正确的。

查理成了棉花经纪人，半年后他的身份又转成骡马商人。他在成功中领悟到一个哲理——通情达理。

当查理成为骡马商人后，有两个人到他那里找工作。他们两人已具有优秀的保险推销员的好名声，他们来找查理的原因是他们从失败中总结到一个教训。事是这样的：

作为保险推销员，他们已经成功地推销出多笔人寿保险。有了经济基础后，他们开了一家保险公司。虽然他们推销成绩是出色的，但却缺乏管理才能，所以他们的公司一直处于亏本状态。

在商业中获得成功必须依靠销售，这是一种很糟的观点，不当的经营管理赔钱比你赚钱的速度快得多了。他们的麻烦就是不能胜任管理工作。他们中一人对查理说:"我们的推销能力是出众的,所以我们的特长——销售,应该一直坚持下去。"停了一会儿,他看着查理又说:"查理,你的良好的经营知识是我们所需的,如果我们合作,肯定会成功的。"

于是,他们便联合起来。

几年后,这个保险公司的全部股票都落入查理手中。他是如何得到的呢?显然,只有通过贷款才能实现。记住:他的原则就是把银行家当作朋友。

也正是利用了这种信贷制度,查理在10年中把他的营业额从40万元发展到4000万元。成功的原因正是由于他能利用别人的资金,不失时机地发展他的事业。

价值160万美元的公司就是斯通以卖方自己的钱所购买的。

他介绍这次经过说:

"那年年底,我便开始仔细考虑,确定第二年建立一家保险公司作为主要目标,并准备同时在几个州开展业务。我把下一年12月31日作为完成这一目标的最后期限。

"现在,我需要什么、实现目标的界限也都明确了,但不知道该如何去实现,但这并不是最重要的,因为我相信我能找到一个好办法的。所以,我想目前我所需的是一个公司,我要它来完成我的两个需要:

"一是有出售事故和人寿保险单的执照;

"二是能让我在各州同时开展业务。

"当然,也得有资金,但那个问题我是能够解决的……

"我认清了我的处境后,我想,首先应告诉外界我现在需要什么,从而得到帮助。当我想购买的公司出现时,我自然遵循他的建议,保持双方的协商,直至我们的交易完成。

"此外和我有一面之缘的超级保险公司的吉伯逊也是这种类型的人。

"我在充满激情的时候迎来新年,我开始为实现自己的目标而努力去做,但在过去的10多个月中还是没能找到合适的公司。

"在10月的一个周六,我把我的工作安排查看了一下,除了最重要的一项,其他的我都完成了。

"我鼓励自己说,虽然只有两个月了,但我一定有办法的,因为我相信我能,完成我的目标,天无绝人之路。

"奇迹在两天以后出现了,电话铃在我工作时突然响起来,我接起,'喂,斯通吗?我是吉伯逊。'虽然我们说的不多,但这足以令我终身难忘了,他很着急地说:

"'我告诉你一个令你兴奋的消息:宾夕法尼亚意外保险公司的债务由马里兰州的巴的摩尔商业信托公司负责,你知道,前者是后者的子公司,信托公司将在摩尔召开董事会,前者的保险业务已转由信托公司的另两家保险公司了。瓦尔海姆是商业信托公司的副总经理。'

"我又问了几个问题,并向吉伯逊表示了谢意。我知道如果我能订出一项比商业信托公司更有效的计划,那么劝说那些董事放弃他们的计划是有可能的。

"但我并不认识瓦尔海姆经理,我该不该直接给他打电话呢?一个警句提示我:

"'假如一件事失败了没有什么损失,但成功后却能给你巨大收益。那么就别犹豫,去做。'

"于是我决定拿起话筒,开始我的冒险。结果,我当即就被允许于第二天去见瓦尔海姆和他的助手。

"那天下午,我们会面了。

"我的需要在宾夕法尼亚意外保险公司实现了,它不仅有执照,而且可以在35个州开展业务。它在没有保险业务后被商业信托公司出售了。我为这张执照付出了2.5万美元。

"目前该公司的资产达到160万美元,我是通过借用他人的资金实现的,过程是这样:

"'这160万元的资产如何处理呢?'瓦尔海姆问道。"'我可以替你们贷到160万美元。'我答道。

"我们都愉快地笑了,我说,'你在不损失一文的前提下获得一切,

你们这次真是做了一笔好生意,除了我外,谁还能提供这样好的抵押品呢?'

"'那这笔贷款你怎么归还呢?'瓦尔海姆问。

"'放心,60天内我就能还清,你知道在其他35个州开展保险业务不超过50万美元,当我接手公司后,我会把公司资本和余款从160万减到50万,剩下的我就能还你的贷款了。'

"他又问:

"'那50万的差额呢?'

"'这也没问题,现在你这家公司的大量资产都可以利用。我能从我银行朋友那借50万美元,以该公司担保。'

"我们这笔交易在下午5点钟就谈妥了。"

由此,我们大概可以了解借用资金的一般步骤。

虽然此例说明了借用资金能助人成功,但滥用和不按期归还的贷款则反而让你生活在一种忧心忡忡之中。

卷七

自己拯救自己

原著[英]塞缪尔·斯迈尔斯

关于作者:塞缪尔·斯迈尔斯是19世纪英国伟大的道德家,成功学的开山鼻祖,又是著名的作家和社会改革家。他的名著《自己拯救自己》一经问世,便引起巨大反响,法、德、俄、西班牙、丹麦、日、韩等众多国家都以各自的语言翻译出版,并不断重印,至今仍在全球畅销不衰,已成为全球有志青年最喜爱的成功学经典教材,同时也是众多贫寒之人突破人生困境最有效的教科书。

自己拯救自己

成功立足点在于我们自己,我们每个人最大的财富其实就是我们自己。可是,在我们的身边,很多人没有意识到这一事实。这也正是大多数人的悲哀!如果有机会,我们不妨问问那些已过而立或者不惑之年的人,问问他们——为什么前半生即将要过去了,他们仍然只能勉强维持生活,十个人中有九个会告诉我们这样的理由:

"机遇始终没有眷顾。"

"我的才华被埋没了。"

"我的环境不好,阻碍了我的个人发展。"

"我不像现在的年轻人,有那么多的机遇。"

"我接受教育太少……"

类似这样的理由还有很多很多……一千个人就会有一千个理由,然而事实上并非如此。斯迈尔斯认为,我们每个人都有巨额的资本去成功,我们每个人本身就是自己的一笔财富,那么,既然拥有巨额财富还失败,还终生碌碌无为……那只能表明一点:我们没有发现自己并很好地开发好自己这笔巨大的财富。

一个年轻男子对自己的贫困境况非常不满,总是怨天尤人。在一个皓月当空的夜晚,男子一边在海滩漫步,一边在抱怨自己的命运,一边还做着白日梦:

如果我有一辆新车该多幸福;

如果我有一座大房子该多幸福;

如果我有一份好工作该多幸福;

如果我有一个完美的妻子该多幸福;

如果我有……

"唉！"男子想到这里叹了一口气，"我真的很不幸啊！什么都没有！一穷二白！"

就在男子抱怨的时候，有一个老人正好从旁边经过。老人听到了男子的抱怨，微笑着对年轻的男子说："你还贫穷吗？小伙子！你具有如此丰厚的财富，为什么还要怨天尤人呢？"

"我？我有巨大的财富？在哪里呢？我怎么没看见？你在嘲笑我吧？"青年急切地问。

"你的一双眼睛，只要你能给我你的一双眼睛，我就可以把你想得到的给你。"老人说。

"不，我不能失去我的眼睛。"年轻人坚定地回答。

"好吧，那么把你的一双手给我吧。为此，我可用一整袋黄金作为交换。"老人又说。

"不，我的双手也不能失去。"年轻人的态度仍然很坚定。

老人没有再继续下去，只是很平静地说："有一双眼睛，你就可以学习；有一双手，你就可以劳动。现在，你自己看到了吧，你有如此丰厚的财富啊！"

听了老人的话，年轻突然恍然大悟。

实际上，任何成功的人，都是能从根本上看重自己、都是能很清楚地意识到并能很好地利用自己这笔巨大的"财富"的人。如果所有人都像例子中的年轻人一样，整天怨天尤人，不思进取，谁都不会成功。

有人曾经问斯迈尔斯，从一个生活窘迫的孤儿到闻名世界的成功学大师，这之中有什么成功的秘诀吗？斯迈尔斯用尽最后的力气回答说："自己拯救自己！我们自己就是一笔巨额的财富，每个人都是如此。那些勇于认识自己，开发自己的巨额财富的人注定会取得成功。"

斯迈尔斯为什么能取得巨大的成就？"拯救自己！我们自己就是一笔巨额的财富，每个人都是如此。那些勇于认识自己，开发自己的巨额财富的人注定会取得成功。"——这就是他获得成功的答案！一个非常简单的答案。斯迈尔斯的这一句话，从某个角度道出了一个成功的真谛：我们每个人都是一笔巨大的财富，我们每个人最大的财富就是我们自己，利用好我们自己，开发好我们自己的这笔巨大的财富，我们就能够获得成功。

当然，像奥里森·马登这样，相信自己，能正确认识自己的人大有人在。

亨利·沃德·比彻曾说过："每个人应该思考的不是他已经有什么，而是他应该做什么。"也就是说，即使你碰巧出身名门，家财万贯，或者家世显赫——再或者这些条件都具备——但是如果你自己没有自立的意识，总是抱着"背靠大树好乘凉"的想法，那么对不起，你永远都不可能以成功者的姿态出现在众人面前。

林肯曾经和好心的克劳福德太太开玩笑，说将来某一天自己可能会成为美国的总统。面对克劳福德太太的嘲笑，年轻的林肯这样回应道："哦，我会刻苦学习，时刻做好准备，然后说不定机会就降临到我头上了呢。"如果不是这个男孩下定决心锻炼自己的能力，不遗余力地培养自身作为领袖的素质，那么你认为世界上有什么力量能让白宫对这个出身贫寒、成长于偏僻林区而且举止笨拙的孩子敞开大门呢？

法拉弟年轻时在一家药店工作。当时他就梦想着能够成为科学家进行各种科学实验，那时他会想些什么呢？他会认为："只有拥有一间设备齐全的实验室，我才能做出举世震惊的成就吗？"当然没有。他从来没有在空想上浪费一丁点儿时间。他就在小小的阁楼里利用粗糙的仪器完成了非凡的实验，将科学研究推进了一大步，并且因此赢得了汉弗莱·德卫爵士的青睐。如果这个药店的小学徒成天只是空想，等待有一天拥有很多仪器再去进行实验的话，你会觉得当别人问起德卫爵士他眼中最伟大的科学发现是什么时，他还会回答说"迈克尔·法拉弟的发现吗？"

迈克尔·安吉洛利用其他艺术家丢弃的大理石废料雕出绝妙的雕塑"大卫"，将机遇紧紧地握在手中。因为他懂得利用自己的财富创造财富。

同样是活着，有的人活出的是风情万种、百味人生，有的人活出的是一股怨气,而那些丧失了激情,丧失了创造力的人活出的是一种无奈与痛苦。这个世界是公平的,只是活着就意味着拥有机会。人生就像是一次爬山,爬的比你高的不一定比你强壮。同样,现在爬的比你高的人也不一定就永远比你高,因为你活着,活着就意味着永远机会,意味着你还有未来。

也许有人曾经听到过这么一句话,上帝不会因为你的贫穷而拒绝你出生,也不会因为你的富有而延长你的寿命。你贫穷,但你不会永远贫穷,你富有,你也不能保证你会永远富有。每个人的未来都在于他自己如何把握。用自己的力量树立志向,而且甘于和敢于冒险,最后成功就会属于你,这些就是你身上最大的财富。

所以,请珍惜我们自己这笔巨额财富!因为造就任何伟人的并不是精良的工具、千载难逢的机遇、权势显赫的朋友或者庞大的财富等因素。赢得成功的巨大力量就存在于你的体内,而不在其他人身上。换句话说,我们一直苦苦追求的宝贵机遇就是我们自己,而不是周围的环境。它不是所谓的运气、机遇或者别人的扶持,它就在我们自己身上。如果我们具有成功的能力,那么没有人能够掩盖我们的光芒;然而如果我们缺乏这种潜质,那么也没有人能够帮我们取得成功。造物主给予每个人均等的机遇,但他必须自己找到钥匙才能打开通往成功殿堂的大门。

请珍惜自己,因为我们本身就是一笔巨大的财富,这是上帝赋予我们的。

苦难是一笔伟大的财富

斯迈尔斯通过对数量众多的美国成功人物的研究发现,他们中的大部分人最初都是穷苦的孩子。由此,斯迈尔斯得出一个结论:伟大人物无一不是经由苦难而造就的。

有人问一位著名的艺术家,一位跟他学画的青年将来是否能成为一位著名画家。那艺术家回答道:"不,决不可能!他每年有着6000英镑的收入呢!"这位艺术家知道,人的本领是从艰难困苦中奋斗出来的,而在富裕的境况下很难产生有作为的青年。

斯迈尔斯曾经说:"不要认为富家的子弟,得到了好的命运。大多数的纨绔子弟,做了财富的奴隶,他们不能抵制任何诱惑,以至陷于堕落的境地。要知道,享乐惯了的孩子,决不会是那些出身贫贱的孩子的对手。一些穷苦的孩子,甚至穷苦得连读书的机会都没有的孩子,成人之后却成就了大事业。一些普通学校一毕业就投入企业界的苦孩子,开始做着非常平凡的工作。可这些苦孩子,或许就是无名的英雄,将来能拥有很丰富的资产,获得无上的荣誉。"

为脱离艰难的境地而努力挣扎,是除去贫穷的惟一方法,而这件事最能造就人才。如果人类社会的成员一生下来口里就有一把调羹,就不需要因为生存的压迫而去工作,那么恐怕人类文明直到现在还会处于十分幼稚的阶段,人类就无法走出她的孩提时代。

在美国有许多来自外国的移民,他们并不精通英文,也没受过高深的教育,既没朋友相助,也没有优裕的生活,可是他们竟在美国获得了显要的地位,拥有巨额的资产。这些成就,足以使家境富裕、知识丰富而最终默默无闻的美国本土青年自惭形秽!

伟大人物无不是经由苦难而造就的。一个人如果好逸恶劳、贪图享受,就无法战胜困难,也决不会有什么发展。俗话说得好:"生前没有经历困难的人,他的生命是不完整的。"

如果一个年轻人从出生到长大,一贯地依赖他人,从不想为自己的面包而奋斗。这种青年,将会白白地葬送掉他的一生,好不可惜!森林里的橡树之所以高大挺拔,是因为它和狂风暴雨作斗争的结果。

贫穷就好像我们健身房里的运动器械,可以锻炼人,使人体格强健,所以,贫穷是我们努力奋斗最有利的出发点。奥里森·马登说:

"一个年轻人最大的财富莫过于出生于贫贱之家。"贫穷本是困厄人生的东西,但经过奋斗而脱离贫穷,便是无上的快乐。

两度出任美国总统的格鲁夫·克利夫兰起初不过是个穷苦的店员,挣着每年50美元的工资,他后来说:"的确,极度穷困所激发的雄心比较来得切实而有力。"

如果一个青年人的境遇不逼迫他工作,让他感到生活上的满足,那么他就不会再努力奋斗。工作上的努力,一方面固然是满足自己生活的需要,一方面却是在发展自己的人格,造福人类社会。当然,有的人往往只为自己而奋斗,他的努力也仅仅求得满足自己的渴望。

一个生活优裕的命运宠儿说:"一早就起床工作,有何意义呢?我拥有大量财富,足够享用一生。"于是,他翻过身来,再睡一觉。而惟有那些无所凭藉、无所依赖的孩子,一早就起床,勤勤恳恳地工作。因为他知道,除了自己的努力外,再也没有第二条出路可走。他没有人可以依靠,没有有力者垂青,只有靠自己,为着自己的前途而努力。

但狡黠的大自然就是通过这种方法,来实现了促进人类发展的目的。大自然偏爱那些努力奋斗的孩子,给他们高尚的品格、富足的资产和优越的地位。

自然给人以绝好的机会,使每个人在经验的大学里,受多年的训练,以完成他的工作。至于经由努力得来的资产,所享的荣誉,不过只是意外的收获。大自然跟在人的后面,以巨大的代价,来报偿那些奋发有为的青年。

世间的很多贫穷都是一种病态,是千百年不良思想、不良生活、不良环境的结果。我们知道,贫困的境遇是一种反常的状态,是决不受任何人欢迎的。许多事实证明:世界上一切事业,只要人们勇敢地坚持去做,总会获得成功,贫穷的环境总是可以打破。

如果普天下的贫穷人,能够从黑暗和沮丧的环境中回过头来,去朝着光明和愉快的方向努力,并且立志要脱离贫困,那么即使在最短的时间里,也能使贫困尽行消失。但有很多人想脱离贫穷,却不肯十分努力。

就事实而论,世间的大部分贫困都是由懒惰造成的,都是由奢侈、浪费、不愿努力、不肯奋斗造成的。而且懒惰往往与浪费携手同行,懒惰的人常常也浪费,浪费的人一定就懒惰。

但人类有着几种坚强的品格,是和贫困势不两立的,那就是自信和勇敢。有许多人虽处贫困,虽遭患难和不幸,但他们有着自信和勇敢的秉性,最终能够制服贫困这个恶魔。如果一个人缺乏勇敢和自信的卓越品质,而只是过着一种懒惰、畏缩的生活,那么他就永远也不能战胜贫困、奋发有为。

如果一个人立意坚定,要永远地摆脱贫困,要从服装、面容、态度等生活的各个方面拭去贫困的痕迹,要表现自己卓越的品质,要一往无前地去争取"富裕"与"成功",那么世界上应该没有一件事能够动摇他的决心。这样,自然会增强他的自信,使他发挥出潜在的力量,最终摆脱贫困,获得惊人的成就。

如果一个人安于贫困,视贫困为正常状态,不想努力挣脱贫困的状态,那么在身体中所潜伏的力量就会失去它的效能,他的一生将永远不能脱离贫困的境地。

还有一些人,缺乏脱离贫困的自信,并把贫困视为他们自己的命运,那么他们实在是没有希望,除非他们能恢复已失去的自信,并摆脱甘受命运摆布的思想。

斯迈尔斯认识一个年轻人,是美国一所著名大学毕业的。他说,如果他父亲一星期不给他5美元,他就要挨饿。

这实在是一个沮丧的青年,他不相信他能成功什么;他也尝试过很多事情,尽遭失败。他对自己的才能也没有信心,他总是不相信自己所做的事业会成功,因此今天干这个,明天就做那个,终于一事无成。

斯迈尔斯认为,贫穷本身并不可怕,可怕的是贫穷的思想,以及认为自己命定贫穷、必会老死于贫穷的错误观念。一旦处于贫穷的境地,就认为自己命定贫困,这确实是绝大的谬误。

如果你觉得目前自己前途无望,觉得周围一切都很黑暗惨淡,那么你就应当立即转过身回过头,走向另一面,朝着希望和期待的阳光前进,并将黑暗的阴影尽数抛弃。

要迅速地斩除一切贫困的思想、怀疑的思想,忘却脑海中一世暗淡、忧郁的印象,而代之以光明的、有希望的和快乐的印象。

在伟大的世界里,造物主为每个人都预备了美满的结局,我们应该下定决心,集中精力,去努力争取。争取这美满的人生结局是天赋的权利,有成千上万的人因为能运用这种权利,能够努力向前,最终脱离贫困的境地。

勤奋就一定会有所回报

勤奋是通向成功的最短路径,也是实现梦想的最好工具,无论是在富裕还是贫困的环境中,只要你肯勤奋做事,付出你的努力,你就一定会有收获,因为天道酬勤。

印度哲人布尔卫曾说过这样一段话:人所缺乏的不是才干而是志向,不是成功的能力而是勤劳的意志。奥里森·马登更是把勤奋看作是人们摆脱困境的基本条件。的确,一个人如果没有一点勤奋的精神,不说摆脱困境,要想好好地活下去都不是一件容易的事情。

一个人无论做什么事,有什么样的条件,在什么样的环境中,只要他能勤奋刻苦、专心致志、坚持不懈、脚踏实地做下去,人生必然成功。所以说,勤奋是做人做事的不败筹码,只要你肯下功夫,你就一定能成功。

美国最伟大的文学家之一杰克·伦敦在19岁以前,从来没有进过中学。他在40岁时就死了,可是他却给世人留下了51部巨著。

杰克·伦敦的童年生活充满了贫困与艰难,他整天像发了疯一样跟着一群恶棍在旧金山海湾附近游荡。说起学校,他不屑一顾,并把大部分时间都花在偷盗等勾当上。不过有一天,当他漫不经心地走进一家公共图书馆内开始读起名著《鲁滨逊漂流记》时,他看得如痴如醉,并受到了深深的感动。在看这本书时,饥肠辘辘的他,竟然舍不得中途停下来回家吃饭。第二天,他又跑到图书馆去看别的书。一个新的世界展现在他的面前——一个如同《天方夜谭》中巴格达一样奇异美妙的世界。从这以后,一种酷爱读书的情结便不可抑制地左右了他。他一天中读书的时间往往达到了10至15小时,从荷马到莎士比亚,从赫伯特·斯宾塞到马克思等人的所有著作,他都如饥似渴地读着。当他19岁时,他决定停止以前靠体力劳动吃饭的生涯,改成用脑力谋生。他厌倦了流浪的生活,他不愿再挨警察无情的拳头,他也不甘心让铁路的工头用灯揍自己的脑袋。

于是,就在他19岁时,他进入加州的奥克兰德中学。他不分昼夜地用功,从来就没有好好地睡过一觉。天道酬勤,他也因此有了显著的进步,他只用了3个月的时间就把4年的课程念完了,通过考试后,他进入了加州大学。

他渴望成为一名伟大的作家,在这一雄心的驱使下,他一遍又一遍地读《金银岛》、《基督山恩仇记》、《双城记》等书,随后就拼命地写作。他每天写5000字,这也就是说,他可以用20天的时间完成一部长篇小说。他有时会一口气给编辑们寄出30篇小说,但它们统统被退了回来。

后来,他写了一篇名为《海岸外的飓风》的小说,这篇小说获得了《旧金山呼声》杂志所举办的征文比赛头奖。但是他只得到了20元的稿费。他贫困至极,甚至连房租都付不起了。

那是1896年——令人兴奋和激动不已的一年。人们在加拿大西北柯劳代克,发现了金矿。

跟随着像蝗虫一样的淘金者人流,杰克·伦敦踏上了柯劳代克之路。他在那儿呆了一年,拼了命似的挖金子。他忍受着一切难以想象的痛苦,而最后回到美国时,他的囊中却仍然空空如也。

只要能糊口,任何工作他都肯干。他曾在饭店中刷洗过盘子;他擦洗过地板；他在码头、工厂里卖过苦力。

后来，有一天——他饥肠辘辘，身上只剩下两块钱了——他决定放弃卖苦力的劳苦工作，献身于文学事业。这是1898年的事。

5年后的1903年，杰克·伦敦有6部长篇以及125篇短篇小说问世。他一跃而成为了美国文艺界最为知名的人物。

的确只要勤奋不懈，总有一天能得到自己想要得到的东西，杰克·伦敦用自己的经历证明了这一点。

其实，人往往在逆境中、在艰苦条件下，才更有发愤图强的决心；而一贯养尊处优，则容易丧失进取的决心和拼搏的斗志。所以说，处于困境之中的人啊，赶紧拿起你最强有力的武器——勤奋，然后去做自己想做并有益的事情吧，在这之中，付出汗水和努力，那么你一定会是一个成功并且幸福的人。

优秀的品质孕育成功

做人处事要具备优秀的品质，这将在很大程度上决定我们是否成功。俗话说得好，"外在是内心世界的反映"，内心没有的东西就无法显露出来。内在有了，外在自然也就能表现出来了。只有心灵的杰出，行为才能杰出；心灵的美好，气质才会美好，所以，人的气质、能力甚至成功在很大程度上是由内在的品质决定的。

斯迈尔斯认为，一个具有优秀品质的人在任何条件环境下，都会最终超越他的同类。外部环境只能使他追求成功的过程变长，但无法阻止他最终获得成功。成功源于强烈的期盼，孕育于痛苦的挣扎，是寻找自我并最中超越自我的结果。地位可以卑微，但是心灵必须高贵，品质必须优秀。有了高贵的心灵才会有优秀的品质，有了优秀的品质，我们才可能获得成功。

在美国佛罗里达州有一名杰出的青年叫杰克,这位青年不但事业上做出了巨大的成功,成为众多年轻人的楷模,同时对社会、对社区做出了许多贡献,受到了大众的敬重。为什么这样一位年青人会拥有如此优秀的品质并做出如此巨大的成就呢?一时在美国成为了讨论的热点。

有位记者专程登门采访了这位杰出的青年杰克,杰克并没有讲述多少动人的伟大理念,而是小心翼翼地拿出了自己珍藏多年的一个精美的小镜框,镜框中间镶着一条美丽的蓝丝带,他告诉记者,是这条蓝丝带一直激励着自己,并向记者讲述了这条蓝丝带的故事……这条蓝丝带是杰克的父亲传给他的,父亲还是一个小伙子的时候是一家小旅馆的服务生,有一天傍晚旅馆来了一对年迈的夫妇,可是旅馆早已客满,找不到任何一个空房间,小伙子想尽了一切办法还是没有找到一个空房间给这对年迈的夫妇,小伙子很不忍心地把这个结果告诉了这对年迈的夫妇,看着这对夫妇无奈而失望的眼神,小伙子突然想起了什么,告诉这对夫妇"请等一等,让我再想想办法!"片刻之后父亲回来了,告诉他们已经找到了一间房子,请这对夫妇过去看看是否满意!老夫妇看到房间很小,但是很整洁,显然是刚收拾过的样子,非常满意!第二天早上,老夫妇到前台去结账付费的时候,却被告之他们不需要为这间房间付费,因为这间房间是小伙子用自己的员工宿舍临时改建的,而他自己却在沙发上度过了一夜。老夫妇听后非常感动,说什么都要酬谢这位可敬的小伙子,小伙子怎么都不肯接受。最后老夫妇提出了一个折衷的方案,要留下一根蓝色的小丝带给这位小伙子作纪念,以表彰他的真诚、爱心与付出,小伙子收下了。

几个月后,小伙子收到了一封来自美国乔治亚州的邀请信,邀请他出席一个重要的会议,邀请信是美国著名的希尔顿饭店老板发出,那对年迈的夫妇其实就是全美最著名的希尔顿饭店的老板,他们邀请这位可敬的小伙子去担任希尔顿饭店的首任CEO!杰克告诉记者,这是父亲留给他的最珍贵的礼物,是她——蓝丝带一直激励着自己不断付出,不断进取。

相信这个故事能给我们很多的启示,事实上,杰克的父亲正是因为自己的优异的品质获得了希尔顿饭店的老板的青睐,从而得以担任希尔顿饭店的CEO,而杰克也正是从父亲那里继承了这样的优秀的品质才在自己的事业上取得巨大的成功的。优秀的品质孕育巨大的成功!

无论何时何地,人们都喜欢结交具有优秀品质的人,排斥品行恶劣的家伙。拥有美好品行的所有原则都包含在这句话里:举止优雅招人喜爱,行为粗鲁令人厌恶。我们总是情不自禁地被一个乐善好施者所吸引——因为他总能寄予同情,给人安慰,尽其所能,帮人摆脱困境。另一方面,我们鄙视唾弃另外一种人,他们时时处心积虑想从你那儿得到什么,他们会在公共汽车或音乐厅里左挤右扛,为的是能在别人前面找到最好的位子,他们总去抢最舒服的座位,他们总是坐在餐桌上最容易伸手夹菜的位置。无论在餐厅,还是在旅馆,他们总是目无旁人,抢占位置,让别人在他们后面排队等候。

而一种优秀的品质有时会给你带来最大的益处,比如使你在第一次见面时给人留下良好的印象,或者是当你去接近一个多年就认识但关系泛泛的潜在顾客时,不表现出任何冒犯之意,不引起任何心理上的不快,相反,还要对对方抱有良好的意愿和同情,这些行为本身就是一种极大的成就。更为重要的是,这会给你带来可观的收益。

当与一个有优秀品质的人接触时,他会挖掘出你身上存在的许多潜能,让你拥有你以前想都不敢想的能力。你因此可以独自去说你从不敢说的话,去做你从不敢做的事。这时候,谁会说他没有感觉到自己的能力在飞速提高,自己的才智在慢慢增长,自己的优势在不断增强呢?演说家的激情往往来自于听众,而他又把这种激情反馈给听众,激起他们更高的热情。但是,这种情形不同于一个化学家在实验室里把不同的化学药品混合即可得到强大的能量,演说家获得的激情不可能来自于观众中的某个个人。正是在双方的交流与融合中才产生了新的思想、新的力量。

斯迈尔斯认为,成功最终属于具有优秀品质的人,这个观点不容置疑!那么,具体来讲,什么是优秀的品质?我们应该具有那些优秀的品质呢?斯迈尔斯认为,一个想要成功的人必须具备的优秀品质有很多,但是并不是每个人都能成为完人,以下是每一个想要成功的人必须修炼的最基本的八大优秀品质:

保持谦虚

最傲慢的人也是最无知的人。斯迈尔斯研究过一些国家的总统和首相,他发现,尽管他们身边的一些人可能非常傲慢,可他们本人却从不这样。斯迈尔斯由此得出,一个人越是有地位,就越会懂得谦虚,而这也越会赢得人们的尊重。

锻炼自己的口才

大多数成功者都能够清楚地表达他们的想法和感受,激励自己的团队。而要做到这一切,锻炼自己的口才是一个不错的选择。长期坚持锻炼自己的口才,做到这一点,并不难。

百分之百的诚信

诚信与成功之间的关系,犹如山与水之间的关系。山的厚重与坚韧象征了人与人之间的信任与依靠,诚信就是山一般的品质。水的流动与冲力象征了人对自己的生活采取一种灵活与坚持的生活态度,成功就是对水一般品质的报偿。诚信与勤奋是成功的基石,一个人,不管是想成为仁者还是智者,都需要处理好诚信与成功的关系。记住一句话,"造物所忌者巧,万类相感以诚"。

学会良好的社交技巧

良好的社交技巧是社会交往的手段,掌握良好的社交技巧不仅能扩大我们的交际范围,更能让我们收获更好的交际效益,提升我们的人际交往的规格。真诚对待别人、微笑、记住别人的名字、做一个好的听众并鼓励别人谈谈他们自己、谈论别人感兴趣的话题、让别人感到自己的重要性……这些是最基本的交际技巧,我们必须掌握。

学会最得体的社交礼仪

社交礼仪是指人们在人际交往过程中所具备的基本素质,交际能力等。社交在当今社会人际交往中发挥的作用愈显重要。通过社交,人们可以沟通心灵,建立深厚友谊,取得支持与帮助;通过社交,人们可以互通信息,共享资源,对取得事业成功大有获益。随着人们相互合作、相互交往的机会日趋增多,如何学会尊重自己、尊重他人,应对自如,凸显个人魅力,这对于我们的成功是非常重要的。

总是让自己打扮得最得体

这是展示自信和对别人表示尊敬的一种方式。

多结交给人灵感并充满爱心的朋友

如果你周围总是些无聊、吝啬、冷酷的人,那么你也有可能变成这样的人。

修养比金钱更有价值,因为金钱无法买来修养

修养包含了四项内容:外表、声音、举止、言谈。

总而言之,优秀的品质有一种内在的魅力,这种魅力永恒持久,不易消逝,让人难以拒绝。没有人会去嗤笑具有这种魅力的人。因为他们焕发出了耀眼的光芒,消除了所有的偏见。无论你有多忙,有多焦虑不安,或是痛恨别人的打搅,面对这种具有令人愉悦品质的人,你都无法转过脸去拒绝,它将帮助你取得伟大的成功!

礼节很重要

对身居高位的人而言,彬彬有礼在其为人处事中占有很重要的位置。没有哪个真正伟大的人会缺少这种优秀品质。有礼有节向来是高贵出身和良好教养的标志。

斯迈尔斯指出,世界上没有人不受礼节的感染。要想完善自我,追求卓越,就最好将下面这句话当做座右铭,并循此座右铭而行:"礼貌造就人"。

谁都想在人际交往中顺风顺水,谁都想做出一翻事业,拥有成功的人生,而这前提就是要在做人时注意"礼"的运用。有"礼"之人会注意形象、有教养、不树敌、彬彬有礼、言谈举止诚恳谦和、待人接物大方得体。在做人时塑造出完美的形象,自然而然,做事时也会事事顺心,一帆风顺。

礼多人不怪,是人之常情。老王是不善客气的人,又患有高度近视,十步以外,看不清来人的面貌,对于熟人,只会由听声音来辨别他是谁,因此不熟悉的人,往往误会他是自大成性。他为补救他的缺憾起见,就是对于小妹倒茶,也总是加上"请你",或"谢谢你",有人来到面前,有所陈述或要求,他总是起立,绝不坐在椅子上,有时还称他们先生。这些举动他们未必发生好感,但相信至少不会发生恶感。

有个人是某公司的最高领袖,高级职员去见他时,他不但坐着不动,也不屑回你一声,而且不肯注视你,来人只好站在旁边说话,真是架子十足,有时碰到他不高兴,或认为你说的话不对,他竟始终不开口,好像听而不闻,也始终不对你看,好像视而不见,你落得一场没趣,只好悻悻退出。他对高级职员如此,对其他下属,当然可想而知。就是对待朋友,同样也是爱理不理的神气,实在令人难受。当他得势时候,大家只敢在背后批评,当面还是恭维,还是奉承,但心里都是反对他。他种了这种恶因,后来形势逆转,一时攻击他的人非常多,当然可能还有其他重要原因,然而平常待人傲慢,至少是个辅助条件。

《易经》说:"相鼠有皮,人而无礼,人而无礼,不死胡为!"无礼取怨于人,真会咒人早死。人在社会上,要多结人缘少结人怨,而多礼便是一件必要的工具。礼是人为的,是后天的,必须要用心去学习,学习使人养成习惯,如此,多礼便能行无所碍了。

孔子说:"不学礼,何以立。"孔子的所谓礼,并不是单指礼貌而言,但是礼貌必在其中,这是可以肯定的。言语行动,音容笑貌,都要注意,文质彬彬,然后君子,礼多人不怪,在为人处世方面来,礼多可足以表示你是位君子呢!

然而多礼还必须诚恳,多礼而不诚恳,可得知其人的虚伪,虚伪反而使人讨厌。能诚恳,才能恭敬,才是真的礼貌。俗语说:人熟礼不熟。这就表示,你对于熟人,要有礼貌,"晏平仲善与人交,久而敬之"。晏子所以能够被"久而敬之",就在于他对人能够久敬。久而敬之是指双方面而言,并且,须先由每一个人自身开始。

"谦谦君子,赐我百朋",礼多不怪,原是为人做事之常情,所以在与人交往时,万莫吝啬你的"礼"。

卷八

最伟大的力量

原著[美]马丁·科尔

关于作者:马丁·科尔在美国享有极高的声誉,他曾多次荣获《纽约时报》等各大报纸的最佳畅销图书奖。他几乎走遍了美国各地,为不同的人们祛疑解惑,帮助无数人勇敢地面对挫折与失败。《最伟大的力量》是马丁·科尔的代表作,本书将教会你如何发现自己身上所隐藏的最伟大的力量——选择的力量,并教你如何正确运用选择的力量。

每个人都拥有最伟大的力量

很多人抱怨自己的生命,对生活感到厌烦,觉得万事都不如意,殊不知他们本身都赋有一种能力,这种力量能使生命再现新机。一旦你正视到这个力量的存在,并且开始加以运用,就能使生活完全改观,使生活完全合乎我们自己的理想,烦恼不堪的生命会变得美满快乐,失败可以化为成功,一度为潦倒贫乏所困的生活。将可再现生机,怯懦可化为自信,挫败的生活可再度充满多彩多姿的体验及美好的人际交往,退缩恐惧都将化为从容自在。

人的一生当中,充满太多的逆境;有时挫折甚至接二连三地来,有时你可能同时面临各种不同的难题。过不了多久,你就会形成一种悲观的思想:认为生活艰难,生活就像是一场战争,认为命运老在跟你作对……所以,认命吧,"反正你赢不了的"。然后,这个人会退下阵来,而且深信不管怎么做都是白费力气。向命运认输的人后来会转而把希望寄托在他的子女身上,期望他们以后会是另一番局面。有时候,这的确是一线生机,但也很可能下一代又重蹈父母的覆辙。还有很多人他们的结论是:事到如今,只有一条路可走……于是他们借自己的手结束自己的生命——自杀。

遗憾的是,自始至终,这些人都未能发现有一种力量能改变其命运,他们从未正视这个力量,甚至不知道有它的存在,他只看到无数和他一样挣扎彷徨的芸芸众生,因而认定:这就是生活。

莱孟德·迪欧维斯讲过一个故事:亚历山大帝王图书馆遭焚的时候,有一本书幸免于难,但是这并不是一本很贵重的书;所以就有一个穷人,他还稍能阅读,他花了几个铜板买下这本书。书本身并不是很有意思,但是书页里面却藏着一样非常有趣的东西———张薄薄的羊皮纸,上面写着"点石成金"的秘密。

所谓的"点石成金"有"石"是一块小圆石,这块石头能把任何普通的金属都变成纯金。小纸片上记载着:这块奇石在黑海岸边可以找到,但是奇石的外观跟岸边成千上万的石子没什么两样,谜底在于:奇石摸起来是温的,而普通的石头摸起来则是凉的。这个穷人于是变卖了家当,带着简单的行囊,就此露宿于黑海岸边,打算开始捡石头。

他知道,如果他把捡起来的凉的石子随手就扔掉的话,那么很可能会一再重复捡到已经试过的石子,而无从辨认真正的奇石,所以,每当捡起一块凉的石头,他就往海里丢。一整天过去了,没有一块石头是个宝贝。一个礼拜也过了,一个月、一年、三年……他还是没能找到奇石。然而他不气馁,继续再捡、再丢……没完没了。

有一天早上,他捡起一块石头,是温的!但他仍然顺手往海里一扔。因为他已经养成了往海里丢石头的习惯。这个动作太根深蒂固了,以至于当他梦寐以求的宝贝出现时,他仍然随手就把它扔了。

唉!有多少次,当这股力量来临时我们竟未能及时看清?有多少次我们让这股力量错手而过只因为对它视而不见?又有多少次这个力量是如此真切地在我们跟前现形?悲哀的是,我们并未正视它有多少潜能,能发挥多大效力。

在讲述这种巨大力量是怎么回事之前,先来看一个发生在非洲的故事。

有一个探险家,他走进了非洲的荒野中。他随身带了一些不怎么值钱的小装饰品,打算送给当地的土著人。在这些东西当中,有两面真人大小的镜子。他把这两面镜子靠两棵树放好,然后就坐下来和他的手下人谈论有关探险的情况。这时候探险家注意到有个土著人手里拿着长矛正在向镜子走过来,当他向镜子里望去的时候,他看见了自己的影子,于是开始向镜子里的对手刺去,当然,他打碎了这面镜子。这时候,探险家向这个土著人走去,问他为什么要打碎镜子。这个土著人回答说:"他要杀我,我就先杀了他。"探险家向土著人解释说,镜子不是用来干这个的,并领他走到第二面镜子那边去。他对土著人解释说:"看,镜子是这样一个东西:通过它,你可以看到你的头发有没有梳直,你脸上的油彩涂得是否合适,你的胸部多么健壮,你的肌肉多么发达。"土著人回答说:"噢,我不知道。"

在这个世界上,不计其数了人都和这个土著人用同样的态度面对生活的各项问题,在生命的任何一个转折点上,他们都认为将有一场战斗,结果通常也的确如此;他们预先假设会有敌人,结果真的遇到了敌人;他们认为计划执行起来将会困难重重,结果的确事事不如人意。"如果不是这样,我一定会是另外一个样,总之必定会有什么问题发生……"对于千千万万没有认识到这种巨大力量的人而言,事情的过去、现在、将来都是一样的,不会发生改变,这种巨大的力量是潜伏着的,是隐秘的。为什么这个世界上会有那么多的人一直过着平淡的,甚至困苦的生活呢?那是因为,只有少数人懂得这种巨大的车量,而这种力量一旦与人擦肩而过,就会永远不再回头,你就再也追不回它了。

人生来就必须面对生活给予的各项挑战。你是否有过这样的经历:曾经自己与生活中的各种困难抗争,但发现问题总是接踵而至的,其他千千万万的人与你一样,也曾试着挑战生活的困境,但结果却以失败而告终,难道没有方法可以扭转这种形势,让自己过得更好吗?赢得美好人生、生活充满幸福的答案到底是什么?那就是我们必须在生活中充分理解生活的意义。而理解的前提就是,我们要懂提如何去充分利用我们生而具有的那种伟大力量。

这种力量令人惊讶的地方就在于任何人、每个人都可以运用它。它并不需要什么特殊的训练或教育。这不是那种你必须有特殊的资质才能成功地利用它的能力。这也不是一种某些人特别具有的能力,运用它你不必有任何财富或威望。这是一种每个人与生俱来的能力,无论他穷还是富,成功还是失败,也无论他是出生在富人区还是贫民区。我们认识到这种能力越早,我们踏上正轨并一直走下去的速度也就越快。

生活中,很多人都没有注意到,当他们来到一家鞋店时,可以选择买一双皮鞋,也可以选择买一双运动鞋;当他们到一家服装店时,可以要一件浅色的外套,也可以买一件深色的西装;当他们听收音机时,可以把频率调娱乐频道,也可以调到新闻频道;当他们走进冰淇淋店时,可以吃一个巧克力冰淇淋,也可以喝一杯柠檬汁;当他们想要去电影院时,可以选择去附近的一家影院,也可以选择去闹市中心的影院;当准备买一辆小轿车时,他可以选择某一个特定的品牌,也可以选择其他。是的,一切事情都有不同结果,只要你做出"选择"。

换句话说,每个人所拥有的最伟大的力量就是:选择的力量。

选择财富

无数的人在企求财富。他们极希望能对自己说:"从现在起,我再也不必担心钱的事了。"他们极力摆脱金钱的烦恼。所以他们想尽各种致富的办法,但终究一事无成;结果变得灰心丧志,认定自己注定不会达到那种令人欣羡的地位。他们千方百计,无所不为,殊不知唯一能改善现状的是——先从改变自己的想法着手。

马丁·科尔曾经遇到过这么一个人,他的经济情况十分困窘,他的太太也有很多委屈,她说她不敢走到门口,因为上门来的都是些收费要钱的人。情况令人灰心。马丁·科尔给了这对夫妇一本书,希望这本书能帮助他们突破某些想法。这位太太瞥了一眼这本书说:"我不看这种东西,里面没有什么可看的。"做丈夫的则说:"我要看,你就摆着。"结果,先生开始有了不同的想法,他展现了一种全新的生命力。不到一年的时间,这对夫妇就搬进了较高级的社区,家具全部换新,甚至还有钱预订一部新车。

马丁·科尔并没有给这位先生任何金钱上的资助。当然,就他当时的情况,钱对他一定有用,然而,钱只能暂时地助他一臂之力。马丁·科尔所做的就是把他引导到正确的路上,使他能运用思想的力量来改善他的经济情况。这也正是其他想提高自己经济能力的人所需要做的。如果不从根本上去改变想法,就永远别想改善自己的经济状况。绝大部分的人都忘了一个基本道理:牙齿是由内往外生长的。同样的道理,我们也应该从改变内在的想法着手,一旦我们能改变自己的金钱观,我们的经济状况也将随之改善,所以,让我们选择一种正确、健康的"金钱观"和"经济观"。

善用这种选择的威力,你一定能够改善自己的经济状况。但是,有太多的人却因为运用不当,结果反而躲不过他最想逃避的事。有一个年轻人,他的生活一直是相当艰苦的挣扎。他已经失业很久了,最后好不容易才找到一份不足夸耀的工作。这个年轻人已经结婚生子,而他竟胆敢对自己说"我不要有钱"。他每天都设法存下几块钱,希望将来有一天能送他儿子进大学。他知道应该存钱做儿子的教育费,这是他的明智之举。用"苦战"二字实不足以形容他的困窘。他不肯上市区的电影院,宁可在附近看看二三轮的片子,因为这样可以省下几块钱。他不肯涉足比较像样的餐馆,怕太贵。去听音乐会的时候,他绝不买正厅前排的位子,他都买楼上包厢的位子,因为后者他才花得起。他买车,买的也是最经济省油的车。他也没有能力带家人出去度假,因为他花不起这种钱。这样的一个人,他竟对自己说"我不想有钱"。

你还不明白为什么会有这么多人永远在喊穷吗?他们没有想通,是他们自己甘于过这种穷日子。他们没能认清自己有选择的权利。节俭并没有错,有很多人也的确必须节省,否则日子根本过不下去。但是,这些人同样也可以发挥威力,做良好的选择,他们可以不必把美好的事物完全拒之于千里之外。

然而,我们每天听到的却都是这样的话:"我很喜欢那个东西,但是我买不起。""我买不起"、"我花不起",没错,你是买不起,但是不必挂在嘴上。只要你不断地说"我买不起",你这一辈子就真的会一直这样"买不起"。选择一个较积极的想法。你应该说:"我会买的,我要得到这个东西。"当你在心中建立了"要得到"、"要买"的想法,你就同时有了期待,你就在心里建立了希望。千万不要摧毁你心中的希望之光,一旦你舍弃了希望,那么你也就使自己的生活步入了挫折与失望。

有个年轻人是个万能先生,他可以把很多事情做得很好。然而,虽然他无论做什么都做的很成功,却没能赚到一点钱。人们不能理解这是为什么。他有抱负,讨人喜欢。性格开朗,但在金钱方面,他却一年接一年徒劳奋斗着。最后,这个年轻人请人给他指出他的问题究竟出在什么地方。他不断对人表白:"除了赚钱,什么事情我都能干好。"一旦他开始意识到他的问题其实很简单,只是他对选择的想法有点糟糕的时候,事情就开始发生变化了。他不再说"除了赚钱,什么事情我都能干好。""而是开始说:"我什么事都能干好,包括赚钱。"在几年的时间内这个人的财政状况就发生了变化。他的确开始赚进一些钱。他开始在金钱方面出人头地,现在人们都说他是个富翁。这个人本来也可能终其一生将许多事情做得很好却赚不到一点钱。他一旦认识到了他选择了一种错误的想法并且积极去改变这种错误的想法时,他的财政状况就开始发生了变化,向着好的方向发展。

由此可见,选择的力量会带给你一种好得多也有效得多的赚钱能力。

选择环境

任何稍微有点儿常识的人都知道你不能控制周围的环境。当然,除非你恰好成了政府的首脑,也许那时候你就可以控制周围的环境了。所以我们得承认,我们控制不了周围的环境。那我们能做什么呢?我们可以控制我们的想法,而且通过控制的想法,通过运用选择的伟大力量来间接地控制周围的环境。

在战争时期,一个年轻人被征去当兵了。大家都知道,在战争年代,他别无选择。他被编入营队受训,为战争做准备。他受到过严格的训练,记住的第一条训诫就是"服从"。如此看来,任何事情都不是自己能控制的,但是,他还是可以选择自己的想法。如果他选择了不能活着从战场上回来的想法,那么牺牲也就不可避免了。

第一次世界大战期间,有一支队伍创造了4年没有损失一个人的奇迹,这是特立司上校的功劳,在特立司上校的带领下,士兵们不断地背诵《诗篇》里的第91条中被称作"保护诗篇"的文章。特立司上校教会了他们如何在战争中奋力抗敌的同时保护好自己,因为,毕竟生命是最宝贵的。

就像天气总不如人愿一样,当你刚准备好出去野餐用的器皿时,天就哗啦啦地下起了大雨,而当你想去散散步的时候,又是烈日当头。外部环境总是时好时坏,如果平常我们都大喊"活不了了",那当我们处在糟糕的环境下时又该怎么办呢?当困难来临的时候,很多人都会选择逃避它,或是把这当作自己不成功的借口,有了这冠冕堂皇的理由,他们就不再琢磨怎么去挣钱了。其实,在困难时期,同样有许多人的伟大事业正在起步,因为他们不相信在困难时期就一定办不成事情,他们认为只要努力了,事情总会向好的一方面发展,因而他们就成功了,但是同样也会有在境遇好的时候所没有的有利条件。比如,你只需花很少的本钱,就能让店门开张,可以雇到很便宜的劳动力,技术人员也比平常好找,大公司自顾不暇,也没有经理来排挤你的这个小企业……如此多的有利条件,几乎可以和不利条件相抵消,甚至还会有富余。

有一个人,当他开始做生意的时候,正好赶上经济萧条时期,店门开张的时候,周围的人都嘲笑他,纷纷说:"别人都把店盘掉不干了,倒是你偏要迎头上去。"可小店开张后生意还不错,这是因为在小店开张之前,他曾到一个购物区做过调查,那里面有十来家肉铺,但就一家生意很好,其他几家都门可罗雀。他呆在那儿仔细观察,发现生意特好的那家店老板非常热情,他会永远非常客气地对你说:"你好,谢谢,再见,欢迎下次再来。"他不管对谁都是那么彬彬有礼,就算没有买任何东西的客人,他都热情招呼,他给人以亲切的感觉,而不上一在逼着别人买东西。

那个肉贩选择了不管是否在困难时期,对待顾客都仍像对待上帝那样,相信就算经济再萧条,总是会有生意可做的。而其他的肉贩则选择相信是经济大萧条导致的没有生意,因此就这样自暴自弃,甚至把经济萧条以来的不如意发泄到顾客身上,那么这样的生意也就越来越遭了。这就是选择的力量,它能使人从生活中取得最大的回报。

取经回来的那个人同样做了选择,他的生意也日益兴隆,而环境却一直都没有变。

再让我们看看那些饱受上司夸奖的人是怎样做的吧。他们听从上司的指示和安排,认真并按时完成自己的任务,尽可能多地提一些对公司有帮助的建议,做一些不是他职责范围以内的零碎事,他们还利用业余时间上进修班,及时给自己充充电。他们所做的努力和选择都是为了成为更称职的职员。还有一种员工则是另一样子了,他们上班老是迟到,下班总是第一个冲出门,他们常和老板、同事闹得不愉快,自己分外的事他也是从不过问,他们总是抱怨钱拿的太少而工作量太大,他们一下班就把公司完全抛在了脑后,他们从不去想将来,也不为将来做任何准备。

当公司裁员的时候,第一批被裁的就是他们。而这时,他们就会说是因为经济萧条,反正这个理由已经在他们心里默念了好几遍了。然后他们就不停的抱怨,从公司老总一直数落到政府机关,他们情愿在抱怨中过日子,而从没想过选择改变自己的想法来改变对自己不利的环境,他们就这样一天天老去。

任何人都有自己的选择,选择怎样去实现自己的梦想。把失败的责任推给政府是很容易的,把责任推给周围环境是很容易的,把责任推给亲戚朋友也是很容易的,如果你不想取得进步的话,这倒是能让你轻松的选择。但是,很多人选择了自己做决定。生意是自己的,朋友们虽然能提出一些意见，但是决定要你自己来做。你自信的第一步有可能就从这里起步。自信是建立在活动能力、机遇和适当的鼓励之上的。如果，你不再埋怨周围的环境，不再总是向别人诉苦，而是凡事都依靠自己，那么令人惊喜的结果就会出现。你的生活要依靠你自己，环境也要靠你自己去选择。

选择性格

良好的性格是我们本身所具有的财富，它让我们在错综复杂的人际关系网中游刃有余；良好的性格是我们内在散发的魅力，它让我们在坎坷的成功路上战无不胜。

公元前5世纪初，雅典西南的洛里安姆银矿场开采出一条价值连城的优质银矿脉，而且，在极短的时间之内，这个新矿层就产出了好几吨纯银。

正因为有了这个在洛里安姆矿场意外发现的"世界宝藏金银之泉"，雅典才一跃成为地中海东部的海上霸主和希腊世界的领袖。不久，雅典还成为古典时期知识荟萃、艺术生辉的中心。一个宝藏的开掘，改变了雅典的历史，铸就了西方文明的辉煌。

发现一个矿藏，可以改变一个国家的命运；挖掘出良好的性格，可以改变一个人的一生。自然界有宝藏发掘的奇迹，人本身也有内在的宝藏——良好的性格。

人们通过改变自己的性格，从而就能改变自己的命运。这个改变关系到每个人的成长与快乐。人人都可以获得幸福和快乐，人人都可以走向成功，获得的途径就是从改变自己的性格开始。我们每个人的命运都不是天注定的，性格也不是天生的。良好的性格是后天经过不断的锤炼与打磨形成的。自然状态下的铁矿石几乎毫无用处，但是，如果把它放入熔炉铸造，然后进一步提纯，再进行锤炼和高温冶炼，放入一个流筒模型之中，它就可以制成优良的器具。性格也一样，只有不停地打磨，克服不良的性格，实现性格优化的转变，才能发挥它的作用，才能帮助自己获得成功。

也许有人因为自己文凭太低而消沉，哀叹生不逢时。但每个人都有一个大脑，只要意志不倒，我们就会成功。成功意味着赢得尊敬，成功意味着胜利，成功意味着最大限度地实现自我价值。但成功不是某些人的专利，只要你有强烈的成功意识，只要你态度积极、坚忍不拔，只要你信心十足、有崇高而坚定的信念，只要你能够发挥你的性格优势，即使你是一个小人物，你也能成功。成功并不偏爱某一特殊人群，成功对任何人都是平等的。

约翰·梅杰被称为英国的"平民首相"。这位笔锋犀利的政治家是白手起家的一个典型。他是一位杂技师的儿子，16岁时就离开了学校。他曾因算术不及格未能当上公共汽车售票员，饱尝了失业之苦。但这并没有压垮年轻的梅杰，这位能力非凡、具有坚强信心的小伙子终于靠自己的努力摆脱了困境。经过外交大臣、财政大臣等8个政府职务的锻炼，他终于当上了首相，登上了英国的权力之巅。有趣的是，他也是英国唯一领取过失业救济金的首相。

类似的例子比比皆是。高尔基说得好，社会是一所大学。当我们融入社会，当我们积极思考这个社会，当我们为自己在这个社会找到座标后，我们就有成功的可能。

成功的道路千万条，就看自己选择哪条。每个人都是一座金矿，每个人都有无比巨大的潜能，而挖掘者就是自己。人生的命运就掌握在自己的手中，人生成功与否由自己决定。如果明白了这个道理，我们就不会因为自己是一个穷人、是一个下层人物而怨天尤人、牢骚满腹或愤愤不平，就不会受自卑困扰、懒与行动而坐以待毙。下定决心，奋斗、拼搏、勇往直前，成功就属于自己。

当然，每个人性格中其实都有优点和缺点。如果整天抓着自己的缺点不放,那么你将会越来越弱。我们应该学会强调自己的优势,这样,你就将越来越自信和成功。

很多人把自己性格上的弱点当成自己不能成功的借口,拒绝跳出自己编制的网,也就永远走不出失败的沼泽。要知道,我们每个人都能成功,都能快乐和幸福。但是我们必须学会突出自己的优势,学会将普遍意义上的缺点变成优点,加上自己的努力和智慧,成功就在眼前。

总之,好性格是成功的前提,从自己的性格中发现人生的大财富是我们每个人必须具备的能力。

选择幸福

林肯曾经说过,"我一直认为:如果一个人决心想获得某种幸福,那么他就能得到这种幸福。"幸福其实只在于你的选择而已。"我每天过得愈来愈好。"有些人每天在醒来时和就寝前都要把这句话朗诵好几遍。对他们来说,这句话并不是华而不实的语言,而是他们选择去追求这种幸福。

善于选择的人总是做自己想做的事,因为毫无疑问,一辈子能够做你想做的事,是最幸福的一件事。那么究竟是谁有能力决定你的未来是幸福还是不幸呢?答案只有一个——你自己。

美国有一位相当具有知名度的电视主持人,有一回邀请某位老人在他的节目中接受访问。这位老者在节目中所说的话并非预先备妥,也未事先排演过,但是,由于他的说话内容十分朴实自然得当,因此总会使人为之会心一笑,很受观众们喜爱。当然,这位名主持人也不例外,他也因感染了其中温馨的气氛而愉悦不已。

这位主持人禁不住好奇地问这位老人:"你为何会这样幸福呢?

你一定有关于创造幸福的不可思议的秘诀吧!"

"不,不!"老人回答,"根本没有什么不可思议的秘诀,这件事就好比每个人的脸上都有一张嘴巴一般,是件非常平凡的事。我只是在每天早晨起床时只做一个选择。你们认为我会选择哪一样呢?——我只是选择:'幸福'而已。"

这件事乍听起来,也许单纯和令人不可置信,而这位老人的见解听来也过于浅显。但是,却让我想起一件重要的事,那就是亚伯拉罕·林肯曾说:"人们如果下定决心要拥有幸福,那么他就会幸福。"换言之,如果你希望变为不幸。世界上再也没有比这个道理更简单的了。

假如你选择的是不幸,假如告诉你自己,事情进行得不顺利、没有任何令人满意的事等。如此一来,我肯定你一定会变得"不幸"。相反地,如果常对自己说:"事情进行得非常顺利,生活也相当舒适,我选择了幸福。"这样一来,你将得到自己所选择的幸福,这是确确实实的事。

现实生活中到处都有人因为他们内在的挫折、仇恨、恐惧或罪恶感,而给自己的幸福造成损害。显然,要得到幸福的秘诀之一是,摆脱所有不健康的消极思想。我们必须选择洁净自己的心灵,去除心中的消极念头。

常有人提起,愤恨不满的情绪常常会引起疾病。一位美国政坛元老曾说过:"有两件事对心脏不好:一是跑步上楼,二是诽谤别人。"这两件事不仅对心脏不好,而且对人的身体也有害。所以,学会宽恕很重要,你会发现体谅别人会起到奇妙的治疗效果。

情绪上的积怨和不满,多年以后会在生理上造成病痛。不过,也有人因为日常生活的不愉快引起头痛、背痛、关节痛。

许多家报纸曾报道过一则新闻:有一名男子在过马路时不幸被车子撞倒而丧命。验尸报告说,这个人有肺病、溃疡、肾脏病和心脏衰弱。可是,他竟然活到了84岁。为他验尸的医生说:"这个人全身是病,一般情况,30年以前早该去世了。"有人问他的遗孀,他怎么能活这么久?她说:"我的丈夫一直确信,明天他一定会过得比今天更好。"

许多人认为,在运用积极心态时,多使用积极的表述,也有利于身体健康。语言文字是有影响性的。如果你经常运用消极的话语来描述你的健康，便可能激发对你身体不好的消极力量。你习惯性使用的一些字眼会反映出你内在的某些消极性思想。而你的思想是积极还是消极，会影响你内在的各种器官。

美国精神治疗协会前任会长卡特博士在谈到一个人持肯定的态度对健康的影响时，甚至反对像"我今天不会生病"这样的说法。他认为那只是半积极的态度。应该改说："我今天觉得比昨天好。"这是非常积极的陈述，因而是一种更健康的想法。卡特博士说："肯定的态度是以科学的事实为基础的，这些事实得自生物学、化学、医学等。正确地运用肯定的态度将有助于改善你的健康，延长你的寿命，使你精力充沛，倍感幸福，从而在各方面取得成功，并且还能替你保持一件最主要的东西——心灵平静。"

这是一些采取肯定态度对待健康的成功例子，你不妨也试试，记住要每天坚持，训练自己的思想按积极思想考虑问题。

事实上拥有积极心态，仅是重要的第一步。第二步是将这种积极心态付诸行动。当你在做的时候，你心里必须想着，这些都是存在的事实。行动有活力而积极，将会使你很惊讶地发现自己可以享有新的能量及活力。

想获得幸福的人应该选择积极的态度，这样，幸福就会被吸引到他们的身边。那些态度消极的人不会吸引幸福，只能排斥幸福。

在关键时刻作出最正确的选择

生活中我们有许多选择，而且每次在做决定前，我们都要先评估其中的轻重缓急，知道哪些是当务之急，哪些又是小事一桩。只有——

谨慎估量，才不致于因小失大，甚至导致无法弥补的后果。

这是一则值得我们引以为鉴的佛教寓言故事。

据说，梵王在波罗奈治理国家时，菩萨是他的政法顾问。

有一次，边境发生了一场动乱，当地驻军连忙派人向国王报信，恳求增派部队前往支援。

然而，国王这时却自顾自地来到御花园休憩，并准备在花园里扎营。

在等候营帐安扎的时间里，国王看见侍者正将蒸熟的豌豆倒入木槽里喂马。与此同时，御花园里的猴子开始骚动起来。

忽然，有一只猴子飞快地从树上跳下来，从木槽里捞了一把豌豆，接着立即把豆子全塞进嘴里，随即它又抓了一把，这才满意地回到树上，愉快地吃着手中的豆子。

但是，因为吃得太急了，有一颗豆子从它的手中掉了下来，只见这只猴子居然不假思索地扔掉手上所有的豌豆，跳下树，着急地寻找刚刚落下的那颗豌豆。

结果，不仅那颗豆子没有找到，连手上原本的豆子也找不回来了。

国王看到这只猴子可笑的举动，禁不住问菩萨："您对这只猴子的举动有什么看法？"

菩萨回答说，"国王啊！只有无知的蠢材才会因小失大啊！"

国王听见菩萨意有所指地这么说，这才想起刚刚使者来自边境的紧急报告，连忙返回波罗奈城去。

在边境骚乱的强盗们听说国王亲征，决心把强盗赶尽杀绝后，连忙逃跑了！

先别嘲笑猴子愚蠢，也别嘲笑国王搞不清楚状况。仔细想想，我们是否也曾经像小猴子一样舍本逐末，忽略手中所掌握的机会，去追逐早已错过的机会？是否也像国王一样不知轻重，只顾着享乐而漠视眼前的灾厄？有人这样说：品味人生，最大的快乐莫过于做出正确选择，最大的痛苦也莫过于做出错误选择，所以，每个人都应该学会选择。

要做到两全其美往往是很难的事情，要选择的先决条件就是要抓住重点,学会放弃。其实人最犯难的并不是选择,而是不知怎样选择才好,解决这个问题只有一招——"放弃"。

伽利略是被送去学医的。但当他被迫学习解剖学和生理学的时候,他学习着欧几里得几何学和阿基米德数学,偷偷地研究复杂的数学问题,当他从比萨教堂的钟摆上发现钟摆原理的时候,他才18岁。

放弃有时候是十分困难的,甚至是十分痛苦的。适时地放弃,不仅需要勇气和胆识,更需要远见和智慧。人生之树,只有舍弃空想与浮华,才能撷取丰硕甜美的果实。

我们的人生之所以充满那么多困顿和挫折,往往是因为我们在关键时刻做了错误的选择。

难以两全其美的时候,不管放弃有多么困难,有多么痛苦,你都应勇敢地做出适当的放弃,否则,你就很有可能"赔了夫人又折兵。"然而,这种结局是完全能够避免的,不是吗?

卷九

如何控制你的情绪

原著[美]约翰·辛德勒

关于作者:约翰·辛德勒是美国著名的医学博士,他于1939年与人共同创办了著名的门罗诊所。在那里,他开创了关于情绪诱发症的革命性理论。1949年,他做了一次名为《如何快乐度过百年》的电台节目,收效颇好。那次节目的笔录印刷后销售了数万册。也正是由于这次意想不到的成功才让他写出了《纽约时报》的畅销书——这本极具影响力的《如何控制你的情绪》。

自制拥有巨大的力量

在约翰·辛德勒的演讲里,自制是用于平衡激情的反面,他曾经说过:"激情通常会夸大一件事的重要性并且忽略它的不足。"而相反的,自制则能让你的激情走上正确的轨道。约翰·辛德勒说,没有自制,激情就像暴风雨里毫无控制的闪电,它会到处闪过,而且可能是破坏性的。

用简单的话说,自制就是控制你的思维、你的习惯和情绪。除非你有自制力,否则你不可能成为别人的领导,也不可能有所成就。就像约翰·辛德勒所说:"那些能够控制自己的人,也能控制别人。"

跟其他的成功法则一样,自制也需要经常训练。它不可能一下子就学会,它只能在锻炼中慢慢掌握。如果你强迫自己每天要打若干个推销电话,无论天晴还是下雨,无论你喜欢还是不喜欢,如果你规定自己必须完成的工作截止日期,如果你要求自己继续工作直到某个计划完成,如果你训练自己用积极的思想代替消极的思想,那么,你就会慢慢养成自制的习惯。

观察各个行业取得成功的人士,你会发现他们都拥有自制力。他们有明确的目标,扫清一障碍,专注于自己的目标,直到最后成功地实现目标。

约翰·辛德勒曾对美国各监狱的数万名成年犯人做过一项调查,发现了一个惊人的事实:这些不幸的男女犯人之所以沦落到监狱中,有百分之九十是因为缺乏必要的自制,也就是说,未能把他们的精力用在积极有益的方面。

要想做个极为"平衡"的人,你身上的热忱和自制必须均衡。

缺乏自制还是一个推销员最具破坏性的缺点之一。

客户说了几句这位推销员所不希望听到的话,如果后者缺乏自制能力的话,他会立即针锋相对,用同样的话进行反击,这对他的工作是最严重的伤害。

在芝加哥一家大百货公司里,拿破仑·希尔亲眼目睹了一件事,它说明了自制的重要性。

在这家百货公司受理顾客提出抱怨的柜台前,许多女士排着长长的队伍,争着向柜台后的那位年轻小姐诉说她们所遭遇的困难,以及这家公司不对的地方。

在这些投诉的妇女中,有的十分愤怒且蛮不讲理,有的甚至讲出很难听的话。柜台后的这位年轻小姐,接待了这些愤怒而不满的妇女,丝毫未表现出任何憎恶。她脸上带着微笑,指导这些妇女们前往相应的部门,她的态度优雅而镇静,拿破仑·希尔对她的自制修养非常惊讶。

站在她身后的是另一位年轻女郎,她在一些纸条上写下一些字,然后把纸条交给站在她前面的那位年轻小姐。这些纸条很简要地记下妇女们抱怨的内容,但省略了这些妇女原有的尖酸而愤怒的语气。

原来,站在柜台后、面带微笑聆听顾客抱怨的这位年轻小姐是位聋子,她的助手通过纸条把所有必要的事实告诉她。

拿破仑·希尔对这种安排十分感兴趣,于是便去访问这家百货公司的经理。

经理告诉拿破仑·希尔说,他之所以挑选一名耳聋的女郎担任公司中最艰难而又最重要的一项工作,主要是因为他一直找不到其他具有足够自制力的人来担任这项工作。

拿破仑·希尔站在那儿观看那群排成长队的妇女,并且发现,柜台后面那位年轻小姐脸上亲切的微笑,对这些愤怒的妇女们产生了良好的影响。她们来到她面前时,个个像是咆哮怒吼的野狼,但当她们离开时,个个却又像是温顺柔和的绵羊。

事实上,她们之中的某些人离开时,脸上甚至露出了羞怯的神情,因为这位年轻小姐的"自制"已使她们对自己的作为感到惭愧。

自从拿破仑·希尔亲眼看到那一幕之后,每当他对自己所不喜欢听到的评论感到不耐烦时,他就立刻想起了柜台后面那位小姐的自制而镇静的神态。而且他经常这么想:每个人应该有一副"心理耳罩",以此来训练自己的心理自制力。

拿破仑·希尔个人已经养成一种习惯,对于所不愿听到的那些无聊谈话,可以把两个耳朵"闭上",以免在听到之后徒增憎恨与愤怒。

生命十分短暂,有很多建设性工作等待你去完成,因此,你不必对说出你不喜欢听到的话语的每个人去进行"反击"。

拿破仑·希尔在从事律师业务期间,曾经注意到一个十分聪明的诡计,是辩护律师专门用来套取对方证人证词的。因为这些证人对于对方律师的质问往往回答说"我不记得了",或是说"我不知道。"

当辩护律师使用各种方法企图套取证人的证词告以失败的时候,他就会设法激怒这名证人。而这名证人在愤怒的情况下,往往会失去自制,说出他在冷静的情况下不会说出的一些证词。

在拿破仑·希尔事业生涯的初期,他发现,缺乏自制,对生活造成了极为可怕的破坏。这是从一个十分普通的事情中发现的。这个发现使拿破仑·希尔获得了一生当中最重要的一次教训。

有一天,拿破仑·希尔和办公大楼的管理员发生了一场误会。这场误会导致了他们两人之间彼此憎恨;甚至演变成激烈的敌对状态。

这位管理员为了显示他对拿破仑·希尔的不悦,当他知道整栋大楼里只有拿破仑·希尔一个人在办公室中工作时,他立刻把大楼的电灯全部关掉。这种情况一连发生了几次,最后,忍无可忍的拿破仑·希尔决定进行"反击"。

一个星期天,机会终于来了。拿破仑·希尔到书房里准备一篇预备在第二天晚上发表的演讲稿,当他刚刚在书桌前坐好时,电灯熄灭了。

他立刻跳起来,奔向大楼地下室,他知道在哪儿可以找到这位管理员。

当他到达那儿时,他发现管理员正忙着把煤炭一铲一铲地送进锅炉内。同时一面吹着口哨,仿佛什么事情都未发生似的。

拿破仑·希尔立刻对他破口大骂。在长达5分钟的时间里,他都以比管理员,正在照顾的那个锅炉内的火更热辣辣的词句对管理员进行痛骂。

最后,拿破仑·希尔实在想不出什么骂的词句了,只好放慢了速度。这时候,管理员站直身体,转过头来,脸上露出开朗的笑容,并以一种充满镇静与自制的柔和声调说道:

"呀,你今天晚上有点儿激动吧,不是吗?"

他的这段话就像一把锐利的短剑,一下刺进拿破仑·希尔的身体。

想想看,拿破仑·希尔那时候会是什么感觉。

站在拿破仑·希尔面前的是一位文盲,他既不会写也不会读。尽管有这些缺点,但他却在这场战斗中打败了自己,更何况这场战斗的场合,以及武器,都自己所挑选的他用谴责的手指对准了自己。

拿破仑·希尔知道,他不仅被打败了,更糟糕的是,他是主动的,而且是错误的一方,这一切只会更增加他的羞辱。

拿破仑·希尔转过身体,以最快的速度回到办公室。他再也没有其他事情可做了。当拿破仑·希尔把这件事反省了一遍之后,他立即看出了自己的错误。

但是,坦率地说,他很不愿意采取行动来改正自己的错误。

拿破仑·希尔知道,必须向那位管理员道歉,内心才能平静下来。最后,他费了很久的时间才下定决心,决定到地下室去,忍受必须忍受的差辱。

拿破仑·希尔来到地下室后,把那位管理员叫到门边。

这时,管理员以平静、温和的声调问道:"你这一次想要干什么?"

拿破仑·希尔告诉他:"我是回来为我的行为道歉的——如果你愿意接受的话。"

管理员脸上又露出那种微笑,他说:"凭着上帝的爱心,你用不着向我道歉。除了这四堵墙壁,以及你和我之外,再没有人听见你刚才所说的话。我不会把它说出去的,我知道你也不会说出去的,因此,我们不如就把此事忘了吧。"

这段话对拿破仑·希尔所造成的触动更甚于他第一次所说的话,因为他不仅表示愿意原谅拿破仑·希尔,实际上更表示愿意协助拿破仑·希尔隐瞒此事,不使它宣扬出去,以免对拿破仑·希尔造成伤害。

拿破仑·希尔向他走过去,抓住他的手,使劲握了握。他明白,自己不仅是用手和他握手,更是用心和他握手。

在走回办公室途中,拿破仑·希尔感到心情十分愉快,因为他终于鼓起勇气,改正了自己做错的事;

在这件事发生之后,拿破仑·希尔下定了决心,以后绝不再失去自制。因为一旦失去自制之后,另一个人——不管是一名目不识丁的管理员还是有教养的绅士——都能轻易地将他打败。

在下定这个决心之后,希尔身上立刻发生了显著的变化。他的笔开始发挥出更大的力量;他所说的话更具份量。在希尔以后所认识的人当中,他结交了更多的朋友,敌人也相对减少了很多。这件事成为拿破仑·希尔一生当中最重要的一个转折点。

拿破仑·希尔说:"这件事教导我,一个人除非先控制了自己,否则他将无法控制别人。它也使我明白了这话的真正意义:'上帝要毁灭一个人,必先使他疯狂'。"

获取成功的首要条件就是自制

伟大的生活基本原则都是包含在我们大多数人永远不会去注意的最普通的日常生活经验中的。同样,真正的机会也经常藏匿在看来并不重要的生活琐事中。

你可以立刻去询问你遇见的任何10个人,问他们为什么不能在他们所从事的工作中获得更大的成就。这10个人当中,至少有9个人将会告诉你,他们并未获得好机会。你可以对他们的行为作一整天的观察,以便对这9个人作更进一步的正确分析。你将会发现,他们在这一天的每个小时当中,正不知不觉地把自动来到他们面前的良好机会拒之千里。

有一天,约翰·辛德勒站在一家商店出售手套的柜台前,和受雇于这家店的一名年轻人聊天;年轻人告诉约翰·辛德勒,他在这家商店服务已经4年了,但由于这家商店的"短视",他的服务并未受到店方的赏识,因此,他目前正在寻找其他工作,准备跳槽。

在他们谈话中间,有位顾客走到他面前,要求看看一些帽子。

这位年轻店员对这名顾客的请求置之不理,一直继续和约翰·辛德勒谈话,虽然这名顾客已经显出不耐烦的神情,但他还是不理。

最后,他把话说完了,这才转身向那名顾客说"这儿不是帽子专柜。"那名顾客又问,帽子专柜在什么地方。

这位年轻人回答说:"你去问那边的管理员好了,他会告诉你怎么找到帽子专柜。"

4年多来,这位年轻人一直处于一个很好的环境中,但他却不知道,他本来可以和他所服务过的每个人结成好朋友,而这些人可以使他成为这家店里最有价值的人。

因为这些人都会成为他的老顾客,会不断地回来买他的货物。但是,他拒绝或忽视运用自制力,对顾客的询问不理不睬,或是冷冷淡淡地随便回答一声,就把好机会一个又一个地放过了。

一个雨天的下午,有位老妇人走进匹兹堡的一家百货公司,漫无目的地在公司内闲逛,很显然是一副不打算买东西的样子。大多数的售货员只对她瞧上一眼,然后就自顾自地忙着整理货架上的商品,以避免这位老太太去麻烦他们。

这时,一位年轻的男店员看到了她,立刻主动地向她打招呼,很有礼貌地问她,是否有需要他服务的地方。

这位老太太对他说,她只不过进来躲雨罢了,并不打算买任何东西。这位年轻人安慰她说,即便如此,她仍然是受欢迎的,并且主动和她聊天,以显示他确实欢迎她。

当她离去时,这名年轻人还陪她到街上,替她把伞撑开。这位老太太向这名年轻人要了一张名片,然后径自走开了。

后来,这位年轻人完全忘了这件事情。但是,有一天,他突然被公司老板召到办公室去,老板向他出示一封信,是位老太太写来的。

这位老太太要求这家百货公司派一名销售员前往苏格兰,代表该公司为其提供装饰一所豪华住宅所需的物品。

这位老太太就是美国钢铁大王卡耐基的母亲,她也就是这位年轻店员在几个月前很有礼貌地护送到街上的那位老太太。

在这封信中,卡耐基的母亲特别指定由这名年轻人代表公司去和她接洽,其交易金额数目巨大。

试想,这名年轻人如果不是曾好心地接待了这位不想买东西的老太太,那么,他将永远不会获得这个极佳的晋升机会了。

你或许要问,如果想要与众不同,是否有某种特别的方法?

不错,是有一个特别的方法。约翰·辛德勒把它叫做"自制的7个C",下面我们分别来告诉你。

一、控制自己的时间(Clock)

时间虽不断流逝,但也可以任人支配。你可以选择时间来工作、游戏、休息、学习……

虽然客观的环境不一定能任人掌握,但人却可以自己制定长期的计划。我们能控制时间时,就能改变自己的一切。让自己每天的生活过得充实无隙,今日事今日毕。

你必须记住,时间就是生命,把握时间,就是把握生命。

二、控制思想(Control thoughts)

你完全可以控制自己的思想以及想象力的创造。但是,你必须记住:幻想在经过奋斗之后,将会实现。

三、控制接触的对象(Contacts)

或许,你无法选择共同工作或一起相处的全部对象,但是你可以选择共同度过最多时间的同伴,也可以认识新朋友,找出成功的楷模,向他们学习。

四、控制交流的方式(Communication)

你可以控制自己说话的内容和方式。记住,你在谈话的时候,是学不到任何东西的。因此,沟通方式最主要的就是聆听、观察以及吸收。当你和他人交流沟通时,你和他人都是要通过信息来使聆听者获得一些价值,并使其了解。

五、控制承诺(Commitments)

你应该选择最有效果的思想、交往对象及其沟通方式。你有责任使它们成为一种契约式的承诺,并定下相应的次序和期限。

当然,我们一般都是按部就班,平稳地实现自己的承诺的。

六、控制目标(Causes)

有了自己的思想、交往对象和承诺后,你就可以确定生活中的长期目标,而这个目标也就成为你的理想。

如此这样,你肯定有极高的理想,以及生活的一项计划,这就给了你无尽的信心和勇气。

七、控制忧虑(Consem)

一般人最关心的莫过于如何创造一个喜悦的人生了。多数人对那些有可能威胁自己价值观的事,都会有情感上的反应。

你必定知道,种瓜得瓜,种豆得豆的道理。

因此,你必须为自己的行为负责。在漫长的人生旅途中,你必须面对各种困难,而从事具有挑战性的工作。自我的满足感,是在不断的努力中获得的。人生的真正报酬,取决于贡献的质量。不论长期或短期,你都会因自己所播的种子,而得到收获。如同你所干的工作,必须先提出劳务,才能谈论薪金和各种福利事项。

如何驾驭自我意识

约翰·辛德勒曾经说过这样一句话:"一切的成就,一切的财富,都源自一个意念,即自我意识。"

自我意识是一个人对自己的认识、评价和期望,也就是对自己的心理体验,也即"我属于哪种人"的自我观念。

具体说来,自我意识包括个人对下面几个问题的回答:

我是个什么样的人?

我有什么样的个性?

我有什么样的优缺点?

我有什么价值?

我是否有巨大的潜能?

我期望自己成为什么样的人?

我能达到什么样的目标?

自我意识就是"我属于哪种人"的自我观念,它建立在你对自身的认知和评价的基础上。一般而言,一个人的自我观念都是根据自己过去的成功或失败、他人对自己的反应、自己与环境中他人的比较意识、特别是童年经历等方面不自觉地形成的。

根据这几个方面,人的心理便形成了"自我意识"。

就我们自身而言,一旦某种与自身有关的思想或信念进入这幅

"自我肖像",它就会变成"真实的"。在此之后,我们很少去怀疑其可靠性,只会根据它去活动,就像它的确是真实的一样。

著名心理学马尔慈说,人的潜意识就是一部"服务机制"——一个有目标的电脑系统。而人的自我意识,就犹如电脑程序,直接影响这一机制运动和结果。

如果你的自我意识是一个失败的人,你就会不断地在自己内心的"荧光屏"上看到一个垂头丧气、难当大任的自我,接收"我没出息、没有长进"之类负面的信息。然后,你就会感受到沮丧、自卑、无奈与无能——而你在现实生活中便会"注定"失败。

另一方面,如果你的自我意识是一个成功人士,你就会不断地在你内心的"荧光屏"上见到一个踌躇满志、不断进取、敢于经受挫折和承受强大压力的自我,听到"我做得很好,而我以后还会做得更好"之类的鼓舞讯息,然后感受到:喜悦、自尊、快慰与卓越——而你在现实生活中便会"注定"成功。

自我意识的确立是十分重要的,其正面或负面倾向都是你的人生走向成功或失败的方向盘和指南针。自我意识的形成有这样一些特点:

一、人的所有行为、感情、举止,甚至才能始终与自我意识息息相关

每个人把自己想象成什么人,就会按那种人的方式行事。而且,即使他做了一切有意识的努力,即使他有意志力,也很难扭转这种行为。

自我意识是一个"前提",一个根据。你的全部个性、行为,甚至能力都是建立在这个基础之上的。如果你从心理上逃避成功,害怕成功,面对机会或挑战,你就可能畏畏缩缩。

这样,你即便不是一个失败者,也是一个平庸之辈。因为,在你的自我意识里已经有了失败的自我意识。

其实,只要改变一个人的自我意识,不管是企业家、商人或是学生、教师,其工作绩效都会发生奇迹般的变化。

二、自我意识是可以改变的

你难以改变某种习惯或者生活方式,似乎有这样一个原因:几乎所有试图改变的努力都集中在所谓自我的行为模式上而不是意识结构上。

很多人对心理咨询或指导感到意义不大,是因为他们想要改变的是特定的外在环境或者特定的习惯和性格缺陷,而从来没有想到改变造成这些状况的根源——自我意识。

普莱斯科特·雷奇是自我意识心理学的先驱之一,他在这个问题上做了最早的也是最有说服力的实验。雷奇认为个性是"一套思想体系",思想与思想之间必须一致。同这个体系不一致的思想受到抵触或排斥,因而也不能引导人的行为。相反,与这个体系一致的思想则被采纳。

你不难看出,这套思想的中心就是个人的"自我理想",也即自我意识,或者他的自我观念。雷奇是一位教师,他用几千个学生来验证了"自我意识"的理沦。

雷奇的自我意识的理论认为:如果某位学生学习某一学科有困难,可能是因为从这位学生的眼光来看他不适合学习这门学科。

然而雷奇相信,如果改变学生这种观点体现的自我观念,那么他对这门学科的态度也就会相应改变。如果几千名学生因改变了自我意识进而改变了他的自我定义,他的学习能力也会改变。

这种理论得到了有力的验证。

一个学生在100个单词中拼错了55个,而且很多课程都不及格,以致丧失了一年的学分。然而第2年各科平均成绩91分,成为全校拼写最优秀的学生。

另一个男孩因成绩太差而被迫转学,进入哥伦比亚大学后却成了全优生。

一个姑娘拉丁文考试4次不及格,同学校的辅导员谈了3次话后,就以84分的成绩通过了。

一个男生被一个考核机构认定为"英语能力欠缺",却在第二年荣获学校文学奖的提名。

这些学生的问题不在于他们智力迟钝或基本能力的缺乏,而在于他们的自我意识不恰当。他们"确认"自己的错误和失败,不是说"我考试失败了",而是认为"我是个失败者";不是说"我这门不及格",而是说"我是个不及格的学生"。

要想有所成就,并全面地完善自己的意识,就必须有一个适当而又现实的自我意识伴随着自己,就必须能接受自己,并有健全的自尊心。

必须信任自己,必须不断地强化和肯定自我价值,必须恰如其分地、有创造性地表现自我,而不是把自我隐藏或遮掩起来,必须有与现实相适应的自我,以便在一个现实的世界中有效地发挥作用。

此外,你还可通过长期的自我观察或借助心理咨询师的指导,逐步而客观地认识自己的长处和弱点,并且积极现实地对待这些长处和弱点。

当这个自我意识在对自我扬长避短的基础上日臻完善而稳固的时候,你会有"良好"的感觉。并且会感到自信,会自在地作为"我自己"而存在,自发地表现自己并会适当地发挥作用。

如果自我成为逃避、否定的对象,个体就会把它隐藏起来,不让自我有所表现,创造性的表现也就因此受到阻碍,自我内心便会产生强烈的压抑机制而无法与人相处。

你的内心所真正需要的正是更丰富的人生、幸福、才干、宁静以及你心目中的崇高目标,这在本质上都可从丰富的生活和积极的创造过程中体验到。

当体验到幸福、自信、成功的情感时,你就是在享受丰富的生活。

当你落魄到压抑自己的能力、浪费自己的天赋本能,使自己蒙受忧虑、恐惧,达到自我谴责和自我厌恶的程度时,你就是在扼杀你可以利用的生命力,就是在背弃自我发展和完善的道路。

保持平稳良好的情绪

对所有人来说，不良情绪是有害的，而平稳良好的情绪自然是有益的。约翰·辛德勒认为，要想拥有一颗完美心灵，就一定要注意自己的情绪，使其尽可能的保持平稳良好。

保罗·怀特是约翰·辛德勒的好友，也是美国当时有名的心脏病专家，他曾经建议约翰·辛德勒将注意保持稳定的情绪这一点带入治疗病人的过程之中。

在保罗·怀特看来，之所以要平稳良好的情绪，原因有以下几点：

一、良好的情绪具有特殊的疗效

在人们对荷尔蒙ACTH还一无所知的日子里，怀特博士的一个病人通过亲身经历告诉了他们真相。她是个年轻的母亲，有两个未成年的孩子和一个爱酗酒、整天什么也不干的丈夫。这个女人得了可怕的风湿热，整日卧病在床，就这样维持了3年。她的医生说最多还有一年的时间，她就会离开这个世界了。

这个年轻的女人情绪极度低落，一点儿求生的愿望也没有。但是，突然发生了一件事，对于她的病来说，可谓是上天赐给的祝福。她丈夫不知什么原因离家出走了，留下这个可怜的母亲和两个孩子，甚至一点生活费也没有留给他们。正是这个突发事件将她从忧郁的阴影中解脱出来了。

当怀特博士去看她的时候，她很坚强地说："怀特医生，我一定要起床，我还要照顾、抚养我的两个孩子呢。"

怀特博士安慰她："亲爱的女士，我也希望你能尽快康复，可是你的心脏会受不了的。"怀特博士一直是她的医生,对她的心脏状况了如指掌,那么虚弱的一个人,心脏怎么能承受这么大的压力呢。只要是怀特医生看过的病人,他一般都能清楚地掌握病人的具体病况,这一点毋庸置疑。可是,这次怀特博士却低估了 ACTH 这种荷尔蒙产生的生理作用,当然在那个时候,人们还不知道 ACTH 是什么东西,能起什么作用。同时,怀特博士也低估了人类的情绪能刺激垂体,产生 ACTH 和正常荷尔蒙谱的可能性。不顾怀特医生的反对,年轻的母亲鼓起勇气,下定决心,充满着激情和兴奋,下床开始工作了。她靠着自己的努力又抚养了两个孩子 8 年,才离开这个世界。

经过几年的行医,任何一个细心的医生都能随口说出几个和上面的年轻母亲类似的故事。人们通常会在病人做完外科手术后,看到这样的例子。怀特博士所工作的医院里有一个外科医生对一个病情急剧恶化的病人施行了手术,这可是个难度极大的手术,他的同事最终从病魔手中夺下了这个男人的生命。手术过后的第三天,这位同事让怀特博士去看看这个病人,并告诉怀特博士,"他可是个快要死的人了。"

怀特博士看过他的病历卡,从治疗记录上看来,他确实病得很严重,离死亡可能只有一步之遥。怀特博士来到他的病房,这个病人还是有意识的,不过,仅此而已。

"你好,亨利,今天感觉怎么样?"怀特博士问道。

亨利优雅地微笑着,从他的眼神里,怀特博士能看出坚定并且充满信心的光辉。怀特博士真不知道这样的力量是怎样赋予到他身上的。尽管身体仍然十分虚弱,他仍真实而诚恳地回答:"我很好,过几天我就可以出院回家了。"

亨利的乐观精神确实起到了很大的作用,他康复了。如果他当时没有那么乐观、坚定,充满信心,怀特博士认为他肯定活不了几天的。

另一个令人震惊的病例发生在一个中年妇女身上。怀特博士永远也忘不了,她是因无法控制的大出血而住进医院的。她的病情非常严重,每次怀特博士到病房看到她时,都会以为她将不久于人世。然而,无论我什么时候问候她,她总是带着惯有的喜悦微笑和坚定的信心回答:"我很好,今天我还想坐起来呢。很快,我就可以回家了。"

有了这种比药物治疗还管用的精神疗法,她确实康复了。

二、良好情绪甚至能产生奇迹

在怀特博士所生活的时代,人们所掌握的有关的荷尔蒙知识还不完全,像碎片一样零零星星地散落在漫无边际的医学世界里,即便如此,这些零散的碎片也足以照亮许多看上去像是发生了奇迹的严重病例。当然,人们了解的荷尔蒙知识越多,对此掌握的越深,自然界的精彩之处也就会越来越明晰了。

用事例来说明上面的结论并非难事,这样的例子我们可以举出成千上万。在抗菌素还没有问世以前,曾经有个男人得了肾部感染。在1934年,这就已经是很严重的病了。病人的脾气一直很暴躁,充满着挑衅的火药味,惹人厌恶。他的身体每况愈下,种种迹象表明是他的情绪刺激了垂体,分泌出了过多的 ACTH。不久,伏都教(一种西非原始宗教)的一个治病术士治好了他的病。他使这个男人改变了原有的坏情绪,变得高兴、开心起来,好像换了个人一样。治病术士激发了他的热情,给了他希望和勇气。结果,这个病人的荷尔蒙分泌达到了平衡,并且产生了强大的抵抗力。

三、良好情绪的两种作用效果

千万不要忘记好的情绪会对人体产生两个作用效果。第一,好情绪能够替代使人饱受压力影响的坏情绪;第二,好情绪会令垂体受到影响,致使内分泌达到最佳平衡状态。我们通常用这样的方式来表达人体内分泌的这种最佳平衡状态:"嘿,我感觉好极了!"感觉好极了就是说自己没有什么身体上的、精神上的不适应,这时,体内的各种分泌都已达到最佳平衡状态。然而,从各个方面看来,怀特博士认为第一个作用,也就是用好情绪来替代坏情绪以减少压力的影响则是十分重要的。

四、为什么不好好活着

你可能常会听人说：健康的生活中，有着乐观向上的情绪比其他任何东西都重要。每当我们感慨这些的时候，如何培养和处理我们的情绪是日常生活中最最重要的事情。

迄今为止，我们知道的教育一般是指培养人们的智力和提高智商，这当然十分重要。但是，我们常会看到那些高智商的人尽管情绪上不怎么好，一样过着还算幸福的生活。如果有些什么不幸突然降临的话，可能那些拥有好情绪而智商相对偏低的人会生活得更加幸福。事实上，如果人们能正确对待的话，好情绪比高智商更容易得到认可。

对任何人来说，没有必要让坏情绪来影响破坏自己的生活。但是现实中，仍然有很多人会受坏情绪的影响。这主要是因为，几千年来，人们一直都忽略了对自己进行情绪控制的教育和培养。

克服你的忧虑

罗斯福总统执政时期的财政部长享利·摩根索工作很忙，每天都要工作12小时以上，而且他是一个责任心很强的人，为了把自己的工作做好，他不辞劳苦，几十年如一日。

更有甚者，他经常担心自己的工作是否妥当，为此他感到自己头昏眼花，精神不佳。他曾经在日记里叙述说："一次，罗斯福总统为了提高小麦的价格，在一天之内买了440蒲式耳（美国计量单位）的小麦，这么大的开销，我真有些担忧国家的财政，如果继续这样，很可能有赤字的危险。"

他又说："在这件事情没有结果之前，我觉得头昏眼花，我回到家里,在吃完午饭以后睡了两个小时。"

其实,不只这件事,亨利对自己所有悬而未决的工作都表示出一种莫名的忧虑,这使他患上了恐惧症。在他70岁时,他患上了心脏病,不久,便因心脏病发作而死亡。

看来忧虑已经成了影响人的情绪甚至生命健康的大敌,那么如何克服这种忧虑呢?

让我们来看看卡瑞尔的办法。

卡瑞尔是一个很聪明的工程师,他开创了空气调节器的制造业。现在是位于纽约州塞瑞库斯市的世界闻名的卡瑞尔公司的负责人。卡瑞尔先生曾向拿破仑·希尔讲述道:

年轻的时候,我在纽约州巴法罗城的巴法罗铸造公司工作。我必须到密苏里州水晶城的匹兹堡玻璃公司——一座花费好几百万美元建造的工厂去安装一架瓦斯清洁机,以清除瓦斯燃烧的杂质,使瓦斯燃烧时不会伤到引擎。这种瓦斯清洁方法是一种新的尝试,以前只试过一次——而且当时的情况很不相同。我到密苏里州水晶城工作的时候,很多事先没有想到的困难都发生了。经过一番调整之后,机器可以使用了,可是效果并不像我们所保证的那样。

我对自己的失败非常吃惊,觉得好像是有人在我头上重重地打了一拳。我的胃和整个肚子都开始扭痛起来。有好一阵子,我担忧得简直无法入睡。

最后,出于一种常识,我想忧虑并不能够解决问题,于是便想出一个不需要忧虑就可以解决问题的办法,结果非常有效。我这个抵抗忧虑的办法已经使用三十多年了。这个办法非常简单,任何人都可以用。

第一步,首先毫不害怕而诚恳地分析整个情况,然后找出万一失败后可能发生的最坏情况是什么。没有人会把我关起来,或者把我枪毙,这一点说得很准。不错,很可能我会丢掉工作,也可能我的老板会把整个机器拆掉,使投下去的2万美元泡汤。

第二步,找出可能发生的最坏情况之后,让自己在必要的时候能够接受它。我对自己说,这次失败,在我的记录上会是一个很大的污点,我可能会因此而丢掉工作。但即使真是如此,我还是可以另外找到一份差事。事情可能比这更糟。至于我的那些老板——他们也知道我们现在是在试验一种清除瓦斯的新方法,如果这种实验要花他们2万美元,他们还付得起。他们可以把这个账算在研究费上,因为这只是一种实验。

发现可能发生的最坏情况,并让自己能够接受之后,有一件非常重要的事情发生了。我马上轻松下来,感受到几天以来所没有体验的一份平静。

第三步,从这以后,我就平静地把我的时间和精力,拿来试着改善我在心理上已经接受的那种最坏情况。

我努力找出一些办法,让我减少我们目前面临20 000美元的损失。

我做了几次实验,最后发现,如果我们再多花5000美元,加装一些设备,我们的问题就可以解决了。我们照这个方法去做,公司不但不会损失20 000美元,反而可以赚15 000美元。

如果当时我一直担心下去的话,恐怕再也不可能做到这一点。因为忧虑的最大坏处就是摧毁我集中精力的能力。一旦忧虑产生,我们的思想就会到处乱转,从而丧失做出决定的能力。然而,当我们强迫自己面对最坏的情况,并且在精神上先接受它之后,我们就能够衡量所有可能的情形,使我们处在一个可以集中精力解决问题的地位。

我刚才所说的这件事发生在很多年以前,因为这种做法非常好,我就一直使用。结果呢,现在我的生活里几乎不再有烦恼了。

约翰·辛德勒说:"不知道怎样抗拒忧虑的生意人都会短命而死。"

有一位生意人,他不仅消除了50%的忧虑,还减少了70%以前用来开会、解决他生意上问题的时间。

弗兰克·贝特吉尔是美国的保险业巨子。他告诉约翰·辛德勒,他不仅减少了生意上的忧虑,而且收入倍增。他所使用的也是类似的方法。以下是他给约翰·辛德勒讲述的故事——

很多年以前,我刚开始推销保险的时候,对自己的工作充满了无限的热忱和喜爱。然后发生了一点事情,使我非常气馁。我开始看不起我的工作,甚至想放弃。我几乎都要辞职了——可是我突然想到一件事。在一个星期六的早晨,我坐下来,想找出我忧虑的根源所在。

我首先问自己:"问题到底是什么?"我的问题是,访问过那么多的人,可是业绩并不够好。我似乎跟那些潜在的顾客都交谈得很好,可是到最后快要成交的时候,那位顾客就会跟我说:"啊!我要再考虑考虑。贝特吉尔先生,什么时候再来时再说吧。"于是我又要再去找他,浪费掉不少的时间,使我觉得很颓丧。

我问自己:"有什么可能的解决办法?"可是要得到问题的答案,我一定得先研究以前的事例。我拿出过去12个月以来的记录,仔细看看上面的数字。结果,我有一个非常惊人的发现,就在记录上,白纸黑字写得很明白。我发现我所卖的保险里,有70%是在第一次见面就成交的;另外有23%是在第二次见面的时候成交的;还有7%是在第三、四、五次才成交的。这些东西,让我觉得很难过,很浪费时间。换句话说,我的工作时间几乎有一半都浪费在实际上只占7%的业务上。

"那么答案是什么呢?"答案很明显,我立刻停止第二次以后的所有访问,把空出来的时间拿来寻找新的顾客。结果真是令人难以相信:在很短的时间里,我就把平均每一次赚2.8美元的业绩提高到4.27美元。

今天,弗兰克·贝特吉尔是美国著名的人寿保险推销员,每年完成的保险业务都在100万美元以上。可是他也曾经一度想放弃他所从事的职业,几乎就要承认失败。结果分析问题使他步入了成功之路。

自我激励与激励他人

懂得怎样用有效的态度和悦人心意的方法去激励别人,在你的工作和生活中是十分重要的。

你在整个一生中都扮演着双重的角色,你既是你自己,但同时又是你眼中的他人;你激励别人,别人也激励你。

我们知道,世间的父母经常都在激励着自己的孩子。而父母的这种激励能使这个孩子感受到父母的信任。当这个孩子感觉到他是完全沉浸在温暖而可靠的信任中时,他就会干得很出色。他不会绞尽脑汁地去保护自己免遭失败的伤害。相反,他将全力地探索成功的可能性。他的心情是舒畅的。信任已经大大地影响了他——使得他把自己内在的最美好的东西发挥出来。

约翰·辛德勒本人在这方面有亲身体验。

他曾这样说过:"当我是一个小孩时,我被认为是一个应该下地狱的人。无论何时出了什么事,诸如母牛从牧场上放跑了,或堤坝决口子,或者一棵树被神秘地吹倒了,人人都会怀疑:这是小拿破仑·希尔干的。

"而且,所有的怀疑竟然都还有什么证据哩!我母亲死了。我父亲和弟兄们都认为我是恶劣的,所以我便真正是非常恶劣的了。如果人们竟是这样看待我,我也不至使他们失望的。

"有一天,我的父亲宣布:他即将再婚。我们大家都很担心,因为不知道我们的新'母亲'是哪一种人。我本人断然认为即将来我们家的新母亲是不会给我一点同情心的。这位陌生的妇女进入我们家的那一天,我父亲站在她的后面,让她自行对付这个场面。她走遍每一个房间,很高兴地问候我们每一个人——就是说直到她走到我面前为止。我直立着,双手交叉着叠在胸前,凝视着她,我的眼中没有丝毫欢迎的神情。

"我的父亲说:'这就是约翰,是约翰兄弟中最坏的一个。'

"我绝不会忘记我的继母是怎样对待他这句话的。她把她的双手放在我的两肩上,两眼闪耀着光辉,直盯着我的双眼,使我意识到我将永远有一个亲爱的人。她说:'这是最坏的孩子吗?完全不是。他恰好是这些孩子中最伶俐的一个,而我们所要做的一切,无非是把他所具有的伶俐品质发挥出来。'

"我的继母总是鼓励我依靠自身的力量,制订大胆的计划,坚毅地前进。后来证明这种计划就是我事业的支柱。我绝不会忘怀她的教导。因此,当你去激励别人的时候,你要使他们建立自信心。

"我的继母造就了我。因为她深厚的爱和不可动摇的信心激励着我努力成为她相信我能成为的那种孩子。"

所以,你可以用信任的方法激励别人。

但是要正确地理解信任。它是积极的,而不是消极的。消极的信任没有力量,正如同不能观察的眼睛没有力量一样。

必须运用积极的信任。必须说明你的信心,告诉别人:"我知道你在这个工作中是会成功的,所以我和别人承担了保证你成功的义务。我们都在这儿,等待着你的成功。"

当你对别人抱有信心时,他就会成功。

任何成功的销售经理都懂得激励销售员最有效的方法之一就是亲自到现场,和销售员一同劳动,给他树立榜样。

拿破仑·希尔成功学的传人克里曼特·斯通曾经给销售员们讲述他如何训练一位销售员的故事,从而鼓舞了许多人。

斯通这样讲道:"在衣阿华州西奥克斯城有我们公司的一些销售员。有一天晚上,我听到一位推销员抱怨说,他在西奥克斯中心已经工作了两天,但没有卖出一样东西。他说:'在西奥克斯中心出售商品是不可能的,因为那里的人是荷兰人,他们讲究宗派,不想买生人的东西。

此外,这片土地歉收已达5年之久了。'

"虽然他这样说,我还是建议第二天到那儿去做生意。第二天,'我们驱车前往西奥克斯中心。在车上,我闭着眼睛,放松身体,静思默想,调整我的心理状态。我不断地思考为什么我能同这些人做成生意,而不去想为什么我不能同他们做成生意。

"我是这样想的:他说他们是荷兰人,讲宗派,因此他们不愿买我们的东西。那有什么关系呢?众所周知的事实是,如果你能将东西卖给一族人中的一个人,特别是一个领袖人物,你就能卖东西给全族的人。现在我必须做的一切就是要把第一笔生意做给一位适当的人。即使要花费很长的时间,我也要做到。

"还有,他说这片土地歉收已达5年之久。还有什么能比这一点更好呢?荷兰人是极优良的人,他们十分注重节约,做事认真负责,他们需要保护他们的家庭和财产。但他们很可能从没有购买过意外事故保险,因为别的推销员可能同和我一起开汽车的那位推销员一样具有消极心理,从没有向他们试销过事故保险。要知道,我们的保险只收很低的费用,却能提供可靠的保护。

"当我们到达西奥克斯中心时,我们首先进了一家银行。当时,那有一位副经理,一位出纳员,一位收款员。20分钟内,副经理和出纳员各买了一份我们公司所乐于销售的最大的保单——全单元保单。接着,我们一个商店接着一个商店,一个办公室接一个办公室地访问每个机构中的每一个人,有条不紊地兜售着我们的保险单。

"就这样,一件惊人的事发生了:那天我们所访问的每一个人都购买了全单元保单。没有一个例外。

"在归途中,我感谢神力给我的帮助。

"啊,为什么在这同一个地方,别人的销售失败了,而我的销售却成功了呢?实际上他失败的原因和我成功的原因是相同的,除去一些别的东西外。"

从斯通的叙述中,你学到了什么?下面是斯通本人的心得:

"那位推销员说他不可能售保险单给他们,因为他们是荷兰人,并且有宗派观念。那是消极的心态。现在,我知道他们会买保险单,因为他们是荷兰人,并且有宗派观念,这是积极的心态。

"还有,他说他不可能售保险单给他们,因为他们已签收达5年之久,那是消极的心态。

"我知道他们会买,因为他们已签收达5年之久。这是积极的心态。

"我们之间的差别就在于心态,是消极的心态和积极的心态。

"后来,这位推销员回到西奥克斯中心并呆了很长的时间。在那儿他每天都取得一定的销售成绩。"

只因为学会了用积极的心态从事工作,这位推销员在他失败的地方成功了。

这个故事充分说明了用榜样激励别人的重要性。

卷十

像赢家一样思考

原著[美]丹尼斯·威特利

关于作者:丹尼斯·威特利是全美最杰出的演讲家和激励大师之一、阿波罗太空计划太空人教练、美国《财富》500大企业高级行政人员培训导师。他创作了数十种与成功相关的书籍和有声书课程。其中一套课程《成功心理学》一直畅销于世。

向赢家学习

谁不想干一番事业,不想做出一些成绩?但很多时候,人们都喜欢将这些愿望强加于自己一个人的身上,认为独立的完成一件事才是本事,在他人面前即使别人比自己强,他也要强自逞能,不愿向他人请教。这种爱面子的心理往往是我们做事的最大负担。

1982年美国哈雷摩托车的主管前往日本本田摩托车设在俄亥俄州的工厂访问,结果令他们大吃一惊。当时本田在美国重型摩托车市场拥有40%的占有率,是哈雷最强劲的对手。因为骑摩托车的人都认为本田的摩托车不但价廉,而且比哈雷耐用好骑。

哈雷当时只想学学本田用来打败他们的科技,但是他们在本田厂内却看不到电脑,也没有机器人,没有特别的作业系统,而只有少量的纸上作业。他们看到除了30名职员领导着420名装配工人外,再没有别的了,只是这些员工对工作显得很满意。

本田的赢,赢在它会活用常识,而这也是哈雷可以学习的地方,5年以后,哈雷重振旗鼓,在美国重型摩托车的市场占有率从23%倍增到46%。一切都是因为俄亥俄之旅使哈雷的态度有了革命性的转变,从美国式的好勇斗狠变成卑微可亲,到处求知的形象。在一年之内,哈雷采用了最好的人事管理制度和品牌策略,这些使哈雷得以脱胎换骨。

学习是出人头地的必然前提。你若想在那一个行业做出一翻成绩,成就一翻事业,就要勇敢地向你的同行中的前辈、成功人士学习,事实上,这并不是一件多丢面子的事。你很应该公正无私地评估自己的目标和能力,然后模仿学习,调整适应,如果肯努力的话,有时还能超越你原来学习的对象;相反,如果为了面子而逞能,那等待你很可能是失败。

还是孔老夫子说的好:三人行,必有我师。无论从事哪一行,离开向他人的学习,那就什么也做不成。没有苏格拉底就没有柏拉图,没有柏拉图就没有亚里士多德,而没有亚里士多德,就很可能没有后世的很多优秀哲学家。

向赢家学习请教的效果十分明显。以眼镜制造商"西柏视力"的前董事长东尼为例。虽然从未碰上哈雷那样的破产危机,但还是因为肯向赢家学习而获得彻底的改变。他发现耐心,再加上以顾客为导向的作业管理,才是置身世界领袖之林的途径,这使他的经商理念完全改观。

山外有山,人外有人。放下面子,向他人请教,你就会发现在他人身上,有很多值得你学习,对你有益的东西。

那么是不是成为赢家后就可以逞自己的能耐,不向任何人请教了吗?美国康州诸瓦克的史都李奥纳,是全球管理最好的超级市场之一。史都李奥纳有一辆巴士,公司就利用这辆巴士定期载员工出去参观别的同业,有时还到400英里远以外的超级市场参观。他们把这种实地参观叫做"一个点子俱乐部"。每个员工至少要找到一处别家超市比李奥纳强的地方,而且要提出如何可以迎头赶上甚至超过的点子。

任何行业都有你值得学习并模仿的赢家。如果是企业还要懂得向顾客和自己的供应商请教。

美国第一芝加哥公司发起一项品管运动的时候,他们知道这跟许多著名的大公司如3M、IBM、雨屋、福特都有关系,于是主要去向这些公司求助。有些公司甚至向他们的日本关系企业学习。小公司刚开始可以先向美国飞递公司或施乐这些供应商学习,其实,大部分杰出的公司都很乐于助人,但是,如果你的对手不肯帮忙,没关系。整理出公司内需要协助的部分,然后找一家不是竞争者的其他行业的企业。这样的企业同样可以给你带来启发和指导,关键看你愿不愿学,会不会学。

善于变通,想成功就不能太过固执

坚持固然是好事,但是千万不能太过,否则,就成为了固执。在别人的意见确实合理,也确实对自己有利时,我们一定要学会接受。

导致固执己见的原因有两个:首先,对安全与持久的考虑可能让你固守自己的看法。你感到不稳定,而且心理上也没有安全感,于是你寻找一成不变的感觉,让自己感到稳定。其次,你需要找到自己能够认同的东西。只是这种认同才能让你意识到自我的存在。

寻求认同的结果是,一旦你做出了决定,你就不愿改变自己的主意。改变主意是对自我的威胁。事实上,质疑你的想法等于质疑你自己,谁都不想这样做。

那么怎样才能克服固执己见的坏毛病呢?你可以分三步去试试。

首先,确定你是谁。

每个人都有自己的特性,而你也不例外——你只需要在内心进一步确认它。这里有一个有趣的练习,它能让你准确地锁定目标。假设一个外星人走近你并且问:"你是谁?"进一步假设这个好斗的小外星人规定你必须得讲至少一个小时;否则他会武断地认为人类很无聊,应当立刻被灭除。你会说些什么呢?

在纸上写出你的答案或者对着录音机讲,越多越好。尽可能深入地回答这个问题。除了你的姓名、年龄、出生日期外,还有什么让你成为一个活着的、能呼吸的三维的人?你还记得小时候听过的故事吗?你每天都想些什么?你最喜欢的英雄或者神话人物是谁,而且原因是什么?你想为还没有出生的地球人做些什么?让那个外星人为没有出生在地球上而嫉妒不已!如果你无话可说了,就开始谈谈你想成为什么样的人，一定要让外星人明白理想对人类的重要性。

其次，进入一个与自我相对陌生的领域。

固执己见的人总是不愿接受任何事情，但是他却非常渴望吐露自己内心的感受——比如自己的意见。一个真正自信和有安全感的人乐于听取新的观点和信息，并且将它们融合在自己的实际行动中。得到大量的信息和观点不会损伤你的特性——你在建立自己的特性。

当前，找出一个你不知道的领域，然后试图闯入。比如，假设你是一个律师，而你对海洋学知之甚少，去图书馆，或者到网上查阅资料，开始自学。或许你能为环境保护做出贡献，或许你能享有环保律师的美名呢？

最后，就是要能用别人的眼睛看问题了。

从别人的角度看问题，这恐怕是治疗固执的最好办法了。读一本观点与你的老观念完全不同的书，或者更好的办法是找一个愿意在一天之内被你"影响"的人。这个人可能是你的配偶、同事、老板、亲友、警察、一个陌生人或者街上的流浪汉。

当你经历了这个过程之后，你对生活会产生不同的看法。你不仅会更欣赏别人、更尊重别人，而且你也会更强烈地意识到自己的特性，而你也不会再将固执与力量混为一谈。相反，你将乐于成为一个心胸真正开阔的人，从生活中学习并且受益。

改变固执己见的坏毛病，是我们必须修炼的一门功课。如果不改，我们将始终生活在郁闷之中，别说成功，就连正常人的豁达心态都无法拥有。

把自己估计得高一些，要有一个远大的志向

"志当存高远"这是一句千古流传的名言，古人很重视人生志向的

确立,志存高远,就会自我激励,奋发向上,有所成就;志向远大,才能克服眼前的困难和自身的弱点,去实现宏伟的志愿!人人都要认真的审视自我,感知理想实现路程的艰辛,要有远大的抱负,但不能偏执自负;要志存高远,但不能好高骛远。

成功人士都是靠超前一步而取得成功的。奥运会金牌得主不光靠技术,而且还靠远见的巨大推动力。商界领袖也一样。远见就是推动前进的梦想。正如道格拉斯·勒顿说的:"你决定人生追求什么之后,就做出了人生最重大的选择。要想如愿,首先要弄清你的愿望是什么。"有了志向,你就看清了自己的目标。有了志向,你就有一股无论顺境逆境都勇往直前的动力。

维斯卡亚公司是20世纪80年代美国最为著名的机械制造公司,其产品销往全世界,并代表着当今重型机械制造业的最高水平。许多人毕业后到该公司求职均遭拒绝,原因很简单:该公司的高技术人员爆满,不再需要各种高技术人才。但是令人垂涎的待遇和足以自豪、炫耀的地位仍然向那些有志的求职者闪烁着诱人的光环。

史蒂芬是哈佛大学机械制造业的高材生。和许多人的命运一样,在该公司每年一次的用人测试会上被拒绝。史蒂芬并没有死心,他发誓一定要进入维斯卡亚重型机械制造公司。于是,他采取了一个特殊的策略——假装自己一无所长。

他先找到公司人事部,提出为该公司无偿提供劳动力,请求公司分派给他任何工作,他都不计任何报酬来完成。公司起初觉得这简直不可思议,但考虑到不用任何花费,也用不着操心,于是便分派他去打扫车间里的废铁屑。

一年来,史蒂芬勤勤恳恳地重复着这种简单却劳累的工作。为了糊口,下班后他还要去酒吧打工。这样,虽然得到老板及工人们的好感,但是仍然没有一个人提到录用他的问题。

90年代初,公司的许多订单纷纷被退回,理由均是产品质量问题,为此公司蒙受了巨大的损失。公司董事会为了挽救颓势,紧急召开会议商议对策。当会议进行很长时间却未见眉目时,史蒂芬闯入会议室,提出要见总经理。

在会上,史蒂芬对这一问题出现的原因作了令人信服的解释,并且就工程技术上的问题提出了自己的看法,随后拿出了自己对产品的改造设计图。这个设计非常先进,恰到好处地保留了原来机械的优点,同时克服了已出现的弊病。

总经理及董事会的董事见到这个编外清洁工如此精明在行,便询问了他的背景以及现状,尔后,史蒂芬被聘为公司负责生产技术问题的副总经理。

原来,史蒂芬在做清扫工时,利用清扫工到处走动的特点,细心察看了整个公司各部门的生产情况,并一一作了详细记录,发现了所存在的技术性问题并想出了解决的办法。为此,他花了近一年的时间搞设计,获得了大量的统计数据,为最后一展雄姿奠定了基础。

自古以来,凡成大事者,无不是立高远之志,以勤为径、以苦作舟去实现自己的理想抱负的。

昔时少年项羽因为看到秦始皇出游的赫赫声势,就有取而代之的念头,才有历史上的楚汉相争;诸葛亮躬耕南阳,因为常"好为梁父吟,自比管仲乐毅",才有魏晋时期的三国鼎立;霍去病因为有"匈奴未死,何以家为"的壮志,才演义出一代英雄赞歌;周恩来因为从小便有"为中华之崛起而读书"的豪气而成为开国总理,成就了新中国;巴尔扎克因为年轻时的挥笔豪言"拿破仑用剑无法实现的,我可以用笔完成。"才有350部鸿篇巨制的渊远流传;苏步清教授因为少年时有"读书不忘救国,救国不忘读书"的志向而成为国际公认的几何学权威。

年轻人做事时应当有远大志向,这样才可能获得最大的成功。但光是心高气盛还远远不够,还必须从低处起步,伴以做人的低调。

冷静让你稳步前行

冷静,是一种心态,也是一种素质,一种思想,更是一种境界,一种品行。冷静,是智慧的修养,更是理性、豁达的深刻感悟。冷静,会给你带来成功与高品质生活的享受。一个人只有具备了冷静的性格,才能遇事不乱,稳中取胜,这是至理!这也就是告诉我们,为人处事,要冷静!做任何事情都要"先了解你要做什么,然后再去做。"这也就是说,万事应三思而后行。这对行事容易草率的人来说,是很有效的品质忠告。冷静处事,我们才能提升我们的办事效率,我们才能更容易成功。

一位美国空军飞行员说:"二次大战期间,我单独担任 F6 战斗机的驾驶。头一次任务是轰炸、扫射东京湾。从航空母舰起飞后,一直保持高空飞行,然后再以俯冲的姿态滑至目的地 300 英尺上空执行任务。然而,正当我以雷霆万钧的姿态俯冲时,飞机左翼被敌机击中,顿时翻转过来,并急速下坠。等我明白过来时,我发现海洋竟然在我的头顶。你知道是什么东西救我一命的吗?我接受训练的期间,教官会一再叮咛说,在紧急状况中要沉着应付,切勿轻举妄动。飞机下坠时,我就只记得这么一句话,因此,我什么机器都没有乱动,我只是静静地想,静静地等候把飞机拉起来的最佳时机和位置。最后,我果然幸运地脱险了。假如我当时顺着本能的求生反应,未待最佳时机就胡乱操作了,必定会使飞机更快下坠而葬身大海。"

最后,这位飞行员再次强调说,"一直到现在,我还记得教官那句话:不要轻举妄动而自乱脚步;要冷静地思考,抓着最佳的反应时机。"

事实上,一个人只要充分地相信自己,沉着冷静的对问题进行大胆的探索与构想,就一定能将腐朽化为神奇,把不可能化为可能。

保持冷静头脑不仅有助于我们克服和阻止急躁性格的弱点来缠绕自身,并且还有助于将急躁"冷却"下去,变得冷静。一个人有了冷静的性格,就能做事不慌乱,就能轻松地解决很多难题。

丹尼斯·威特利的著作中讲过这么一件事情:

住在新墨西哥州阿布魁克市的泰德·考丝太太,好几年前曾为财务问题而烦恼不已。她有一位多病的母亲住在布鲁克林,为了顾人照顾母亲的起居她背上了沉重的经济负担。

为了摆脱这一不利的局面,考丝太太一时不知该如何作决定,"我取来一些纸张,然后开始分析。"考丝太太描述道,"我先让自己冷静下来,然后把母亲的收入——如有价证券、叔父给她的补助等等——列出来,然后再列出所有开支。没多久,我便发现母亲在衣、食方面的花费极少,但那栋拥有十一间房的住所,却得花一大笔钱来维持——光是每月的电费就得二三十块钱。再加上各种杂项开支和税金,还有保险费等等,为数十分可观。当我见到这些白纸黑字的证据,便知道事情该如何处理了——那房子必须解决掉。

"从另一方面来看,母亲的身体愈来愈坏,我担心这时移动她可能不太妥当。她一直希望能在那栋房子度过余生,我也愿意尽可能成全她的愿望。于是,我去拜访一位医师朋友,请他给我一些意见。这位医师认识一名经营私人疗养院的妇人。地点离我们住的地方只有三分钟路程。"

这件事处理的结果,对每个人都十分理想。考丝太太母亲受到极好的照顾。

不错,在许多情况之下,立即行动是必要的,但一个人成大事的比例往往视其对问题"诊断"的正确度而定。有些人一面对危难之事,就开始抓耳挠腮,狂躁发怒,结果自然不会有好的结果。相反,有些人却能临危不乱,沉着冷静地应对一切危机。这就是成功者与失败者的性格界限之一。狂躁的性格常能使人毁于一旦,在通常的状况下,大部分人都能控制自己的性格,也能做出正确的决定。但是,一旦事态紧急,他们就自乱脚步,而无法把持自己。

科学研究表明,"冷静状态"能使那些由于过度紧张、兴奋引起的脑细胞机能紊乱得以恢复正常,你若处于惊慌失措心烦意乱的状态,就别指望能用理性思考问题,因为任何恐慌都会使歪曲的事实和虚构的想象乘隙而入,使你无法根据实际情况作出正确的判断。当你平静下来,再看不幸和烦恼时,你也许会觉得它实际上并没有什么了不起,正视自己和现实就会发现,所有的恐怖与烦恼只是你的感觉和想象,并不一定是事实的全部,实际情形往往总比你想象的好得多。人所陷于的困境往往来源于自身,对自己和现实有一个全面正确的认识,是在突变面前保持情绪稳定的前提之一。当你处于困境时,被暴怒、恐惧、嫉妒、怨恨等失常情绪所包围时,不仅要压制他们,更重要的是千万不可感情用事,随意做出决定,要多想想别人能渡过难关,我为什么不能冷静应变,调动自己的巨大潜能去应付突变呢?

心情舒畅是冷静应变的前提,也是它的结果。但在不幸和烦恼面前,怎样才能使身心舒畅呢?行之有效的办法不外乎是:尽情地从事自己的本职工作和培养广泛的业余爱好,暂时忘却一切,尽情享受娱乐的快感。只要你多给人们以真诚的爱和关心,用赞赏的心情和善意的言行对待身边的人和事,你就会得到同样的回报,要学会宽恕那些曾经伤害过你的人,别对过去的事耿耿于怀。宽恕,能帮助我们弥合心灵的创伤,相信自己的情感,千万不要言不由衷,行不由己,任何勉强、压抑和扭曲自己情感的做法只能加剧自己的苦恼。

在人生旅途中,挫折与逆境是难于避免的。但只要学会冷静,那么,就会有所收获。以冷静面对社会,有利于人的反思,把逆境化顺境;以冷静面对生活,有利于苦与乐的洗练,可以享受美好的人生;以冷静面对他人,有利于善与恶的辨认,要亲君子远小人;以冷静面对名利,有利于陶冶情操;以冷静面对坎坷,有利于磨练意志。冷静,可使人变得大度、理智、聪明和愉悦。在现实生活中,冷静是处世的诀窍,是打开成功大门的一把金钥匙。让我们从现在开始拥有这把钥匙吧!

保持你的本色，活出真正的自我

每个人都是这个世界的唯一，这个世界上没有另一个你。成大事的人一定要记住：我就是我。只要活出自我，那就是生命的成功。

保持自我本色这一问题，"与人类历史一样久远了。"詹姆士·戈登·基尔凯医生指出，"这是全人类的问题。"很多精神、神经及心理方面的问题，其隐藏的病因往往是他们不能保持自我。

爱迪斯·阿尔雷德还是女孩的时候，她古板的母亲认为她把衣服穿得太漂亮是一种愚蠢，而且衣服太合身容易撑破，不如做得宽大一点。正因为如此，阿尔雷德从不参加任何聚会，也没有什么值得开心的事。上学后，她也不参加同学们的任何活动，甚至运动项目也不加入。原因是，她总觉得自己跟别人"不一样"。

长大后，她嫁了一位比她大几岁的先生，她想要像她丈夫及丈夫的父母那样做一个独立而自信的人，但就是做不到。她努力模仿他们，也总是不能如愿。他丈夫也几次尝试帮她突破自己，却总是适得其反。后来，她越来越紧张易怒，害怕见到任何朋友，甚至一听到门铃声都会惊慌！她越是这样越是失败，"找不到她自己"她也越来越感到压抑，她竟想到了自杀。

但她终于没有自杀，而是很好地活了下来。

那么是什么事改变了这位几乎自杀的妇人呢？

有一天，她的婆婆和她谈到她是如何教育子女的，她说："不论遇到什么事，我都坚持让他们保持自我本色……"只是一句偶然的话。"保持自我本色！"这几个字像一道灵光闪过阿尔雷德的脑际，她发现所有的不幸都起源于她把自己套入了一个不属于自己的模式中去了。

一夜之间她变了！她开始保持自我本色。她首先研究自己的个性，认清自己，并找出自己的优点。她开始学会怎样配色与选择衣服样式，以穿出自己的品味。她也开始主动交结朋友，并加入一个团体——虽然只是一个小团体。当他们请她主持某项活动时，她刚开始很害怕，但是通过每次上台，她都得到了更多的勇气。尽管这是一段相当漫长的过程，但现在她比过去快乐很多。

安吉罗·派屈写过13本书，还在报上发表了几千篇有关儿童训练的文章，他曾说过："一个人最糟的是不能成为自己，并且在身体与心灵中保持自我。"

做你自己！这也是美国作曲家欧文·柏林给后期的作曲家乔治·格希文的忠告。柏林与格希文第一次会面时，已声誉卓越，而格希文却只是个默默无名的年轻作曲家。柏林很欣赏格希文的才华，以格希文所能赚的三倍薪水请他做音乐秘书。可是柏林也劝告格希文："不要接受这份工作，如果你接受了，最多只能成为个欧文·柏林第二。要是你能坚持下去，有一天，你会成为第一流的格希文。"

格希文接受了忠告，并渐渐成为当代极有贡献的美国作曲家。

像查理·卓别林这样的人，以及其他所有的人都曾经学到这个教训，而且多数人得先付出代价。

卓别林开始拍片时，导演要他模仿当时的著名影星，结果他一事无成，直到他开始成为他自己，才渐渐成功。鲍勃·霍伯也有类似的经验，他以前有许多年都在唱歌跳舞，直到他发挥自己的才能才真正走红。

当玛丽·马克布莱德第一次上电台时，她试着模仿一位爱尔兰明星，但没有成功。直到她还自己以本来面目——一位由密苏里州来的乡村姑娘——才成为纽约市最红的广播明星。

保持自我本色并不困难，只要记住：我就是我，独一无二。千万不要成为别人的影子，也别试图从别人身上寻找自己的影子。

一定要认清自己的能力

几乎每个人都有一定的上进心,也都有改善自己现状的欲望,如"我想成为更有钱的人"。"我想到得到更高的职位","我想要成名"……但是,真正的赢家是会正确估价自己的人,他们完全有能力接受自己目前所处的现状和环境。

现实生活中我们无法找到一个十全十美的人。你的某些缺点和性格,恐怕一辈子都会追随着你,除非你转世投胎。有一点你只要看看那些伟大的成功者就能立即明白,他们都接受了一个自然的自我。接受自己,对于正确的自我评价是非常重要的。对自己所做的一切都要承担责任。在莎士比亚的《哈姆莱特》中,宰相波洛涅斯这样说:"最最重要的是忠于你自己。你只要遵守这一条。剩下的就是等待黑夜与白昼的交替,万物自然地流逝:倘若果真有必要忠于他人,也不过是不得不那样去做。"

提高自我评价的有效方法之一,是把自己平时的优点大声地复述给自己听。对自己性格中的长处、出色的成绩,都要给予肯定的评价,并把这些评价贯注到自己的大脑里。这种评价带给你的印象越强烈,你那潜在的自我越会被发掘出来。这种评价中的自我形象,还应随着时代的推移不断地更新,使其总是适于你的最高标准。

目前,世界上许多研究人员正在进行语言和形象对身体机能影响的研究。某些研究成果表明,即使胡乱说出的话,也会对身体机能和意识产生惊人的影响。这是通过生物反馈装置跟踪监视到的结果。

人的思考能左右其体温,促使激素分泌,刺激末梢神经,使动脉收缩,甚至影响到脉搏。因此我们很有必要控制自己的言语。在强者的语言里,是不会出现轻贬自己的话语的,即便是自言自语。成功者每天都对自己说:"我行";"我正期待着……";"这次要干得漂亮";"比上次精神状况好多了"。

他们的自言自语是为了勉励和激发自己。而失败者则不然。他们情绪一低落,思想就变得消极,语言也立即变得微弱,他们会说:"我嘛,本来就不行";"我压根儿就不成器":"那时候本应该……":"那次要是那样。说不定……"等等。

一个人既然知道应该如何认识自己。他就会在人家奉承自己的时候。一面思索阻止他们说下去的办法,一面去发现自己新的目标。有些人为了承认那些不如自己成功的人的价值,往往采取贬低自己的做法。有时他们对自己的贬低会达到难以想象的程度。让我们看看下面这段对话。

——"您的事业如此成功,向您致贺!"

——"哪里哪里!这算什么。不过是运气罢了。"

——"这是什么话——的确是了不起的成功啊!"

——"那是瞎闹,根本不值一提!"

——"你这身西装穿着真帅,刚订做的吧?"

——"哪里,我看差不多就像一个乡下佬了。"

为人谦逊,这是人的一大优良品德,而失败者则完全曲解了"谦逊"一词的含意。他们以为把自己从山崖推到低凹处,表现出一些屈辱的幽默性,就是"谦逊"。但糟糕的是,他们的耳朵完完全全地接收了这些自我否定的语言。而机械运动着的大脑,随之又把这些话不知不觉地当作应该记录下来的事实收藏起来。生活中的成功者,无论对什么样的奉承话,都应轻轻说声"谢谢"而给予回应。奉承也好,祝福也好,仅仅一声"谢谢"就足以表达自己的心情了。率直地接受别人对自己的尊敬,也可以提高自我评价。科学家对那些曾到达人生理想顶峰的伟大成功者做过很多研究,结果表明,这些人都有一个共同特点,他们对自己都有较高的评价。如本杰明·富兰克林、爱迪生……如果你能读读他们年轻时所写的东西就会发现,他们无一例外地高度评价着自己,高度认识着自己存在的价值。

著名作家的海伦·凯勒,尽管眼瞎耳聋,却在她的一生中为比自己更不幸的人们做出了出色的贡献;爱因斯坦没有考上大学;伽利略在西服店里打过小工,然而他们都在人类史上流芳百世。美国已故前总统林肯之所以成功,就因为他在大家都感到无望、屡屡失败之后,仍然没有气馁。以色列的麦纳汉姆·贝津曾是一个沙漠王国里的贫苦农民之子,年轻时还因参加军人反叛活动而坐过牢,但是他最后成为了国家总统。不管是在运动场上,还是在商界战场,或是在科学技术领域。几乎每一位成功者都表现出一个明显的特征:他们都承认自己,对自我形象感到满意,对别人能够客观地评价自己而感到高兴。而且他们的性格各具特色,但都各有魅力,能够极其自然地把友人和支持者吸引到自己身边,从不孤立自己。

诺贝尔和平奖获得者鲍尔奇曾经受托为一个晚宴确定宾客座次,要使所有有身份的人都感到满意,这件事确实令人为难,即使对一个专业的礼仪公司来讲也不大好办。而鲍尔奇运用自己独特的办法去做这件事。在宴会前,他告诉大家,请宾客自便。喜欢坐在哪儿就坐在哪儿,他说:"真正重要的人都是不在乎别人怎么看待自己,而在乎这些的人都是不重要的。"

鲍尔奇的这个法则可以说适于一切场合。清醒地认识自己"位置"的人,没必要为争坐位置而不顾一切,也没必要为把自己置于有利地位而大出风头。正确的自我评价只是默默地给自己指示应该努力的方向。

成功者相信自己的能力,他们为自己而感到自豪。因为他们自信自己确有价值,所以才能像爱自己一样去爱他人。

对于自己作出较高的评价,这是成功的重要因素之一。为了你自己,请大声地陈述自我价值的宣言吧!世上没有可供任意挥霍的时间。

卷十一

决不拖延

原著[美]戴尔·韦恩

关于作者：戴尔·韦恩是美国深受欢迎的自助导师，畅销书作家与演讲大师。他于1976年写作的《你的误区》一书至今销售最高达3000万册，成为常销不衰的经典。被誉为"一本将人本主义思想带给大众的作品"。

当机立断，犹豫会使你错失良机

在我们的生活中，有很多这样的人：他们遇事犹犹豫豫，拿不定主意。总是徘徊在取舍之间，无法定夺。这样就会使本该得到的东西，轻而易举地失去了；本该舍去的东西，却又耗费了许多精力。而时机是不等人的。在人生的许多时候，只有及时抓住机遇，竭尽全力地去努力，才能取得成功。正所谓"花开堪折直须折，莫待无花空折枝。"如若不然，则会失去良机。

人们之所以优柔寡断，因为他们总希望做出正确的选择，他们以为通过推迟选择便可以避免犯错误，从而避免忧虑。所以，要消除优柔寡断，你不要将各种可能的结果都用对与错、好与坏，甚至最好与最坏来衡量。

两个猎人去打猎，路上遇到了一只大雁，于是两个猎人同时拉弓搭箭，准备射杀大雁。

这时猎人甲突然说："喂，我们射下来后该怎么吃？是煮了吃，还是蒸了吃？"

猎人乙说："当然是煮了吃。"

猎人甲不同意煮，说还是蒸了吃好。

两个人争来争去，虽然明知彼此建议的优缺点，但就是作不了决定，一直没有达成一致。终于，前面来了一个砍柴的村夫，于是两个人征询村夫的意见，村夫听完说，这个很好办，一半拿来煮，一半拿来蒸，不就可以了。两个猎人感觉这个主意不错，决定就这么办。

于是两人再次拉弓搭箭，可是大雁早已飞走了。

猎人犯了议而不决、拖沓等待的错误，在如何吃的问题上，花了太多的时间和精力,最终失去了猎杀大雁的最佳时机。没有了猎杀的过程,当然就没有了怎么吃的结果;没有快速地行动,当然就没有最后的成功。

就像例子中的猎人一样,优柔寡断的人无一不是消极被动的,他们做事习惯了犹豫,对于自己完全失去自信,所以在比较重要的事件面前,他们总没有决断。有些素质、人品及机遇都很好的人,就因为犹豫的性格,把自己的一生都给毁了。

戴尔·韦恩说过:"如果一个人永远徘徊于两件事之间,对自己先做哪一件犹豫不决,他将会一件事情都做不成。如果一个人原本做了决定,但在听到自己朋友的反对意见时犹豫动摇、举棋不定——在一种意见和另一种意见、这个计划和那个计划之间跳来跳去,像墙头草一样摇摆不定,每一阵微风都能影响他,那么,这样的人肯定是性格软弱、没有主见的人,他在任何事情上都只能是一无所成,无论是举足轻重的大事还是微不足道的小事,概莫能外。他不是在一切事情上积极进取,而是宁愿在原地踏步,或者说干脆倒退。"

成功的机遇要靠自己去探索、去把握、去牢牢地抓住;要想成功,就要敢于冒险,敢于失败。快速制订计划并迅速行动是一种修养,不要等到万事俱备以后才去做,永远没有绝对完美的事。如果要等所有条件都具备以后才去做,那就只能永远等待下去。

优柔寡断的人,就像一个贪婪而不自量力的家伙,显得可爱而又愚蠢,可恨而又可怜。我们必须要将"人生就是有得必有失"的道理,明确到具体行动上。人的精力是有限的,不可能在每一个方面都做到最好。而最明智的方法就是不要优柔寡断,要快速作出决定。放开优柔寡断的双手,你会收获更多。

切忌拖延，准确并且迅速的行动

戴尔·韦恩认为，一个人在做事时，若能准确而迅速地作出判断并付之于行动，其成功的机会就要比那些犹豫不决、模棱两可的人大的多，也往往能率先获得成功。

现实生活中，有些人踌躇满志，下定决心要做一翻大事业，而且也以莫大的勇气去做了，可往往没有取得成功，其原因就在于做事缺乏准确性和迅速性。

目前，社会上最受欢迎的是那些有巨大创造力与非凡经营能力的人。也惟有那些有独创性、肯研究问题、善经营管理、有准确判断力的人才能够成就伟大的事业。

一个能迅速而又准确地对事物作出判断的人，比那些犹豫不决、模棱两可的人的发展机会多得多。所以，请尽快抛弃那些不良习性吧！它只会浪费你的精力。

一个希望能取得成功的年青人，一定要有坚强的意志。在工作之前，必须要确信自己的主意，即使遇到任何困难与阻力，发生任何错误，也不可轻易放弃。我们处理事情时，应该事先仔细地分析考虑，对事情本身及其环境作一个正确的判断，然后再制定决策；而一旦付诸实施，就要全力以赴地去做。

判断力不准确和缺乏判断力的人通常很难决定真正开始做一件事，即使决定开始做了，也往往很难收场。他们的大部分精力和时间，都消耗在犹豫和迟疑当中，这种人即便具备其他获得成功的条件，也不会真正获得成功。

大凡成大事者须当机立断，把握时机。一旦对事情考察清楚，并制定了周密计划后,他们就不再犹豫、不再怀疑,而能勇敢果断地立刻去做。因此,他们对任何事情往往都能做到驾轻就熟,马到成功。

造船厂里有一种力量强大的机器,能把一些破烂的钢铁毫不费力地压成坚固的钢板。善于做大事的人就与这部机器一般,他们做事异常敏捷,只要他们决心去做,怎样复杂困难的问题到了他们手里都会迎刃而解。

如果一个人目标明确、胸有成竹,那么他绝不会把自己的计划拿来与人反复商议,除非他遇到了在见识、能力等各方面都高过他的人。一个头脑清晰、判断力很强的人,一定会有自己坚定的主张,他们决不会糊里糊涂,更不会投机取巧,他们也不会犹豫不前,不会一遇挫折便赌气退出,只要作出决策、计划好的事情,他们一定会勇往直前。

英国当代著名军人基钦纳就是一个很好的例子。这位沉默寡言、态度严肃的军人勇猛如狮、出师必胜,他一旦制定好计划,确定了作战方案,就会集中心思运用他那惊人的才干,镇定指挥,他决不会再三心二意地去与人讨论、向人咨询。在著名的南非之战中,基钦纳率领他的驻军出发时,除了他的参谋长外谁也不知道要开赴哪里。他只下令,要预备一辆火车、一队卫士及一批士兵。此外,基钦纳声色不动、滴水不漏,更没有拍电报通知沿线各地。那么,他究竟要去哪里呢?士兵们也不知道。战争开始后,有一天早晨六点钟,他忽然神秘地出现在卡波城的一家旅馆里,他打开这家旅馆的旅客名单,发现几个本该在值夜班的军官的名字。他走进那些违反军纪的军官的房间,一言不发地递给他们一张纸条,上面签署了自己的命令:"今天上午十点,专车赴前线;下午四点,乘船返回伦敦。"基钦纳不听军官们的解释和辩白,更不听他们的求饶,只用这样一张小纸条,就给所有的军官下了一个警告,起到了杀一儆百的作用。

基钦纳将军有无比坚定的意志和异常镇静的态度,但他深知自己在战时所负有的重大使命。因此,他为人处世严谨而端正,公正无私,指挥部下时也从不偏袒,做任何事情不成功就决不罢手。从这些地方,就可以看出基钦纳将军的伟大魄力和远大抱负。

这位驰骋沙场、百战百胜的名将非常自信，做起事来专心致志，富有创意和魄力，也极富判断力，行动果断，为人机警，反应敏捷，每遇机会都能牢牢把握充分利用。他是向往获得全面成功者的最好典范！

千万不要为自己找任何借口

戴尔·韦恩在研究了大量成功者的案例之后发现，具有成功素质的人不会寻找任何借口来推脱责任。他们努力工作，从不自怨自艾，而是始终为了自己的目标奋力向前。他们不会等待机会完成目标，而是创造机会实现目标。那些成天找借口的人，认为自己之所以无法实现目标，是因为缺乏机会，这事实上暴露了他们最大的弱点——缺乏效率。

那些失败者总是为自己找借口。如果你去问问他们失败的原因，他们总是会说，自己不具备别人那样的机会，没有人愿意帮助他，也没有人能推他一把。他们还会说机会已经被别人抢光了……

戴尔·韦恩指出，总在为自己找借口的人永远没有机会，即使有，他也把握不住，更别提实现目标了。

在西点军校，学员遇到军官问话，只能有四种回答：

1. 报告长官，是；
2. 报告长官，不是；
3. 报告长官，没有任何借口；
4. 报告长官，我不知道。

除了四个"标准答案"之外，如果有任何额外的字句，长官立刻又会问："你的四个回答是什么？"这个时候新学员也只能回答："'报告长官，是'；'报告长官，不是'；'报告长官，没有任何借口'；'报告长官，我不知道'。"除此之外,不能多说一个字。

学员可能会觉得这个制度不尽公平。例如学长问:"你的皮鞋这样算擦亮了吗?"你当然希望为自己辩解,脑中浮现出"报告学长,排队的时候有位同学不小心撞到了我。"但是你只能有四种回答,别无其他选择。

西点这样训练学员的讲话习惯,不只是为他们个人,更重要的是因为学员的成功或失败,决定于他们是否完全了解长官所下达的命令和要求。听完所有的简报、讲解,做过该做的练习之后,接下来的责任完全落在学员身上。上级派学员去做一件事,是期望他圆满完成任务;这就是重点所在。表现不达到十全十美,是没有任何借口的。

在有限的时间内要实现自己的目标,我们就没有时间为做不好的事情找借口,没有时间文过饰非,任何人都应该把握每一分每一秒抓紧时间去实现目标。

西点的训练让学员明白,长官只要结果,而不是要为什么没有完成任务的解释。这是为了让每一位学员懂得:失误是没有任何借口的。

在走访了多家大企业之后,戴尔·韦恩发现,那些效率不高的员工总是有很多借口。上班迟到了,会有"路上堵车"、"手表停了"或者"家务事太多"的借口;销量不及格,会有"产品太偏"、"质量不好"、"广告太少"的借口;工作没有完成会有借口,工作落后了也会有借口。只要细心去找,借口总会有的。有许多员工不再是想方设法去争取成功,而是把大量的时间和精力放在如何寻找一个更合适的借口上。

那些喜欢发牢骚、抱怨的不幸的人曾经都有过不错的目标甚至梦想,却始终无法实现。为什么呢?因为他们总是在为自己找借口,以至于没有时间去服从执行。而成功者不善于也不需要编制任何借口,因为他们能为自己的行为和目标负责,也能承受自己努力的成果。

借口总是在人们的耳旁窃窃私语,告诉自己因为某原因而不能做某事,久而久之我们甚至会潜意识地认为这是"理智的声音"。假如你也有此类情况,那么请你做一个实验,每当你使用"理由"一词时,请用"借口"来替代它,也许你会发现自己再也无法心安理得了。

一个人在面临挑战时，总会为自己未能实现某种目标找出无数个理由。正确的做法是，像西点学员一样，抛弃所有的借口，找出解决问题的方法。

西点学员们并不见得有超凡的能力，但却有超凡的心态。他们能够积极主动地抓住并创造机遇，而不是一遇到困难就逃避退缩，为自己寻找借口。如果他们这样做的话，是不可能取得成功的。

出身于西点的将军布莱德雷（西点23届学员）说："习惯性拖延的人常常也是制造诸多借口与托辞的专家。如果你存心拖延、逃避，你自己就会找出成千上万个理由来辩解为什么不能够把事情完成。"

事实上，把事情"太困难、太无头绪、太麻烦、太花费时间"等种种理由合理化，确实要比相信"只要我们足够努力、勤奋，就能完成任何事"的信念要容易多了，但如果你经常为自己找借口，你就不能实现任何目标，这对整个人生的成功也会产生毁灭性的影响。

如果你常常发现，自己会为没做或没完成的某些事而制造借口与托辞，或想出成百上千个理由为事情未能照计划实施而辩白、解释，那么，你最好是假设把自己放在军队中，想一想找借口会给自己带来什么样的后果。

没有办法时要学会借助外力

做事情时，如果自己实力不足，或者实在没有做成功的办法，这时就需要懂得去借力，让别人来帮你完成。

在戴尔·韦恩的著作中，曾讲过这样一个案例：

杜尔奈做什么事都有一股不服输的劲头。他刚到一家电线号牌厂担任兼职推销员时，好几个月没谈成一桩生意。经人指点，他才明白,业绩不佳的主要原因是:他的面部表情过于严肃笑容比较僵硬,说话时,很自然地流露出一股傲气,让人难以产生亲切感。

知道了原因,杜尔奈每天对着镜子苦练表情,同时训练语音语调。当他再次出现在客户面前时,每个人都觉得他是一个和善可亲、会打交道的人。此后,他的销售业绩好得出奇,为自己挣得可观的收入。这件事使杜尔奈获得一个经验:别人能发现自己发现不了的问题,听听别人的意见是有好处的。

后来杜尔奈决定自己做老板。他拿出全部积蓄,购买了一家小小的电线号牌厂。这家小厂只有几台老式机器和几名员工,跟那些现代化大厂无法相提并论。在杜尔奈接手时,它已经面临倒闭。杜尔奈为什么敢接这个烂摊子呢?他认为,凡事只要付出百倍努力,一定会有收获。当然,更主要的原因是,他没有多少钱,不买这种破产小厂,就买不起任何一家工厂。

为了让工厂起死回生,杜尔奈每天工作十几个小时,率领员工拼命苦干。然而,勤奋只能解决一些问题,并不能解决所有问题。由于那些流水线作业的大厂生产成本低得多,质量更优越,杜尔奈的产品完全缺乏竞争力,任何一家客户都不愿成为它的买主,生产出来的号牌只能堆在那里占用库存。几个月后,工厂陷入困境,难以为继。杜尔奈百般设法,都徒劳无功。想改进设备,却没有资金。他无计可施,一筹莫展。

杜尔奈意识到,当初购买这家小厂的决策过于草率。但现在还不是后悔的时候。既然自己无计可施,只好向别人请教。他咨询过几位行家,他们都认为他做了一桩不划算的生意,想让这家过时小厂免于倒闭,几乎是不可能的。

杜尔奈想,如果倒闭真的不可避免,那也是无可奈何的事情。但是,员工们有没有什么好主意呢?他将员工召集到一起。宣布:"或许大家已经看到,公司的情况非常糟糕,维持不下去了。我本人已无法可想,希望大家一起想主意。到明天为止,如果大家都没有什么好办法,我只好宣布公司倒闭。"

会后,一位员工给杜尔奈写了一封信,里面有一句话:既然改进设备不现实,可否考虑变更材料?

杜尔奈心里一亮:是啊!为什么不变更材料呢?这是唯一可能找到突破口的地方。

当时的电线号牌都是铝制品,那是因为铝容易成形,硬度适中,颜色比较美观。那么,能不能找到一种能达到相同效果、价格更便宜的材料呢?杜尔奈冥思苦想,并和员工们一起探讨,终于找到了理想的替代材料:将白色硬纸板塑封,品质跟铝制品相差不大,成本却不到铝制品的三分之一。

这种价廉物美的新产品上市后,很快在市场上取得领先优势。对杜尔奈来说,这是一个幸运的开始。半年后,他赚到的钱已足够他购置一整套流水作业的新设备了。几年后,杜尔奈便成为巨富。

好主意、好办法不会总是属于你的。当自己无计可施时,别人或许就有解决问题的办法。所以,你应该掌握借力的智慧,得人之智,用人之力,帮助自己摆脱困境。

一个小女孩在她的玩具沙箱里玩耍。她要在松软的沙堆上修筑公路和隧道,然而沙箱的中部躺着一块巨大的岩石。小家伙开始挖掘岩石周围的沙子,企图把它从泥沙中弄出去。她手脚并用,似乎没费太大的力气,岩石便被她连推带滚地弄到沙箱的边缘。不过,这时她才发现,她无法把岩石向上滚动以翻过沙箱边的墙。

小女孩下定决心,手推、肩挤、左摇右晃。可是,每当她刚刚觉得取得了一些进展的时候,岩石便滑脱了,又重新掉回沙箱。

小女孩十分生气,使出九牛二虎之力猛推猛挤。但是,她却被滚回的岩石砸伤了手指。

最后,小女孩伤心地哭了起来。这整个过程,女孩的父亲从起居室的窗户里看得一清二楚。当泪珠滚过孩子的脸庞时,父亲来到了她的跟前。

父亲的话温和而坚定:"孩子你为什么不用上你所有的力量呢?"

垂头丧气的小女孩抽泣道:"但是我已经用尽全力了,爸爸,我已经尽力了。我用尽了我所有的力量。"

"不对,孩子,"父亲亲切地纠正道,"你并没有用尽你所有的力量。你还没有请求我的帮助。"在这位父亲的帮助下,小孩子终于把岩石推出了沙箱。

一个人的能力是有限的,借助外力是我们做事时必不可少的一种途径。可以说,只有谙熟借力与合作的人,才能成为成功之林的雄伟巨木。

如何克服优柔寡断的毛病

优柔寡断是一种心理疾病,正确的认识它,才能更好的克服它。有人上街要买台彩色电视机,由于价钱较高,又都不是名牌,往往反复比较,反复动摇。结果跑了许多家商店,去了许多次,就是决定不下来。

遇事优柔寡断,拿不定主意,这是生活中常见的现象。心理学家认为,人在做事时所表现的这种拿不定主意、优柔寡断的心理现象是意志薄弱的表现。

优柔寡断就是浪费做事的机会,成功常常与其擦肩而过。

不要追求尽善。"金无足赤,人无完人",只要不违背大原则,就可以决定取舍。

为什么有些人遇事容易反反复复、优柔寡断?这主要是因为:

(1)认识障碍。心理学认为,对问题的本质缺乏清晰的认识,是使人遇事拿不定主意并产生心理冲突的原因。只要留心观察,就不难发现优柔寡断多发生在青年人身上,这是因为青年人涉世不深,对一些事物缺乏必要的知识和经验的缘故。

(2)情绪刺激。俗话说:"一朝被蛇咬,十年怕井绳"。一旦遇到类似的情境,便产生消极的条件反射,踟蹰不前。

(3)性格特征。一般来说,优柔寡断者大都具有如下性格特征:缺乏自信、感情脆弱、易受暗示、在集体中随大流、过分小心谨慎等等。

(4)缺乏训练。这种人从小在倍受溺爱的家庭中长大,过着"衣来伸手,饭来张口"的现成生活,父母、兄弟姐妹是其拐杖。这种人一旦独自走上社会,遇事易出现优柔寡断的现象。

另一种情况是家庭从小管束太严,这种教育方式教出来的人只能循规蹈矩,不敢越雷池一步。一旦情况发生变化,他们就担心不合要求,在动机上左右徘徊,拿不定主意。

怎样克服这种遇事拿不定注意、优柔寡断的毛病呢?

(1)自强自立。培养自信、自主、自强、自立的勇气和信心,培养自己性格中意志独立性的良好品质。

(2)决定取舍。不要追求尽善尽美。"金无足赤,人无完人",只要不违背大原则,就可以决定取舍。

(3)有胆有识。心理学认为,人的决策水平与其所具有的知识经验有很大的相关。一个人的知识经验越丰富,其决策水平就越高;反之则越低。这也就是俗话所说的"有胆有识,有识有胆"。

(4)主动思维。"凡事予则立,不予则废"。平时经常开动脑筋,勤学多思,是关键时刻有主见的前提和基础。

(5)遇事冷静。排除外界干扰和暗示,稳定情绪,由此及彼、由表及里地仔细分析,亦有助于培养果断的意志。

只要是自己认为对的事情,不可优柔寡断,必须马上付诸行动。

华裔电脑名人王安博士称,影响他一生的最大教训发在他6岁时。

有一天,王安外出玩耍。路经一棵大树的时候,突然有什么东西掉在他的头上,伸手一抓,原来是个鸟巢,从里面滚出了一只嗷嗷待哺的小麻雀。他很喜欢它,决定把它带回去喂养,于是连同鸟巢一起带回了家。他走到门口,忽然想起妈妈不允许他在家养小动物。他只好轻轻地把小麻雀放在门后,急忙走进屋内,请求妈妈的允许。

在他的哀求下,妈妈破例答应了儿子的请求。王安兴奋地跑到门后,不料,小麻雀已经不见了。一只黑猫正在意犹未尽地擦拭着嘴巴。王安为此伤心了好久。

从这件事,王安得到了一个很大的教训:只要是自己认为对的事情,不可优柔寡断,必须马上付诸行动。不能做决定的人,固然没有做错事的机会,但也失去了成功的机遇。

其实,凡世间众人皆有犹豫,但并非所有情况都会在同时发生,它甚至根本就不会发生,因为犹豫是来自自己的想象,只要有坚强的意志力便能将之克服。若能了解这些,接下来的就只有如何去克服问题。如果你能再达成下列几种心理建设,则剩下来的问题也将烟消云散。

每当面临一个新的机会,在斟酌得失之间,犹豫便会在你的内心里悄然出现,阻挠你致胜的决心。这虽然是每个人都有的心理变化,但若不趁早加以克服,便将慢慢累积扩大,当它爬满你的心,且进而侵蚀到你的骨髓时,就难以救治。如果你正保持着维持现状的观念,即应早日医治,阻止病菌继续蔓延,将残留在体内的病源完全根除,以免到头来后悔不已!

至于消除犹豫的方法,只有从正面迎击,别无他法。因为犹豫一旦被姑息,便会常留在你的身边,把机会从你身旁逼走。因此,为能获得机会,就必须先消除犹豫。完成这个步骤,接下来忙不完的工作会迎面而来,多得使你不得不从中选择机会,会让你没有时间去考虑害怕的问题。

请牢记,对自己绝不可放纵,你应正视自己的问题,从正面去尝试解决。譬如你害怕在大庭广众前发表意见,就应在大庭广众前与人交谈;如果你为了加薪问题想找上司谈判,但因心生胆怯,事情一拖再拖,一直无法获得解决。建议你不妨一鼓作气走到上司面前,开门见山地要求加薪,相信结果一定比你想象的还好。

优柔寡断不仅浪费做事的机会,还有可能让你与成功擦肩而过。如果你现在心里有尚未完成而需要完成的事,切勿迟疑,赶快开始行动吧。

卷十二

获取成功的精神因素

原著[美]克莱门特·斯通

关于作者:克莱门特·斯通是美国联合保险公司的创建者和主席,他从一百美元开始建立他的事业并将其发展成为全美数一数二的大公司。他身上那种激励人们积极向上的精神在他的著作有着深刻的体现,通过阅读他的书,我们可以有效学习获取成功和幸福的珍贵知识。

高贵的心灵

如果去到一个漆黑的房间里面,你点燃一支蜡烛,那么房间瞬间就会有了光明。如果你再放进十支、百支、千支蜡烛,房间就会变得越来越亮,但起关键作用的是第一支蜡烛。这个世界上最伟大的发现就是人们可以通过改变自己的态度,从而改变人生,这也是我们这一生中最主要的工作之一。而这项巨大工作的第一步,就是我们必须先拥有一颗高贵的心灵。克莱门特·斯通认为,高贵的心灵不是每个人都拥有的,但是是每个人都可以拥有的,只要我们想拥有。

高贵的心灵,不仅是美的,更是能温暖人心、创造奇迹、收获幸福的源泉。一粒小小的种子,它既然能长成大树,它里面一定有某种不可感知的本质。你种下的是杂草的种子,收获的是杂草;而你种下的是一棵大树的种子,只要有合适的阳光、水分、空气,它一定能长成大树,所以一粒种子有着决定一切的本质,实际上人生也是这样。你在心灵里种下什么样的种子,就会收获什么样的人生。而播种下高贵的心灵,注定会收获成功。

来看几则故事:

故事一:有一位贫困的妇女知道了哥尔德史密斯博士伟大人格的事迹,并且知道他研究过生理学。于是,她给哥尔德史密斯博士写了一封信,她希望博士能帮助自己的丈夫,她的丈夫早已失去了食欲,而且非常忧郁。哥尔德史密特博士答应帮助她,在和这个病人作了一次长谈后,他发现,疾病和贫穷包围着这对夫妇。于是,他就告诉这对夫妇,他们将在很短时间内听到他的回复,那时他会将他认为最有效的药品寄给他们。哥尔德史密博士马上赶回了家,将几枚金币投进了一个木盒子里，并且贴上一个标签，上面写着："必要时使用。要有耐心，要有好心情。"

故事二：在美国南北战争的弗雷德里克堡战役中，很多的北方联邦军伤兵在战火纷飞的战场上躺了一天一夜。伤员那痛苦的呻吟声此起彼伏——"水，水，水……"但他们身边只有枪炮的轰鸣。最终，一个南方的士兵实在无法忍受伤兵们的哀吟，请求长官让他出去送水给这些伤员。长官对他说，如果现在出现在战场上，那将必定被炮弹击中。但对那名士兵来说，痛苦的伤员们的哀号已经占住了他的心灵，于是他冲了出去，背负着供水这项神圣的使命，在遍地的伤员与濒死之间来回奔跑。双方军队的视线都被这个勇敢的战士所牵引。枪声依旧接连不断，他抱起一个个伤兵，慢慢地把他们的头抬起来，并将那清凉的水滴进他们干裂的嘴唇里。这名士兵的行为震撼住了南方军队的士兵：为了敌人的生命，他竟然奋不顾身，他们怀着崇敬的心情暂时停止了进攻。随后，整个北方联邦军也停火了，这是近一个半小时的停战。在这段特殊的时间里，这个身着灰色军服的士兵不停地在整个战场上忙碌着，送水给那些口渴的、身体僵直、痉挛着的、双腿伤痕累累的士兵们，他将帆布包垫在伤兵的脑袋下，并在他们身上盖了大衣与毯子，就像盖在他自己的兄弟身上那样，十分地温柔。

故事三：戈登将军有无数的奖章，他一点儿都不在乎它们。但是，他却非常喜欢一块金色的奖章，这是一位外国皇后送给他的，上面刻着一句特殊的题词。然而，这块奖章突然消失了。没有人知道是怎么回事。很多年后，有一次偶然的机会，人们发现了它。原来是戈登将军抹掉了奖章上的题献，卖得了 10 英镑，并将这些钱匿名寄送给了一个难民收容所。这个难民救护所是专门帮助那些在曼彻斯特的饥荒中受损的农民走出困境的。

故事四：一个西班牙的摩尔人正在花园里散步，突然一个西班牙骑士闯了出来。这个骑士跪在他的面前，哀求他的帮助，他说他被一些人追赶，因为他刚刚误杀了一个摩尔人。于是，这个摩尔人就答应他，可以让他躲避在花园里的一间屋中至午夜时分。到了午夜时分，这个摩尔人打开了小屋的门，冷静地对他说："我惟一的儿子就是你白天所杀的那个人，但我已经承诺过，不会出卖你的。"然后，他将这个杀人凶手抱上一匹马，说："快趁着黑暗的掩护逃离这里吧！上帝是公正的，我没有违背我的诺言，我已听从了上帝的安排。"

上面这些故事所讲的看似都是一些最平常最普通的事情，然而它们的主人公们都有一个共同的地方——一颗伟大而高贵的心。克莱门特·斯通说："最仁慈的心灵是人生最好的调剂品，它对坚硬而言是柔和，对难以克制而言是容忍，对冷酷的心灵而言是温暖，对厌世而言则是乐趣。"

像行驶在滚滚江河里的航船无法躲避浊流和漩涡一样，我们的心灵在现实的生活里也无法躲避庸俗的缠绕；曾经有多少燃烧着渴望卓越之火的灵魂，却在人生的岁月里被庸俗的浪花溅湿了理想的柴薪，窒息了进取的烈焰。然而，那些无论在任何境况下都不愿失去自己高贵心灵的追求者，却乘着永不沉没的生命方舟扬帆前进，任凭那庸俗的浊流在舟底暴涨翻卷，也只能将带那些沙尘埃土、腐枝败叶吞没。

高贵的心灵也许并不鄙视庸俗，就像雍容典雅的兰花不会鄙视善于献媚邀宠的月季，但高贵的心灵绝不会在庸俗的泥淖中沉沦。

高贵的心灵也许会在岁月里与庸俗乘坐同一班列车，就像美丽的天鹅与丑陋的野鸭，在迁徙的途中会在同一个湖泊里歇息，但细细地倾听那湖面上晚风送来的阵阵夜歌里，恐怕没有一个人会把天鹅动听的声音当成嘶哑的鸭鸣。

高贵的心灵也许会与庸俗穿着同样色彩和款式的衣服，就像同一条藤上开放的争奇斗艳的花朵。但庸俗却如那随风飘落后陷于虚空的谎话，而高贵的心灵却是硕果累累。

高贵的心灵也许会常常被庸俗所嘲笑，就像不修边幅的大学者常常会受到披金戴银、衣冠楚楚者的鄙视一样。但高贵的心灵不会去作任何寻求廉价赞美的努力，而是在庸俗的嘲笑里保持着自己的清醒和独立。

高贵的心灵之所以高贵，正是因为它虽被庸俗所包围或缠绕，但却不会被庸俗所污染。

高贵的心灵是永不沉没的人性的方舟,任凭庸俗的流水泛滥横溢,它永远都将保持住自己的高度。

拥有一颗高贵的心灵,是成功者共有的一大特点;拥有一颗高贵的心灵,是向往成功的人必须先要完成的任务。

良好的性格

良好的性格是我们本身所具有的财富,它让我们在错综复杂的人际关系网中游刃有余;良好的性格是我们内在散发的魅力,它让我们在坎坷的成功路上战无不胜。

公元前5世纪初,雅典西南的洛里安姆银矿场开采出一条价值连城的优质银矿脉,而且,在极短的时间之内,这个新矿层就产出了好几吨纯银。

正因为有了这个在洛里安姆矿场意外发现的"世界宝藏金银之泉",雅典才一跃成为地中海东部的海上霸主和希腊世界的领袖。不久,雅典还成为古典时期知识荟萃、艺术生辉的中心。一个宝藏的开掘,改变了雅典的历史,铸就了西方文明的辉煌。

发现一个矿藏,可以改变一个国家的命运;挖掘出良好的性格,可以改变一个人的一生。自然界有宝藏发掘的奇迹,人本身也有内在的宝藏——良好的性格。

奥里森·马登认为,人们通过改变自己的性格,从而改变自己的命运。这个改变关系到每个人的成长与快乐。人人都可以获得幸福和快乐,人人都可以走向成功,获得的途径就是从改变自己的性格开始。我们每个人的命运都不是天注定的,性格也不是天生的。良好的性格是后天经过不断的锤炼与打磨形成的。自然状态下的铁矿石几乎毫无用处,但是,如果把它放入熔炉铸造,然后进一步提纯,再进行锤炼和高温冶炼,放入一个流筒模型之中,它就可以制成优良的器具。性格也一样,只有不停地打磨,克服不良的性格,实现性格优化的转变,才能发挥它的作用,才能帮助自己获得成功。

也许有人因为自己文凭太低而消沉,哀叹生不逢时。但每个人都有一个大脑,只要意志不倒,我们就会成功。成功意味着赢得尊敬,成功意味着胜利,成功意味着最大限度地实现自我价值。但成功不是某些人的专利,只要你有强烈的成功意识,只要你态度积极、坚忍不拔,只要你信心十足、有崇高而坚定的信念,只要你能够发挥你的性格优势,即使你是一个小人物,你也能成功。成功并不偏爱某一特殊人群,成功对任何人都是平等的。

约翰·梅杰被称为英国的"平民首相"。这位笔锋犀利的政治家是白手起家的一个典型。他是一位杂技师的儿子,16岁时就离开了学校。他曾因算术不及格未能当上公共汽车售票员,饱尝了失业之苦。但这并没有压垮年轻的梅杰,这位能力非凡、具有坚强信心的小伙子终于靠自己的努力摆脱了困境。经过外交大臣、财政大臣等八个政府职务的锻炼,他终于当上了首相,登上了英国的权力之巅。有趣的是,他也是英国唯一领取过失业救济金的首相。

类似的例子比比皆是。比尔·盖茨不愿继续读完他的大学,他要干自己感兴趣的事,他成功了,他成了世界的首富。高尔基说得好,社会是一所大学。当我们融入社会,当我们积极思考这个社会,当我们为自己在这个社会找到座标后,我们就有成功的可能。

有句俗话说得很好,三百六十行,行行出状元,成功的道路千万条,就看自己选择哪条。每个人都是一座金矿,每个人都有无比巨大的潜能,而挖掘者就是自己。人生的命运就掌握在自己的手中,人生成功与否由自己决定。如果明白了这个道理,我们就不会因为自己是一个穷人,是一个下层人物而怨天尤人、牢骚满腹或愤愤不平,就不会受自卑困扰、懒于行动而坐以待毙。下定决心,奋斗、拼搏、勇往直前,成功就属于自己。

当然，每个人性格中其实都有优点和缺点。如果整天抓着自己的缺点不放，那么你将会越来越弱。我们应该学会强调自己的优势，这样，你就将越来越自信和成功。

很多人把自己性格上的弱点当成自己不能成功的借口，拒绝跳出自己编制的网，也就永远走不出失败的沼泽。要知道，我们每个人都能成功，都能快乐和幸福。但是我们必须学会突出自己的优势，学会将普遍意义上的缺点变成优点，加上自己的努力和智慧，成功就在眼前。

总之，好性格是成功的前提，从自己的性格中发现人生的大财富是我们每个人必须具备的能力。

正确的思考方式

在克莱门特·斯通看来，获取成功是以正确的思考方式为其必然基础的。所以，你要想走向你的成功，你就必须培养并具备正确的思考方式。

埃玛·盖茨博士能够把这个世界变成更理想的生活空间，全靠创造性的思考。

盖茨博士是美国的大教育家、哲学家、心理学家、科学家和发明家，他一生中在各种艺术和科学上有许多发明和许多发现。

盖茨博士的个人生活证实，他锻炼脑力和体力的方法可以培养健康的身体并促进心智的灵活。

克莱门特·斯通曾带着介绍信前往盖茨博士的实验室去见他。

当克莱门特·斯通到达时，盖茨博士的秘书告诉他说："很抱歉……这个时候我不能打扰盖茨博士。"

克莱门特·斯通问:"要过多久才能见到他呢?"

秘书回答:"我不知道,恐怕要3小时。"

克莱门特·斯通继续问:"请你告诉我为什么不能打扰他,好吗?"

秘书迟疑了一下然后说:"他正在静坐冥想。"

克莱门特·斯通忍不住笑了:"那是怎么回事呢——静坐冥想?"

秘书笑了一下说:"最好还是请盖茨博士自己来解释吧!我真的不知道要多久,如果你愿意等,我们很欢迎;如果你想以后再来,我可以留意,看看能不能帮你约一个时间。"

克莱门特·斯通决定等待。

这个决定真值得。下面便是他讲到的经过情形:

"当盖茨博士终于走进房间里时,他的秘书给我们作了介绍。我开玩笑地把他秘书说的话告诉他。在看过介绍信以后,他高兴地说:'你不想看看我静坐冥想的地方,并且了解我怎么做吗?'

"于是他领我到了一个隔音的房间去。这个房间里惟一的家具是一张简朴的桌子和一把椅子,桌子上放着几本白纸簿、几支铅笔以及一个可以开关电灯的按钮。

"在我们谈话中,盖茨博士说每当他遇到困难而百思不解时,就走到这个房间来,关上房门坐下,熄灭灯光,让全副心思进入深沉的集中状态。他就这样运用'集中注意力'的方法,要求自己的潜意识给他一个解答,不论什么都可以。"

盖茨博士说,有时候,灵感似乎迟迟不来;有时候似乎一下子就涌进他的脑海;更有些时候,至少得花上两小时那么长的时间才出现。等到念头开始澄明清晰起来,他立即开灯把它记下。"

埃玛·盖茨博士曾经把别的发明家努力钻研却没有成功的发明重新研究,使它尽善尽美,因而获得了200多种专利权。他的成功秘诀就在于能够加上那些欠缺的部分——另外的一点东西。

盖茨博士特别安排时间来集中心神思索,寻找另外一点。对于这个"另外一点",他很清楚自己要什么,并立即采取行动。因而他获得了成功。

由此看来,正确的思考方法具有巨大的威力。

正确的思想方法需要两个方面的基础,即:

第一,必须把事实和纯粹的资料分开;

第二,必须把事实分成两种,重要的和不重要的,或是,有关系的和没有关系的。

合作精神

克莱门特·斯通认为,在他生活的时代,人们已经很难像詹姆斯·爱伦一样,悠然移居海边,日出时漫步海边,日落后归家写作,靠着皇室的稿费,度过自己的余生。这种景象对现代人来讲更加的近乎于一种幻想。我们每天都得奔波于尘世,都得与各种各样的人去交往。与他人保持良好的合作,是我们必须面对的事情。下面这些方法一定对你大有帮助:

别将你的想法强加于他人

想赢得他人的合作,就要征询他的愿望、需要和想法,让他觉得他是出于自愿。没有人喜欢被强迫购买或遵照命令行事。许多人为使别人同意自己的观点,滔滔不绝,说个没完,好像非如此不可。这未免有点太心急。心急并不能把事情做好,也许会适得其反。尤其是推销员,常犯这种错误。每个人都重视自己,喜欢谈论自己,他们可不愿听一个唠唠叨叨的人自吹自擂。寻求合作时,最好先让对方说。即使你不同意他的意见,也不要打断他的话。因为那样做会造成对方的抵触情绪。因此,你要耐心听着,抱着一种宽容的心态,运用你在前面章节所学的"倾听原则",让对方充分说出他的看法。一位法国哲人说:"如果我想树立敌人,只要处处压过他,霸占他就行了。但是,如果你想赢得朋友,就必须让朋友超过你。"每个人都有相同的需求:都希望别人重视自己,关心自己。给他人一种优越感,你们的合作就会很顺利地进行下去。那么,怎样才能做到"让他人觉得想法是自己的"呢?

(1)尊重合作对象,让他尽可能多说,你少说。尊重是一剂解药,它可以解开彼此的冷漠与隔阂。

(2)诱惑他们表达自己的想法与看法。对此,你不妨采用"投其所好"的方法。投其所好并不难。只要你巧妙地利用心理暗示,表明是不经意和他人的兴趣相一致就行了。"投其所好"的目的是为了达成共识,然后自然过渡到合作的事情上,依然要遵循"让他人先说"的原则。

1. 不要主动挑起话题。比如对一个喜欢写诗的人,你却大谈特谈如何写诗。这也许会令他大为反感。因为他在这方面是专家,你所说的在他看来,也许是班门弄斧。

2. 做到无意中流露出兴趣,让他人尽兴地谈,一定要自然。

3. 通过多种方式,了解他人的兴趣与爱好。自己也得在这个爱好上有所准备。

以他人的观点看问题

要与他人很好地相处与合作,不妨寻求以他人的观点看问题,以达到同步。莱门特·斯通认为这"能创造生活中的奇迹,使你得到友谊,减少摩擦与困难。"以他人的观点看问题所达成的同步确实具有实质性的效果。那么,如何才能达成同步呢?

(1)学会做到同步呼吸。曾经师从荣格,研究心理分析学的嘉尔曼认为:"呼吸的同步具有诱导性,它可以诱导沟通者和自己的心灵产生感应,从而使双方步调一致,彼此配合。"这就是说,共同的呼吸是达成同步的方法之一。那么如何才能做到同步呼吸呢?

要选择合理的位置。与你的合作者最好坐成90度的夹角。这个角度能够感应到呼吸,且能看到对方一起一伏的胸膛。面对面及坐成一排(180度)的效果均不如坐90度的效果明显。当然,还可根据环境的不同,视情势而定。

1. 观察彼此呼吸的节奏。男人一般用腹部呼吸,女人是用胸部呼吸。

2. 同步。对方呼气,你也呼气;对方吸气,你也吸气,并注意掌握呼吸的轻重缓急。

3. 说话时呼气比较多,听他人说话时,就得呼气。相反,对方沉默时,也要求同步。

4. 自己开口说话时,言词应尽可能配合对方的呼气。吸气则可以稍加忽略。

研究表明,同步呼吸法最适用于合作的双方感情和情绪变化激烈之时。另外,在会议等场合一定要运用得当,否则会闹出笑话。

(2)做到视觉同步。"说话时要看着对方的眼睛。"这已成为现代交际学的一句名言。事实也正是如此。注视对手的眼睛,最起码可以暗示对方:"嗨,听着呐!我们的合作是真诚的,有什么话或想法就全抖出来吧!"

1. 他人转移视线时,你也转移;他人眨眼睛时,你也眨眼睛。当然,做这些动作时,不要过分专注,要显得自然,尽量让对方相信你只是朝他的眼睛说话。

由跟踪对方视线,随着对方视线的调整而调整自己视线的方向。

2. 初次见面时,不要死盯着对方不放,那会使对方不自在、尴尬,结果将适得其反。

做到身体语言的同步

身体语言是一个人性格的外部表现。你只要注意到他人的身体语言,并予以配合,就能获得很好的沟通效果。况且,身体语言的同步是相互影响的。例如,你和一个跷着二郎腿的朋友谈得很投机,过了一阵子,你也许会同样地跷起腿。要是这个朋友放下腿来,身体往前倾,过不了几分钟,你也许会做同样的动作。路上遇见一位朋友,他跟你打手势问好,你肯定会不由自主地也打手势给予回报。

因此,用你的肢体语言去响应他人的肢体语言,你会发现,不知不觉间,你们已建立起很好的合作基础。

语速与音量的同步

不要有语速与音量的优越感。合作时的沟通可不是为了辩论赛争拿冠军,你要与他人同步。心理学研究表明:相同的语速与音量可以打消沟通中的紧张感与戒备心态。对一个细声慢语的人,就不能采用高速而大声的交谈方式;相反,面对一个快言快语的人,又不能采用缓慢而凝重的方式。

正确的作法是——对方说话大声时,你也大声;对方快言快语时,你也加快语速。他人说话时,你并不一定要回话,更多的时候你应该倾听,这就需要你配合对方的说话速度。当他谈吐缓慢时,你要缓慢地点头;当他说话快速时,你要迅速地点头或反应。

要做到这一点,就要求你平日多练习自己的观察力——察言观色。只有具备敏锐和善感的观察力,才能够和他人的速度随时配合。

心理活动的同步

这才是从他人的观点看问题的关键。当然,心理活动往往是通过呼吸的急促、语气、眼睛、肢体语言等表现出来的。当你了解了他人的内心活动,做到以下四个方面的同步后,再适当地投其所好,给他人以必要的满足感(包括被尊重、被赞扬、虚荣心的满足等),就能做到很有效果的合作。

关于这一点,你最好牢记哈佛商业学院的唐哈姆院长说的一段话:"会见某人之前,我宁愿在他办公室前面的人行道上多走2个小时,而不贸然走进他的办公室。因为脑海中没有清晰的概念,不知道该说些什么,也不知道他——根据我对他的兴趣及动机的认识判断——大概会怎么回答。"

保持专注之心

专注——成功的神奇之钥。在把这把钥匙交给你之前,先让我们看看它有哪些用处:

它将会打开通往财富之门。

它将会打开通往荣誉之门。

它将会打开通往健康之门。

在很多情况下,它还将会打开通往教育之门,让你进入所有潜在能力的储藏之所。

于是,在这把神奇之钥的帮助下,我们就会一一打开通往世界所有各种伟大发明的秘密宝库之门了。

每一位获得巨大成功的人,如卡耐基、洛克菲勒、哈里曼、摩根等人都是在使用了这把钥匙,拥有了一种神奇的力量之后,变成大富翁的。

除了这些,它还会打开监狱之门,把人类的渣滓变成有用的、有责任感的人。

是的,就是这么神奇,就是这么有效,只要你拥有了这把"神奇之钥"——专注或者叫做专心。

现在,我们来看应该如何学会专注:

一、切勿分散力量

《成功杂志》庆祝创刊100周年时,编辑们曾经摘录了一些早期杂志中的优秀文章。在这些优秀文章中,令人印象最深的是西奥多·瑞瑟写的一篇摘录文章。

以下是他和爱迪生访谈的部分内容:

瑞瑟："成功的第一要素是什么？"

爱迪生："每个人整天都在做事。假如你早上7点起床，晚上11点睡觉，你做事就做了整整16个小时。其中大多数人肯定一直在做一些事。不同的是，他们做很多很多事，而我却只做一件事。假如你们将这些时间运用在一件事情、一个方向上，那就更有可能取得成功。"

二、把握现在

包括我们在内的大多数人不是略微超前，就是略微落后，可又有谁能准确无误地把握现在呢？假如他们正在与人交谈，他们可能同时回想自己刚才说的话、别人说过的话、甚至一些无关的事情。

我们不妨去从表演艺术中学习宝贵的经验。在表演艺术中，最好的演员最能融入现在。他们即使把台词背得滚瓜烂熟，也会对接下来的台词有着全新的感觉。我们缺乏的就是这一点。

我们也必须融入现在。融入现在需要集中注意力，必须做到两个方面：一是目标，要注意正在发生的事；二是密集度，由于集中所有的力量在一件事情上，也就产生了密集度。

克莱门特·斯通曾经问有名的马戏表演者冈瑟·格贝尔·威廉斯，对继承他事业即将成为驯兽师的儿子有何建议时，他回答："我告诉他要在场。"这位世界知名的驯兽师进一步解释："当他在马戏场中与狮子、老虎、豹在一起时，他可不能心在不焉，他的心一定要在马戏场上，否则就有性命危险。"当然，不光在马戏场上，心不在焉对任何事情都有可能造成灾难。

租车专家迪克·比格斯现在可以对那次丢脸的分心经验一笑了之，可是在当时一点也不好笑。当年可口可乐公司为亚特兰大第二届10公里长跑赛提供了巨额赞助。面对着申请表格、各种媒介、T恤和比赛号码上等处处所见的可口可乐商标，担任大会名誉总裁的迪克·比格斯却在台上说：

"我们感谢赞助商百事可乐。"这可惹恼了站在他身后的可口可乐的代表，

"是可口可乐，白痴！"随之，上千名的参赛者也一起起哄，弄得比格斯顿时下不了台。他后来追悔地说："我也知道是可口可乐，可是怪我当时失神，从要命的那一天起，我明白了专注比事实更重要。"

三、激发满溢状态的潜能

所谓满溢状态，行为是发生在精神高度集中之时，由于心智状态过于专注而忽略其他无关的事物的存在。

作为专精于研究满溢状态行为的专家米哈利曾经利用类似竞赛的挑战状态，成功地激发出满溢状态行为。通过试验证明满溢状态最有可能发生在个人处于与任务的难度的约略相当的情况下。一般有两个方面：如果任务很难，人会感觉焦躁不安；如果任务太简单，人反而觉得更无聊。

由于身在满溢状态下的人会丧失对时间的感觉，而且在满溢状态下，人会完成通常所无法完成的高难度工作，所以满溢状态行为被列入时间管理技巧。在《利用右脑》一书中，贝蒂·爱德华描述了可以造成满溢状态或类似的经验技巧，她的方法是根据左脑的机制：语言、分析、符号、理智、数字、逻辑与线型；而右脑的机制则由非语言、组合、非理智、直觉与道德的观念而来。爱德华对这种经验有着精妙的描述："那是一种从未有过的经验。当我工作得很顺利的时候，我感到自己的工作就如同画家与手中的作品合二为一，我兴奋极了，但极力克制着。那种感觉并不完全是快乐，倒更像是幸福。"

四、狂热与沉迷

这种技巧像其他技巧一样未必适合于每个人，有的人很有成就但对沉迷并不那么感兴趣。无论怎么讲，沉迷于事业、工作的人，可以做比平常人更多的事情，并且通常很有效率。《烟草路》与《上帝的乐园》的作者厄斯金·卡德韦尔，由于总是以事业为重，奉工作为上，导致三次婚姻破裂，而且连亲密的朋友也没有。他感慨地说，在过去的岁月里，除了事业外，他竟毫无其他的乐趣。

作家艾萨克·爱斯莫夫为了不影响自己的写作,竟放弃了度假。他认为,最难做的事是,有人打断他写作时,而他还得强颜欢笑。亨利·福特也有同感。"我有的是时间,因为我从来不离开工作岗位;我不认为人可以离开工作,他应该朝思暮想,连做梦也是工作。"这些话让我们听来,简单有点儿不可思议。

有人会认为这些人不该把精力和时间浪费在这些事物上,可他们并不这么认为。因为在他们眼中,那是乐趣而不是牺牲。李·特里维特说得好:"我就是爱这种比赛。"我们没有必要为这些沉迷的人感到难过,虽然其中原因很多,有些是来自无知、天真或沮丧,甚至有的是来自罪恶感。无论怎么说,我们应为他们那种沉迷的态度而叹服,我们也该沉迷于自己所做的事,丰富我们所接触的每一件事。

卷十三

通 往 成 功 之 路

原著[英]詹姆斯·艾伦

关于作者:詹姆斯·艾伦被称为20世纪的"文学神秘人",他于1864年生于英格兰。艾伦一生过着一种平衡、索居但始终在思索的朴素生活。48岁时,艾伦突然离开了人世。在他身后,世界文坛才通过他的作品,认识到他的天赋才智。而这恰好也是这位英国隐士所梦想的方式——死后与这世界分享其精神智慧和生活灵感。艾伦代表作有《通往成功之路》、《思考的人》、《做命运的主人》等。

从失败的经历中汲取教训

生活就好比是爬山。如果你想从山脚下找到通往山顶的捷径,那么你很快就会气馁并且放弃。但是,如果你心理上、身体上都作好了准备,那你一定能爬上山顶。如果你不小心绊倒了,摔倒了,你会拍拍身上的土,重新站起来,然后超越它。你会坚持到你登上顶峰为止。之后,你会寻找更高的山峰去攀登。

肯尼思·麦克法兰德博士,世界上最伟大的演讲家之一,他曾经把生活比做是一段汽车旅程。他说,如果你总是想着长途旅行遇到的困难,如果你老是想着马路上那些速度飞快的汽车——紧跟在你汽车的轮子后面——那么你将永远也不会有勇气出门。但是,你的生活不是这样过的。你每次只行驶一公里,每次行驶一小时或者一天。你也应该用相同的方法去应对失败。每次只需要克服一个困难,然后吸取其中的教训,以后就不会再犯同样的错误了。

如果你一时间找不出失败的原因,老是在同一个地方跌倒,那么,导致这些失败的原因可能有三个:

1. 物质的损失,比如说财产、地位或固定资产。

2. 个人的损失,比如好友或家庭成员去世,某种关系的终结。

3. 精神的损失,这时的失败是源于自身的,你很快就会发现其实我们完全可以克服这些因素或者从中吸取教训。

毫无疑问,你一定听说过有的人被原来的公司解雇了以后,在别的公司取得了辉煌的成功或者创建了自己的事业。物质上的失败会使我们重新评估自己的财产,决定到底什么对自己更加重要,为自己设定新的目标,而且让自己不再被导致我们失败过的事情所困扰。

跟其他人之间的关系紧张或者破裂,无论对方是我们的生意伙伴还是配偶,都会让我们重新检查自己的行为,进而改变与他人相处的惯用方式。即便是深爱的人去世了,我们也可以通过帮助其他人的方式来延续对他的爱。我们通过这些方式不断地完善自己。

精神上的损失,比如我们沮丧的时候,失去宗教信仰的时候,我们会倾向于自省,会去寻找灵魂最深处的安慰。在你寻找安慰的过程中,你会发现一种内部力量和心灵平静,而如果你没有经历过失败的话,你是永远也体会不到这种力量和平静的。

成功与失败之间的界限非常的清晰,所以我们经常忽略了导致失败的原因。原因其实很简单,就是态度问题——你如何面对突如其来的困难,或者你自己引起的问题。

乡村音乐的传奇人物默尔·哈格德对他生命中的转折点还记忆犹新。他年轻的时候一直麻烦不断,直到他进了圣·昆廷监狱。

"我必须说明,昆廷跟我以前听说过的监狱不太一样,"他在自传中写道,"昆廷给了我选择的机会。你或者可以找一份工作,努力工作,达到一个良好的记录,或者你可以成天在监狱里的院子里躺着。我选择了在院子里躺着。我们简直就是数着日子生活。我其实两样都做了。"

18个月后,监狱有一次假释的机会,但是因为他缺乏进取心,所以假释陪审团并没有给他机会。他的第一次假释申请就遭到了拒绝,这让所有人都感到吃惊。

哈格德依然没有改变,他没有做任何改变现状的事情。他跟监狱里的一个同伴做起了"自己的小买卖,一家以啤酒为赌注的赌博公司。这种冒险的行为后来把我送去关了禁闭"。

"有的时候我们就是差一样东西来改变整个局面。我不知道是不是因为一个监狱同伴的极刑,还是那七天的禁闭,还是因为一个逃狱者的死亡,还是这些东西加在一起,奇迹出现了。"

"无论是什么原因,反正我从禁闭室出来的时候,我决定要为自己做点儿积极的事情。"

哈格德又一次提出了假释的申请。虽然他刚从禁闭室里放出来不久，但是他还是坚持向陪审团阐述他的目标——他要成为一名乡村音乐歌手。而今，在这一领域还没有哪个歌手的知名度能超过哈格德。

成功就是一连串的奋斗与冲刺

成功就是一连串的奋斗与冲刺，詹姆斯·艾伦对此体会颇深，他还特意在著作中讲了一个自己朋友的故事。

"我有一位非常要好的朋友，他现在是个非常有名的管理顾问，当你走进他的办公室时，你马上就会有一种高不可攀的感觉。

"办公室内摆设豪华，地毯考究，那忙碌的人们以及知名的顾客会告诉你，他的公司的确成就非凡。但是他的创业却充满了辛酸血泪。

"我的朋友经历了7年的苦苦挣扎，在这7年中，他经历了无数次的挫折与失败，可我从来没有听他说过一句沮丧和抱怨的话。他总是说：'这是一项无形的、很难捉摸的生意，竞争异常激烈，而且我还在学习，但无论怎样，我还要继续学习下去。'

"最后他成功了，而且事业做得轰轰烈烈。

"我有时候问他：'经历那么多的失败和挫折你难道不觉得疲惫吗？'他一脸笑容：'没有啊！我只把它们当成受用无穷的经验。'"

另外，你如果看看世界名人的生平经历，就同样会发现，那些名垂千秋的伟人，都曾经历过一连串无情的打击，只因为他们能够坚持到底才获得最后的胜利。

老师们的经验告诉他们，从一个学生对于成绩不及格的态度能够推测出他将来的成就。艾伦在大学授课期间，曾把一个毕业班的学生的成绩打了一个不及格。

这意味着这个学生当年拿不到学位,他面前只有两条路,第一是重修,第二是不要学位,一走了之。

可以预见,一个毕业生有可能因一科不及格而拖到下学年毕业,这是令人有点难以接受的。那个学生来找艾伦了,"教授,您能否通融一下?我以前一向不错的。"

艾伦说:"这个成绩是多次评估的结果,并且学籍法禁止教授以任何理由更改已经送交教务处的成绩单。"

当他知道真的不能改后,他生气了。"教授!"他的语调很强硬,"我可以随便举50个没有修过这门课依然很成功的人,这科有什么了不起?为什么因为这一科让我当年拿不到学位?"

艾伦没有生气:"你说得很对,是有许多成功人从来没修过这门课,甚至对这门课的知识一字不知,而你也可能不用这科知识就能成功,可是你对这门课的态度却对你大有影响。"

"为什么?"

"我想给你提一个建议,我也知道你相当失望。但是请你用积极的心态来面对这件事吧!如果你不培养自己积极的心态,你以后肯定做不成任何事,一定要牢记这个教训15年后,你就会知道,这件事对你的益处。"

那个学生真的去重修了。过了不久,他真的向艾伦来致谢了。他说:"这次不及格真的让我受益匪浅;我现在甚至有点感激那次不及格了。"

人人都可化失败为胜利,只要从挫折中吸取经验教训,好好利用就可以泰然处之了。

艾伦劝告我们说:"千万不要把失败的责任推给你的命运。要仔细研究失败的实例。如果你失败了,那就继续努力学习吧!不要一味地诅咒命运,如果那样,你将永远得不到想要的东西。"

藐视一切的困难

詹姆斯·艾伦认为,这个世界不属于优柔寡断、胆小怕事的人。在他看来,一个人想要取得成功就必须克服前进道路上的重重障碍,藐视一切困难,排除万难,最终实现自己的目标。然而,詹姆斯·艾伦也指出,并不是所有的人都能够意识到如何正确面对前进道路上的障碍。在选择了某条前进的道路之后,他们想象着前面有数不清的障碍,就像绵绵不绝的山峰一样挡在面前。无论做什么事情,一旦制定好了计划之后,他们就开始找寻困难,等待它们的到来。当然,困难是不会让他们失望的。这些人似乎戴着一幅"障碍眼镜",他们看到的是,除了困难之外什么也没有。他们总是说,"如果"、"可是"或者"不可能"之类的字眼。事实上,这些字眼已经足够让他们望而却步,或者足以使他们泄气了。

"困难的大小,往往不在于困难本身,而在于人。如果你是强大的,困难就显得很渺小;如果你很渺小,困难看起来就很强大。"这是詹姆斯·艾伦的一段经典言论。

那些有夸大困难倾向的人往往缺少获得成功必要的毅力和勇气。面对困难,他们不想做出牺牲。想到读书的辛苦,想到要干事业的艰辛,他们退却了。他们总是奢望有人能够站出来,拉他们一把,推着他们向前走。

有一个高中学生告诉詹姆斯·艾伦说,他非常渴望接受更高等的教育,非常想读大学。然而,与其他的孩子不同的是,没有人能够帮助他。他说,如果他有一个富有的父亲送他到大学读书,他肯定是一个有出息的人。从他的话语中,詹姆斯·艾伦肯定,他并不是想要接受教育,而是想要不费吹灰之力就拥有一个大学生的学识。他并不是那样渴望读书,渴望学习。如果一个人说他不能到大学读书,那么,他不仅不能到大学读书,而且还会丢失掉生活当中许多值得追求的东西。

那些意志坚定、不屈不挠、下定决心、不达目的誓不罢休的人也可能看到、遇到困难。不过,他们不怕困难,因为他们认为与他们坚强的决心、坚定的信心相比,这些困难是微不足道的。他们感到,在他们的内心深处有一股超人的力量:他们深信,自己大无畏的勇气和毅力会将这些困难消灭干净的。对于他们坚定的意志来说,这些困难是不存在的。对于拿破仑来说,阿尔卑斯山是不存在的,这并不是因为阿尔卑斯山不够险峻,而是因为他比它更伟大。对于拿破仑的将军们来说,阿尔卑斯山是无路可通的。但是,对于他们坚强的领袖来说,越过终年积雪的阿尔卑斯山,就是一望无际的平原。

美国女权主义者、作家和编辑夏洛特·安娜·珀金斯·吉尔曼在《障碍》这首诗中描述了一个游客的经历。这名游客背负着沉重的行囊,不断地沿着山坡向上爬。突然,一个巨大的障碍挡住了他的去路。他变得惊惶失措起来。在开始的时候,他非常有礼貌地请求障碍走开,不要挡住他的去路。然而,障碍却一动也不动。他变得生气起来,并且开始对着障碍破口大骂。然而,障碍仍然是一动也不动。然后,他跪了下来,请求障碍起开。可是,障碍还是一动也不动。最终,正当这名游客无望地坐下来想要放弃的时候,他突然变得精神振奋起来,还是让他自己来说说他是如何处理这个问题的:

"我摘下了帽子,拿起了棍子,

并且把行李安置好,

我带着心不在焉的神情,

朝着那个可怕的恶魔走去——

我径直地、堂而皇之地穿过它,

就好像它不存在一样!"

站在困难面前,我们要勇敢地面对它,就好像它不存在一样大胆地走过去。这样,它就会像冰雪遇到了太阳一样融化、消失。

所以说，无论做什么事情，你都要尽可能地藐视困难与不幸，充分利用可利用的资源，最大限度地发挥自己的潜能，尽可能地减少那些不利因素带来的负面影响。在养成这样的习惯之后，你就会发现，这个习惯不仅有利于你的工作，而且还会给你带来无限的快乐与幸福。它会将不愉快的事情变成令人快乐的事情，将不利的因素变成有利的因素。并给生活带来比金钱更有意义的东西。不久以后，你就会发现，你已经成为一个强者。

顽强让我们跨越逆境

顽强是一种勇于挑战自己的性格力量。只有勇于顽强的挑战自我，才能使自己的能力达到真正的提升与飞越。所以我们应该时时刻刻以自己为对手，战胜自己，直面自己。就像许多成功者那样，我们要时时有一种危机意识。这样，通过不断完善自己，才能使自己强大起来，永远立于不败之地。

顽强是成就事业的精神支柱。翻阅历史名人的成功史不难看出：凡是有很大成就的杰出人物，都是从大风大浪中顽强的挺了过来。不论是应对激烈的战火，还是应对汹涌的波涛；不论是忍受无情的打击，还是抵抗潜移默化的腐蚀；不论是招架别人的谩骂指责，还是接听来自方方面面的流言蜚语，都需要我们具有顽强的精神，而日常生活中需要顽强来应付的事情也随处可见，常常遇到。如果具备了顽强，那么，一种大器的、豁达的、开明的、伟人般的性格就会在无形之中形成。

那么，我们应该怎样学会顽强、挑战自我呢，让我们先看看詹姆斯·艾伦的朋友科林自述的一段经历吧：

若干年前，我实现了人生理想：房地产事业蒸蒸日上，有舒适的住宅,两辆跑车,还有一艘帆船,婚姻美满。应有尽有。

突然,股票市场崩溃,一夜之间人们似乎对购置房产毫无兴趣。在赚不到一分钱的情况下,我还要偿付沉重的利息,几个月就耗尽了储蓄。以为情况坏到不能再坏的时候,太太还要跟我闹离婚……

那段日子真是度日如年,为了远离这些烦恼,我决定扬帆远行,沿海岸从康涅狄格州南下佛罗里达州。可是到达新泽西州海岸之后,我竟然转向正东航行,直奔大海。几小时后,我靠着栏杆,心想:"让海水吞了我该多容易。"

突然间,船被大浪托高再疾坠。我失去平衡,幸好抓住栏杆,但两只脚却已浸在了冰冷的海水里。我勉强爬回船上,吓坏了,心想:"是怎么回事?我可不想死。"从那时起,我知道必须振作精神,战胜自己,才能渡过难关。旧的生活已去,必须重建崭新的生活才行。

如果你再问:顽强是什么?这就是顽强!科林在绝望之中突然意识到生命的可贵,这就是一种顽强!每一个想成就人生的人要顽强地从挫折中慢慢走出来。不要陷入挫折的泥潭而不能自拔,挫折是可以战胜的。前提就是我们具有勇于挑战自我的性格,只有具备了这种性格,我们才能最终战胜挫折,经历"失败——成功——再失败——再成功"的盘旋上升的成功之路。

碰到挫折,我们既不要畏惧,也不要回避,而要勇敢向自我挑战,直面挫折。无论任何事情,只有勇敢地尝试,多多少少都会有所收获。那些有成就的人都认为如果恐惧失败而放弃挑战自我的机会,那么就永远也不会进步。没有勇敢尝试就无从得知事物的深刻内涵,而尝试过以后,则由于对实际的痛苦有过亲身经历,就会使得这种种的体验为将来的发展作铺垫和准备。

顽强是一个人最珍贵的心理品质,是应对厄运、克服困难、谋求生存、维系生命、成就事业的最关键的因素,是克服困难改变命运的锐利武器,是人的精神支柱。要真正做到从险中得安、愁中见喜、苦中取乐、惊中见奇,达到如此意境,就需要顽强的品质和乐观的精神。

作战胜利的桂冠,是由顽强打造的;运动场上光灿灿的金牌,是用顽强的汗水锻铸的;航海家如果没有顽强,就会沉船;科技工作者如果没有顽强,经历一次又一次失败的打击,就没有卫星的上天,科技的发展,人们可能还处在茹毛饮血的年代。

不妨把困难和挫折当成人生的一道风景,人生如游览名川大山,在看到美丽的同时,自然也要面对高山路险,崎岖坎坷,试想,平坦的道上能有奇异的景色么。人生如同荡舟出海,在历览宽宏与浩翰的同时,自然会遇到惊涛骇浪,狂风巨潮,试想,在平静如镜的小池塘里能见到多大的波浪壮阔?

人生如同展翅长空,在俯瞰世界的同时,自然也会遇到风雨雷电,也会有着无穷的惊险。试想,如果为求平稳,安于现状,脚不离地,能把一切尽收眼底吗?

在人生漫长的路上,我们都有可能遇到坎坷和挫折,遇到疾病和灾难。不管生活赋予我们的是什么?我们只有勇敢面对,勇敢承受,在困难和挫折面前,在面临疾病和灾难的时候,我们不能怨天忧人,我们只有乐观地去面对它,找出最佳解决办法,即使不能解决,也不能自暴自弃,也要让生活每一天都充满阳光。

让我们记住詹姆斯·艾伦的这句话:顽强是一种品质,是任何人展开双臂迎接成功之前必须具备的心理素质!

即使有万分之一的可能,也不要轻言放弃

当成功的机会只有百分之一甚至更小的时候,你会去做吗?

面对这个问题,相信会有很大一部分人选择望而却步,但真正能成大事的人一定会接受这个挑战,即使只有百分之一甚至更小的成功机会,他们也会作出百分之百的努力,通过这种努力去把握这种机会。

真正敢于挑战百分之一几率的人,虽然也有可能挑战失败,但迟早会抓住机遇收获成功。

美国百货业巨子约翰·甘布士认为机遇无处不在,有时也许只存在百分之一的可能,但是毕竟它存在着。只要锲而不舍的毅力去争取,就一定能有所收获。

他的座右铭是:"不放弃任何一个哪怕只有百分之一可能的机会。"

有一次,甘布士要乘火车去纽约,但事先没有订妥车票,这时恰值圣诞节前夕,到纽约去度假的人很多。因此火车票很难购到。

甘布士夫人打电话去火车站询问:是否还可以买到这一次的车票?

车站的答复是:全部车票都已售光。不过,假如不怕麻烦的话,可以带好行李到车站碰碰运气,看是否有人临时退票。

车站反复强调了一句,这种机会或许只有百分之一。

甘布士欣然提了行李,赶到车站去,就如同已经买到了车票一样。

夫人问道:"约翰,要是你到了车站买不到车票怎么办呢?"他不以为然地答道:"那没有关系,我就好比拿着行李去散了一趟步。"

甘布士到了车站,等了许久,退票的人仍然没有出现,乘客们都川流不息地向月台涌去了。

但甘布士没有像别人那样急于往回走,而是耐心地等待着。

大约距开车时间还有 5 分钟的时候,一个女人匆忙地赶来退票,因为她的女儿病得很严重,她被迫改坐以后的车次。

甘布士买下那张车票,搭上了去纽约的火车。

到了纽约,他在酒店里洗过澡,躺在床上给他太太打了一个长途电话。

在电话里,他轻轻地说:

"亲爱的,我抓住那只有百分之一的机会了,因为我相信一个不怕吃亏的笨蛋才是真正的聪明人。"

有一次,维尔地区经济萧条,不少工厂和商店纷纷倒闭,被迫贱价抛售自己堆积如山的存货,价钱低到 1 美元可以买到 100 双袜子。

那时,约翰·甘布士还是一家织造厂的小技师。他马上把自己积蓄的钱用于收购低价货物,人们见到他这股傻劲,都公然嘲笑他是个蠢才!认为想通过这次收购发大财几率实在小的可怜。

约翰·甘布士对别人嘲笑漠然置之,他认为只要有机会,哪怕其几率是百分之一甚至更小,都要努力去争取,他依旧收购各工厂和商店抛售的货物,并租了很大的货场来贮货。

他妻子劝他说,不要把这些别人廉价抛售的东西购入,因为他们历年积蓄下来的钱数有限,而且是准备用作子女教养费的。

如果此举血本无归,那么后果便不堪设想。

对于妻子忧心忡忡的劝告,甘布士自信地对她说:"3个月后,我们就可以靠这些廉价货物发大财了。"

甘布士的话似乎实现不了。

过了10天后,那些工厂贱价抛售也找不到买主了,便把所有存货用车运走烧掉,以此稳定市场上的物价。

太太看到别人已经在焚烧货物,不由得焦急万分,抱怨起甘布士,对于妻子的抱怨,甘布士一言不发。

终于,政府采取了紧急行动,稳定了维尔地区的物价,并且大力支持那里的厂商复业。

这时,维尔地区因焚烧的货物过多,存货欠缺,物价一天天飞涨。

约翰·甘布士马上把自己库存的大量货物抛售出去,一来赚了一大笔钱,二来使市场物价得以稳定,不致暴涨不断。

在他决定抛售货物时,他妻子又劝告他暂时不忙把货物出售,因为物价还在一天一天飞涨。

他平静地说:"是抛售的时候了,再拖延一段时间,就会后悔莫及。"

果然,甘布士的货刚刚售完,物价便跌了下来,他的妻子对他的远见钦佩不已。

后来,甘布士用这笔赚来的钱,开设了5家百货商店,业务也十分发达。

最终，甘布士成为全美举足轻重的商业巨子，他在一封给经商者的公开信中诚恳地说道：

"亲爱的朋友，我认为你们应该重视那百分之一的机会，因为它将给你带来意想不到的成功和财富。有人说，这种做法是傻子行径，比买奖券的希望还渺茫。这种观点是有失偏见的，因为开奖券是由别人主持，丝毫不由你主观努力。但这种百分之一的机会，却完全是靠你自己的努力去完成。但是，你们也必须注意，要想抓住这万分之一的机会，就必须注意两点：

一是要目光长远，没有高瞻远瞩的眼光是无法抓住任何一个机会的；

二是要锲而不舍，没有持之以恒的毅力和百折不挠的信心，即使你抓住了机会也是无济于事的。

只要注意了这两点，你们就一定能成为日后商界的新星！"

不放弃一切可能的机会，尽最大的努力去实现它，这正是成功者必备的一种成功之法。

坚定转败为胜的信念

上帝对人类事务进行了巧妙安排，使每一个理性的人都必须背负某种形式的"失败十字架"。

最沉重、最残酷的十字架是贫穷。

亿万生活在当今世界上的人们发现，他们必须在这个十字架的重压下挣扎，以获得生存的三种基本必需品：住房、食物和衣物。

人类历史上一些最伟大、最成功的人士都发现，在他们到达成功的巅峰之前，必须背负贫穷的十字架。

人们通常把失败看做是一种诅咒。但是，很少有人能够理解：只有当人们认输时，失败才成为诅咒。更少有人明白，失败不是永恒的。

回想一下过去几年的亲身经历，你会发现，你所承受的失败一般都会使你因祸得福。失败能够教给人们从其他地方无法学到的经验，其中一个重要的经验就是谦恭。

任何伟大人物与身边的世界、天上的星辰以及大自然的鬼斧神工相比，都会感到自己的渺小与卑微。

在这个世界上，每当有1个富人的儿子成为人类的有用人才，就会有99个出身贫苦的儿子成为有用人才。这似乎不仅仅是偶然，大多数认为自己失败的人其实根本就没有失败，被人们看做失败的大多数情形其实只不过是暂时的挫折。

如果对世界上100个被认为"成功"的人士进行认真分析，就会发现，他们曾经被迫经历过你可能无法想象、也无从知晓的困难、挫折与失败。

林肯死去时，不知道他的"失败"为世界上最强大的国家奠定了良好的基础。

哥伦布没有找到想要找的印度，但他的"失败"意味着他发现了新大陆。

所以说，任何时候都不要轻易地使用"失败"这个词。

记住，暂时背负沉重的十字架并不是失败。如果在你心中有成功的种子，一点点困难与挫折只会变成养料，使种子发芽成熟。

天将降大任于斯人，一定会用某种形式的失败来考验这个幸运儿。如果你认为自己正处于失败之中，请保持耐心——可能你正在通过对你的考验。

当哥伦布在没有航海图指引航向的情况下风雨兼程，航行在汹涌险恶的大西洋上之时，他并不知道最终会驶向何处，但他在他的航海日志上写道："今天，我们继续按西南偏西航行。"毫无疑问，哥伦布全身心都充满了信心和希望，他的确相信自己的航线是正确的，他终将达到目的。

同样毫无疑问的是,他一定也有过绝望的想法,他将永远无法完成宏愿,在恶浪滔滔的海上永远无休止地颠簸飘荡,直到有朝一日葬身海底。更糟糕不过的是,风浪的袭击损坏了他的船舶,一些船员为保性命,图谋反叛。面对严酷的现实,哥伦布的信念是否动摇过,希望是否丧失过呢?可以想象他一定有过绝望的时候。

然而,尽管蒙受挫折和失败,面临生死考验的紧急关头,一度处于绝望的境地,但哥伦布最终还是鼓起了勇气,屡屡扬起勇往直前的风帆。他清楚自己必须坚持下去,他内心坚毅勇敢。

当我们的事业面临即将失败的危难时刻,我们一定要坚定转败为胜的成功信念。如果你在狂风巨浪的海面上连连受挫,众叛亲离,迷失方向,目的地遥遥无期时,能否奋然而起,坚定而又明确地树立起信心?只有当我们相信自己一定能成功时,成功的目标才能实现。那么,在什么时候付诸行动呢?就是要在危急关头,在疑虑重重的时候,在悲痛忧伤的时候,在万念俱灰的时候。

我们必须像哥伦布那样在一张纸条上写道:"今天,我继续航行。"并且以此作为座右铭,必须这样做,责任感要求我们非这样不可。

詹姆斯·艾伦建议,当遭遇失败和挫折时,我们应当采取如下方法,帮自己度过难关:

一、毅力加行动等于成功

不要一遇到困难,就首先想到失败。想到失败,就注定会失败。行动与毅力完美结合,能攻克一切难关。浅尝辄止的人永远不会成功。

二、审时度势,不钻牛角尖

过分注重琐碎的小事,会妨碍你干大事的远见,钻牛角尖将窒息你的思想。"聪明人善于走弯路。"这并不是说聪明人劲儿大或好出风头;走弯路是为了更快地到达目的地,避免过多的障碍。

人生没有一帆风顺的事,也没有一条笔直通向成功的坦途。遇到困难时,你不妨先停下来,审时度势,多动动脑子,看有没有新的办法解决难题。美国总统艾森豪威尔曾说过这样一句话:"一个人无论是经营通用汽车公司,还是管理美国政府,只坐在办公室埋头批阅公文,我不相信这就是认真负责。任何机构的最高领导人都应该避免琐事的干扰,而应该把有限的精力用在基本决策上。只有这样,才能做出更好的判断。"

三、一步一个脚印

茫茫雪地上,一行脚印伸向远方。如果你只站在一旁感叹:"这么艰难的路,何时才有尽头!"那你就不会迈开一步。成功是一步一步走出来的,每一个脚印都记载着你的艰辛与汗水。直视前方,朝你拟定的目标,一步一步迈进吧!

四、树立必胜的信心

"必胜的信心"是治疗恐惧的一剂良药。许多人在打算做一件事之前,往往先花很多时间去设想"如果失败"后的种种糟糕的结局,结果因"预设失败"而导致裹足不前。心理学实验表明,头脑里的想象会按事情进行的实际情况,刺激人的脑神经系统。你应该这样做:

(1)做一件事之前,应预想成功后的种种好处,不要去想失败后的沮丧。

(2)用自励的话语激励自己。

(3)积极、乐观地面对生活。

(4)多听听振奋人心的歌曲、音乐。选择一首你喜欢的歌,把它当成每日早起晚睡的号声。

五、屡败屡战

真正的成功者是善于屡败屡战者。屡败屡战是对待失败的正确方法之一。失败不是什么罪过,重要的是从中吸取教训。跌倒了再爬起来,继续往前走,有什么可怕的!? 当你似乎已经走到山穷水尽的绝境时,离成功也许只有一步之遥了。

（1）不要在失败几次之后就放弃你的既定目标。即使不时改换你的前进角度，但大的方向不能变。那就是——无论如何，一定要成功。

（2）仔细品味"屡战屡败"与"屡败屡战"的深层含义。

（3）将"屡败屡战"几个字写到纸上，挂到床前，时刻自励。

六、注重培养团队作战精神

"一根筷子不经折，一把筷子折不断。"团队作战时，队员们可以互相激励，共同克服难题。一个积极向上的团体可以影响到每一个队员的下意识，使他能正确地对待失败，不耻下问，虚心请教，集思广益。唯有如此，才能顺利地走向成功。

（1）失败时，不要羞于开口。援助常来自外界。拒绝或忽视可能的协助，只会导致失败。

（2）保持积极的态度，控制自己的思维和言行。

（3）一定要谦虚。虚心的态度可以更多地获得他人的援助。

卷十四

自 动 自 发

原著 [美] 阿尔伯特·哈伯德

关于作者：阿尔伯特·哈伯德是美国著名出版家和作家。1899年，他创作了一篇名为《致加西亚的信》的文章，刊登在《菲士利人》杂志上，引起了巨大的轰动，以此为主要内容的书籍更是畅销全世界，到1915年作者逝世为止，该书印数高达4000万册。一个世纪以来，该书被翻译成各种文字，许多政府、军队和企业都将此书赠送给士兵和职员，作为培养士兵、职员敬业守则的必读书。《自动自发》是阿尔伯特·哈伯德商业思想的完美结合，涵盖了勤奋、敬业、忠诚、自信等内容。从某种意义上说，该书是对《致加西亚的信》一书更深入、更详细的阐述。

抛弃"为老板打工"的错误思想

"我不过是在为老板打工。"这种想法要不得。在许多人看来，工作只是一种简单的雇佣关系，做多做少，做好做坏对自己意义并不大。

汉斯和诺恩同在一个车间里工作，每当下班的铃声响起，诺恩总是第一个换上衣服，冲出厂房，而汉斯则总是最后一个离开，他十分仔细地做完自己的工作，并且在车间里走一圈，看到没有问题后才关上大门。

有一天，诺恩和汉斯在酒吧里喝酒，诺恩对汉斯说："你让我们感到很难堪。"

"为什么？"汉斯有些疑惑不解。

"你让老板认为我们不够努力。"诺恩停顿了一下又说："要知道，我们不过是在为别人工作。"

"是的，我们是在为老板工作，但是，也是在为自己而工作。"汉斯的回答十分肯定有力。

但是，大多数人并没有意识到自己在为他人工作的同时，也是在为自己工作——你不仅为自己赚到了养家糊口的薪水，还为自己积累了工作经验，工作带给你的远远超过薪水以外的东西。从某种意义上来说，工作真正是为了自己。

我们常常讲努力工作，那么怎样才算努力工作呢？努力工作就是尽自己最大的努力把工作做好！从低层次讲是拿人钱财，给人消灾，对老板有个交待；更高层次上则是摒除"为老板打工"的思想，将工作当成自己的事，融入一种使命感和道德感。而无论哪个层次，努力工作所表现出来的就是认真负责、一丝不苟、善始善终的工作态度。

当你把努力工作当成一种习惯,哪怕一开始并不能为你带来可观的收益,但是可以肯定,你的付出永远比那些缺乏敬业精神懒散的人好十倍。一旦散漫、马虎、不负责任的做事态度深入到我们的潜意识中,那做任何事都会随意而为之,其结果自然可想而知。

来看这样一个故事:

贝恩做了一辈子木匠,并且以其敬业和勤奋深得老板的信任。年老力衰时,贝恩对老板说,自己想退休回家与妻子儿女享受天伦之乐。老板十分舍不得他,再三挽留,但是他去意已决,不为所动。于是老板只好答应他的请辞,但希望能再帮助自己盖一座房子。贝恩自然无法推辞。

贝恩已归心似箭,心思全不在工作上了。用料也不那么严格,做出的活也全无往日的水准。老板看在眼里,但却什么也没说。等到房子盖好后,老板将钥匙交给了贝恩。

"这是你的房子,"老板说,"我送给你的礼物。"

老木匠愣住了,悔恨和羞愧溢于言表。一生盖了如此之多华亭豪宅,最后却为自己建了这样一座粗制滥造的房子。

这也许不过是一个故事,但是生动地说明了你所做的努力并不完全是为了老板,你归根到底是为自己而工作。

贝恩没有保持晚节,而许多年轻人却是一踏入社会就缺乏责任心,以善于投机取巧为荣;老板一转身就懈怠下来,没有监督就没有工作;工作推诿塞责,固步自封;不思进取,反而以种种借口来遮掩自己缺乏责任心。懒散、消极、怀疑、抱怨……种种职业病如同瘟疫一样在企业、机关、学校中流行。付出多么大的努力,都挥之不去。值得钦佩的是那些不论老板是否在办公室都会努力工作的人,敬佩那些尽心尽力完成自己工作的人,这种人永远不会被解雇,他在任何地方都会受到欢迎,这个时代更需要这种人才。

"我不过是在为别人打工。"这句话中隐藏着的另外一层意思是:"如果我是老板,我会更加努力。"但是,事实却并非想象得那么简单。

勤奋和敬业并不完全是由于物质的刺激,对金钱的刺激是一种本能的反应,是个人追求最浅的层次,更高层次的则是一种自觉执行的精神,一种对事业更深层次的理解。

杰克是一位颇有才华的年轻人,但是对待工作总是显得漫不经心。有人曾经就此问题和他交流过,他的回答是:"这又不是我的公司,我没有必要为老板拼命。如果是我自己的公司,我相信自己会像老板一样夜以继日地工作,甚至会比他做得更好。"

一年以后,他写信告诉朋友自己离开了原来的工作,自己独立创业,开办了一家事务所。"我会很用心地做好它,因为它是我自己的。"在信中的末尾他这样写道。

朋友回信对他表示祝贺,同时也提醒他注意,对未来可能遭遇的挫折一定要有足够的思想准备。

半年以后,朋友又一次得到了杰克的消息,他告诉朋友,自己一个月前关闭了公司,重新去为别人工作,因为"太麻烦,太复杂,根本不适合自己的个性"。

这种结果在意料之中。一开始,许多年轻人都会抱着满腔热情,全身心投入其中,但是一遭遇困境,就缺乏足够的耐心坚持下去。外在的物质利益只能起短时间的刺激作用,必须养成持之以恒和努力的良好习惯。

创业是一种激情,但是如果抱着"如果自己当老板,我会更努力"的想法就会变成一种不良的情绪。有些人的态度十分明确:"我是不可能永远打工的。打工只是过程,当老板才是目的。我每干一份工作都是在为自己获得经验和开阔眼界。等到机会成熟,我会毫不犹豫地自己去干。"

一个人的品性是多年行为习惯的结果。行为重复多次以后就会变得不由自主,似乎不费吹灰之力就可以无意识地、反复做同样的事情,到后来不这样做已经不可能了,于是形成了人的品性。因此,一个人的品性受到思维习惯和成长经历的影响,他在人生中可以做出不同的努力,做出善或恶的选择,最终决定了其未来个性的好坏。

一个人在做雇员时缺乏忠诚敬业的态度,这种习气必将影响到他的今后，无论他做何种行业，或者是自己做老板，这种态度决不会轻易被驱除。

因此，"如果自己当老板，我会更努力"的论调只是自欺欺人，是为自己现在的懒散和不负责任而寻找借口罢了。

对待工作一定要保持热情

根本没有必要去询问一个人是否热爱自己的工作，因为他脸上的光彩就能告诉我们。他执行任务时的轻快和骄傲，他那无法掩饰的激情和精神都体现了这一点。他应该非常热爱自己的工作，在其中找到了最大的乐趣，这种内心深处的喜悦使他整个人都亮了起来。

两个人做同一件工作时，在态度、方式上都有着很大的不同。阿尔伯特·哈伯德举了这样一个例子："我认识一些非常擅长做家务劳动的家庭主妇，我发现，不管她们是蒸面包，铺床铺，还是擦洗家具，都是一副乐在其中的专注神态。她们以积极的心态做这些事，并从中享受到乐趣。在一些主妇看来是非常枯燥乏味的事，在她们看来，却自有它的妙处。她们能从家务事中看出艺术的美。无论是照料孩子还是料理家务，都不觉得单调无趣。实际上，看着她们以轻松愉悦的心情干着事，看着她们那种发自心底的满足，简直就是一种享受。她们愉快自在地摆放着每一件家俱，摆弄着自己喜爱的小玩意儿，这其中无不显露出她们的品味。整个家庭的氛围是那样的温馨、舒适，使人的心灵得到慰藉，生活变得更为美好。

我还认识另外一些家庭主妇，她们把家务活当成是天下最乏味的事，如果可能的话，宁愿以少活两年来换取免做一切家务。她们痛恨做家务。只要稍有可能，她们就会拖延或干脆省掉那些家庭劳动，即使是被迫做了一些,结果也不能令人满意,甚至一片狼藉,整个房间乱成一团,毫无舒适感。在这样的家庭里,心灵怎么会得到满足呢?你只会觉得一切都是乱七八糟。换句话说,她是以三心二意的手艺人的心态在做事,而不像前面提到的家庭主妇,完全以艺术家的心态在做家务。"

的确,当一个人喜爱他的工作时,你可以一眼看出来。他非常投入,其表现出来的自发性、创造性、专注和谨慎,十分明显。而这在那些视工作为应付差事、乏味无聊的人那里,是根本看不见的。

对于懒惰的主妇,如果不巧某个仆人生病或外出有事,她不得不做家务活时,就会暴跳如雷,大发脾气;而在另一种主妇那里,却会大发同情心,认为刚好给仆人们一个放假的机会,对偶尔亲手做一些事、准备一顿晚餐也甚为高兴。具有这种心态的主妇,做任何事都会全身心投入,表现出自己高雅的品味,以愉快的心情和艺术家的眼光审视自己的所作所为,而在那些觉得家务劳动不可忍受的人那里,就会是相反的情形。

这样的情形在办公室、商店、工厂里也经常见到。一些职员拖拖沓沓似乎连走路都费很大的劲,让人觉得,对他们来说生活是一个沉重的负担。他们讨厌自己的工作,希望一切都快些结束,他们根本就不明白,为什么别人能充满热情,干劲十足,自己却总是觉得什么都单调乏味。看着这样的职员干活,简直就是受罪,他们对什么事都厌烦。而那些充满乐观精神、积极向上的人,做什么事都有一股使不完的劲,神情专注,心情愉快,并且主动找事做,期望事业越做越大。对工作的不同态度:或一心一意或三心二意,或充满热情或不冷不热,或专注投入或冷漠淡然,其最终的结果存在着天壤之别。

每一个老板自然而然地觉得,勤勤恳恳,全神贯注,充满热情的员工更有价值。每一次提升对他们都是莫大的鼓励。这些员工的积极心态也常常感染上司,上司也知道,这样的下属在尽力帮助自己,并且对那些喜欢逃避责任的员工也是一种激励。另一方面,在那些冷漠、粗心大意、懒惰的员工的影响下,领导者自己也觉得压抑、对工作失去信心,存在一种随遇而安的心理。因此,他会自觉地与有良好心态的员工在一起,关心他们的生活,对那些不专心工作,开脱责任,不注重实绩的员工,有一种本能的排斥心理。

即使是补鞋这么个低微的工作,也有人把它当作艺术来做,全身心地投入进去。不管是一个补丁还是换一个鞋底,他们都会一针一线地精心缝补。这样的补鞋匠你会觉得他就像一个真正的艺术家。但是,另外一些人则截然相反。随便打一个补丁,根本不管它的外观。好像自己只是在谋生,根本没有热情来关心自己活的质量。前一种人好像热爱这项工作,不总想着会从修鞋中赚多少钱,而是希望自己手艺更精,成为当地最好的补鞋匠。

有一些教师常以大师的标准要求自己,在教书育人的生涯中全力以赴,以满腔爱心、同情心和责任心对待每一位学生,学生也能从他那里得到教益,成为一生的财富。他们好像要把温暖的阳光照射到每个同学的心中。教室就像他们的作画室,而他们是站在画布前面的大师,全神贯注于自己的创作。另外一些教师的态度则截然不同,从早晨一开始就对一天的工作觉得厌倦,想到要去给那些愚蠢的学生上课,就腻味透顶,想着如果哪一天不用上课就解放了。他们的授课既无热情,也无生气,反而把不良心态传染给了学生。

神职人员也是如此。像米歇尔·安格鲁这样的牧师一心只想着布道、传福音。每当黎明来临时,他就准备好了,去从事自己最热爱的工作。他把布道看作是自己的职责,是上帝赋予自己的责任,并从中得到满足与快乐。相反,有的牧师则无视教徒的甘苦,好像自己与他们无关。也许这样的牧师也能为教徒们读读经文,投身到社会生活中去,但是缺少内在的热情,更不能激发出圣徒般的热忱。牧师的职业最需要的就是爱心和热情,否则怎么可能完成这一神圣职责呢?

正是这种富有诗意的心态、愉快乐观的精神、饱满的生活热情,使得自己把枯燥乏味的日常工作,看成是充满激情与成就感的事业,并身体力行。

100多年前有一位家住罗德岛的人,他殚精竭虑,砌了一堵石墙,就像一位大师要创作一幅杰作一样,其专注程度甚至有过之而无不及。他翻来覆去地审视着每一块石头，研究这块石头的特点，思考如何把它放在最佳的位置。砌好以后，站在附近，从不同的角度，细细打量，像一位伟大的雕刻家，欣赏着粗糙的大理石变成的精美塑像，其满足程度可想而知。他把自己的品格和热情都倾注到了每一块石头上。每年，到他的农庄参观的人络绎不绝，他也很乐意解说每一块石头的特点以及自己是如何把它们的个性充分展现出来的。

你会问砌一堵石墙有什么意义呢？这堵围墙已经存在了一个多世纪，这就是最好的回答。

突破工作困境，享受工作的快乐

工作本身是快乐的，虽然在工作中会遇到种种挫折、种种不快，让人难受、愤怒或者悲哀，但一段时期后回头看看就会发现，战胜了这些困难，便拥有了巨大的快乐。快乐的工作，无疑是体现自身价值并且促使自我升华的途径。

事实上，即使在很多知名的公司里，员工也都不同程度地有着工作中的"失意"。在很多情况下，失意即意味着所谓的"挫折"。但是，成熟公司的员工面对这种情况，大多不是去消极回避或者拖延正在执行的事务，也不会去自我适应"挫折"，因为在现代社会，单纯的"调适"往往意味着被淘汰的结局。

这些员工是怎样面对这种"挫折"的呢？更大范围内的员工又应该怎样让自己快乐地工作，并且自动自发地工作呢？

也许一些专家的论述会给我们一些启示。

首先，约翰·丹尼斯先生告诉我们一句话，这就是："一般而言，员工在执行中出现的失意和挫折感，并不是因为公司或者上司没有给员工提供足够的空间,而是员工本人没有好好地利用自己的空间。"

约翰·丹尼斯先生所说的执行空间应该包括两种:一种是外在的空间,是别人给予的、能够满足自己种种意愿的空间;另一种是自己拥有的内在空间,那才是"上帝慷慨给予的"无限的空间。无论遭遇怎样的不幸,一个员工拥有的内在空间都应该始终对自己开放着,从而为自己的执行提供足够宽敞的处所,让自己在里面调整、歇息,然后自信而快乐地去面对工作中的所谓"困境"。

约翰·丹尼斯先生还说:"一个员工频繁辞职,每一次辞职都责怪上司和公司没有提供足够使自己充分发挥能力的空间。"对这种情况,一个朋友曾经坦率地告诉他:"你之所以感觉没有合适的空间,仅仅是因为你的心灵缺少一个足够大的空间。"

事情的确就是这样的简单:公司和上司为我们提供的条件,其实都是我们的外在空间。我们如果做到不断提升自身,一心一意地工作,我们的工作自然就不会拖沓,我们的工作业绩也就不会持续低迷,"快乐"也就会常驻我们身边。

一些员工常抱怨说"工作的难度太大,我不行。"这是典型的为执行不了而给自己寻求开脱的借口,也是对工作中的挫折感的消极逃避。有着这样的思想并且如此作为的人,自然不会受到快乐之神的光顾。

我们知道,这种思想产生的根源,在于员工不会为自己工作,对自己即将执行的事务缺乏理智的思考,所以对其中必将遇到的"挫折"和"压力"考虑不足。"紧急预案"不够周全或者根本就是一片空白,员工对"不期而至"的挫折和压力的承受能力就自然显得不够,当然也就与快乐无缘了。

为了不至于陷入消极执行的怪圈,我们每一个员工应该摒弃这些思想:

1. 工作中的事务不能给自己带来足够的回报;
2. 工作中的业绩得不到应有的肯定;
3. 工作中没有自己的需要。

摈弃以上思想,我们应该知晓一些不证自明的真理,例如,工作中取得的业绩让公司受益,员工本人自然也会得到应得的回报;快乐的工作必将体现员工的自我价值,让员工脱颖而出;战胜工作中的"挫折"和"压力"是优秀员工的标志;快乐工作本身就是员工最大的收获,即使公司一时没有给予员工以足够的认可。

我们相信社会是公正的,世界是美好的,用一份良好的心境去寻找执行的乐趣,执行中的烦恼就会变得不值一提。这才是员工对自己负责为自己工作的应有态度。

这里请看一个故事——

一次,巴顿将军亲自驾车去前线鼓舞士气,在一条壕沟边与战士对话。

巴顿将军微笑着问:"怎样才是快乐的人生?"

一位士兵答道:"被尊重。"

巴顿将军马上响应:"那太依赖。"

又有人抢答:"爱。"

巴顿将军笑言:"太天真。"

最后,巴顿将军提出了自己的答案:"被需要。"

是的,快乐的人生就是"被需要",人生的价值也是"被需要",员工的价值当然也是在于被企业需要。怎样"被需要"?找出并且发挥自己的价值!怎样彰显自己的价值?懂得为自己工作的人找方法,不懂得为自己工作的人找借口!能够不把时间和能力花在找借口上,并且去努力工作的人,当然就被企业需要,当然就有自己的人生价值,同时也是快乐的。

我们其实都知道,员工的价值体现在让所执行的事务充满亮色,体现了价值也就有了更多的快乐和宽慰。所以,我们有时候不妨不再整天想着去做"成功的人",而把精力和能力集中在努力为自己工作之上。如此一来,我们的自身价值自然就会在执行中得到最完美的体现,我们就会在具有价值的执行中获得无上的快乐,抵达人生的极乐园。

在工作上,我们也会常常发现自己工作目标的迷失。例如有人说

"这不是我想要的",例如有人说"我觉得这样已经没有了自我"。如果我们再一次遇到这种情况,我们完全可以问一问自己:我所需要的自我到底是什么?它对于我的工作真的就是毫无帮助的吗?在没有找到自我或者没有认同自我的时候,我们就真的找不到工作的方向与动力吗?

这么一问,一般来说,我们就会发现工作的价值,即使我们没有发现清晰的工作意义。我们需要了解的是,在这个世界上,总是有着那么一群人终其一生都在寻找合适的工作,而另一群人则总是在尝试着从当前正在执行的工作中去寻找快乐,收获价值。作为共同被"上帝祝福的人"和被工作祝福的人,我们是幸运的,我们都应该加入后一群人的行列,使自己的工作显现价值,而不应该一味地随意抓取一个又一个偏离快乐本质的借口,以至最后一事无成。

快乐的工作,始于快乐的信念。这是一种坚持并愿意让自己与周遭环境友好相处的生活态度。我们纵然深深地知道自己的力量是有限的,我们也应该把这"有限的力量"发挥到极限,让自己在成功的执行中获得价值的体现,享受到工作的快乐。

我们也许一直在抱怨工作太多而自己执行的时间太少,但我们应该了解的是,即使是一些大公司的总裁也在抱怨执行的时间不够。例如一家不便于吐露姓名的公司总裁就是这样,经常抱怨工作做不完,原来,他花掉大部分时间考虑的,竟然都是一些细节和一些不重要的事情,根本就没有什么时间去执行更重要的工作。后来,他向一位心理咨询师提出了咨询,询问怎样才能够突破这一困境。

咨询师把一张卡片递给了他,说:"把你明天需要执行的最重要的工作记下来,从明天早上要执行的第一件工作开始写。明天,你就从第一件重要的工作开始执行,完成之后才做第二件,以此类推。如果你没有按照这张时间表完成全部的工作,至少你在执行重要性较低的事务以前已经完成了最重要的工作。"

这位总裁试着照这个建议去做,觉得方法有效,还给朋友作了推荐。当他问咨询师应该付多少钱的时候,咨询师说:"你认为值多少钱就付多少钱。"他于是愉快地把一张面额8万美元的支票递给了咨询师。

简单的方法往往奏效,复杂的方法往往增加处理事情的难度。我们不要以为方法太简单或是太容易落实,就敷衍了事。

工作并不是一件很复杂的事,只要能突破其中的瓶颈就能拥有工作的快乐。

主动与你的老板沟通

在人们交往过程中,有效的沟通是人们交往的重要保证。同样的道理,员工要想让老板重视你,并且欣赏你,就必须主动地与老板沟通。

奥里森是阿尔伯特一位好友,他是美国金融界的知名人士。他初入金融界时,他的一些同学已在金融界内担任高职,也就是说他们已经成为老板的心腹。他们教给奥里森的一个最重要的秘诀,就是"要主动跟老板讲话"。

话之所以如此说,就在于许多员工对老板有生疏及恐惧感。他们见了老板就噤若寒蝉,一举一动都不自然起来,即使是职责上的述职,也可免则免,或拜托同事代为转述,或用书写形式报告,以免受老板当面责难的难堪。长此以往,员工与老板的隔膜肯定会愈来愈大。

然而,人与人之间的好感是要通过实际接触和语言沟通才能建立起来的。一个员工,只有主动跟老板作面对面的接触,让自己真实地展现在老板面前,才能令老板直觉地认识到自己的工作才能,才会有被赏识的机会。

在许多公司,特别是一些刚刚走上正轨或者有很多分支机构的公司里,老板必定要物色一些管理人员前去工作,此时,他选择的肯定是那些有潜在能力,且懂得主动与自己沟通的人,而绝不是那种只知一味勤奋,却怕沟通不够主动的员工。

因为两者比较之下,肯主动与老板沟通的员工,总能借沟通渠道,更快更好地领会老板的意图,把工作做得近乎完美。所以前者总深得老板欢心。

想主动与老板沟通的人,应懂得主动争取每一个沟通机会。事实证明,很多与老板匆匆一遇的场合,可能决定着你的未来。

比如,电梯间、走廊上、吃工作餐时,遇见你的老板,走过去向他问声好,或者和他谈几句工作上的事。千万不要像其他同事那样,极力避免让老板看见,仅仅与老板擦肩而过。能不失时机地表明你与老板兴趣相投,是再好不过了。老板怎会不欣赏那些与他兴趣相投的人呢?也许你大方、自信的形象,会在老板心中停留较长的一段时间。

当然,这并不是说,只要你主动与老板沟通,就能得到老板的垂青。不同老板喜欢用不同方式去管理。主动与老板沟通时,需懂得自己的老板有哪些特别的沟通倾向,这对员工的沟通成功与否至关重要。一般而言,以下是老板所欣赏的肯主动与老板沟通的员工:

与老板沟通越简洁越好

老板阶层的人有一个共同的特性,就是事多人忙,加上讲求效率,故而最不耐烦长篇大论,言不及意。因此,你要引起老板注意并很好地与老板进行沟通,应该学会的第一件事就是简洁。简洁最能表现你的才能。莎士比亚把简洁称之为"智慧的灵魂"。用简洁的语言、简洁的行为来与老板形成某种形式的短暂交流,常能达到事半功倍的良好效果。

"不卑不亢"是沟通的根本

虽然你所面对的是一个老板,但你也不要慌乱,不知所措。无可否认,老板喜欢员工对他尊重。然而,不卑不亢这四个字是最能折服老板,最让他受用的。员工在沟通时若尽量迁就老板,本无可厚非,但直白点讲,过分地迁就或吹捧,就会适得其反,让老板心里产生反感,反而妨碍了员工与老板的正常关系和感情的发展。你若在言谈举止之间,都表现出不卑不亢的样子,从容对答。这样,老板会认为你有大将风度,是个可选之材。

沟通时老板和员工是对等的

在主动交流中,不争占上风,事事替别人着想,能从老板的角度思考问题,兼顾双方的利益。特别是在谈话时,不以针锋相对的形式令对方难堪,而能够充分理解对方。那么,你的沟通结果常会是皆大欢喜。

用聆听开创沟通新局面

理解的前提是了解。老板不喜欢只顾陈述自己观点的员工。在相互交流之中,更重要的是了解对方的观点,不急于发表个人意见。以足够的耐心,去聆听对方的观点和想法,是最令老板满意的,因为这样的员工,才是领导人选。

贬低别人不能抬高自己

在主动与老板沟通时,千万不要为标榜自己,刻意贬低别人甚至老板。这种褒己贬人的做法,最为老板所不屑。与人沟通,就是把自己先放在一边,突出老板的地位,然后再取得对方的尊重。当你表达不满时,要记着一条原则,那就是所说的话对"事"不对"人"。不要只是指责对方做得如何不好,而要分析做出来的东西有哪些不足,这样沟通过后,老板才会对你投以赏识的目光。

用知识说服老板

对于日新月异的科技、变化迅猛的潮流,你都应保持应有的了解。广泛的知识面,可以支持自己的论点。你若知识浅陋,对老板的问题就无法做到有问必答,条理清楚。而当老板得不到准确的回答,时间长了,他对员工就会失去信任和依赖。

在了解了老板的沟通倾向后,员工需要调整自己的风格,使自己的沟通风格与老板的沟通倾向最大可能地吻合。有时候,这种调整是与员工本人的天性相悖的。但是员工如果能通过自我调整,主动有效地与老板沟通,创造和老板之间默契和谐的工作关系,无疑能使你最大程度地获得老板的认可。

不要只为薪水而工作

工作固然是为了生计,但是比生计更可贵的,就是在工作中充分挖掘自己的潜能,发挥自己的才干,做正直而纯正的事情。

一些年轻人,当他们走出校园时,总对自己抱有很高的期望值,认为自己一开始工作就应该得到重用,就应该得到相当丰厚的报酬。他们在工资上喜欢相互攀比,似乎工资成了他们衡量一切的标准。他们的"理想远大",刚出校门就希望自己成为年薪几十万元的总经理;刚创业,就期待自己能像比尔·盖茨一样富可敌国,他们只知道向老板索取高额薪酬,却不知自己能做些什么,更不懂得从小事做起,实实在在地前进。

只为薪水而工作让很多人缺乏更高的目标和更强劲的动力,也在职场上出现了几种不正常的现象:

(1)应付工作。他们认为公司付给自己的薪水太微薄,他们有权以敷衍塞责来报复。他们工作时缺乏激情,以应付的态度对待一切,能偷懒就偷懒,能逃避就逃避,以此来表示对老板的抱怨。他们工作仅仅是为了对得起这份工资,而从来没想过这会与自己的前途有何联系,老板会有什么想法。

(2)到处兼职。为了补偿心理的不满足,他们到处兼职,一人身兼二职、三职,甚至数职,多种角度不停地转换,长期处于疲劳状态,工作不出色,能力也无法提高,最终谋生的路子越走越窄。

(3)时刻准备跳槽。他们抱有这样的想法:现在的工作只是跳板,时刻准备着跳到薪水更好的单位。但事实上,很大一部分人不但没有越跳越高,反而因为频繁地换工作,公司因怕泄露机密等原因,不敢对他们委以重任。由于他们过于热衷"跳槽",对工作三心二意,很容易失去上司的信任。

所以,一个人若只是专为薪金而工作,把工作当成解决面包问题的一种手段,而缺乏更高远的目光,最终受欺骗的可能就是你自己。在斤斤计较薪水的同时,失去了宝贵的经验,难得的训练,能力的提高。而这一切较之金钱更有价值。

而且相信谁都清楚,在公司提升员工的标准中,员工的能力及其所做出的努力,占很大的比例。没有一个老板不愿意得到一个能干的员工。只要你是一位努力尽职的员工,总会有提升的一日。

所以,你永远不要惊异某个薪水微薄的同事,忽然提升到重要位置。若说其中有奇妙,那就是他们在开始工作的时候——得到的与你相同,甚至比你还少的微薄薪水的时候,付出了比你多一倍,甚至几倍的切实的努力,正所谓"不计报酬,报酬更多"。

假如你想成功,对于自己的工作,最起码应该这样想:投入职业界,我是为了生活,更是为了自己的未来而工作。薪金的多与少永远不是我工作的终极目标,对我来说,那只是一个极微小的问题。我所看重的是,我可以因工作获得大量知识和经验,以及踏进成功者行列的各种机会,这才是有极大价值的酬报。

事实证明,如果你不计报酬、任劳任怨、努力工作,付出远比你获得的报酬更多、更好,那么,你不仅表现了你乐于提供服务的美德,还因此发展了一种不同寻常的技巧和能力,这将使你摆脱任何不利的环境,无往不胜。

将你的爱融入到工作中去

只要当爱融入一个人所从事的任何工作,这项工作的质量就能即刻提高,数量将大为增加,因工作而引起的疲劳反而没有相应的增加。这是阿尔伯特职场成功学中一个重要的发现。

每个人都要选择自己的工作态度,工作的时候,你是什么样的人?你是无奈、厌倦?还是想做出成绩?如果你希望做出成绩,就要为自己工作,就像在和工作谈恋爱,保持热情和情趣。

对我们大多数人来说,选择职业不外乎一求生存二求发展,能抱着先结婚后恋爱的态度倒不错,就权当这是场不掺和任何兴趣的"无爱婚姻",而不是当作爱得死去活来的一见钟情后的闪电婚姻。这样,因没有不切实际的幻想,你对工作采取的是极现实的态度,能接受周围环境的许多局限性,沉下心来,与自己的潜力竞争,耐心打磨,怀着白头偕老的心念,慢慢地你在这种"婚姻"中找到了稳固的乐趣,说不定能收获意想不到的幸福和成功。

某公司的职员说:"我必须和我的工作谈恋爱。"其实他这就是在为自己工作,所以每次快被工作磨到热情消退的时候,他都努力保持其趣味的新鲜度。

我们再看看市场上那些卖鱼的渔贩,他们在工作的时候都充满乐趣和活力。这些鱼贩和顾客一道度过了快乐的时光。他们采用吸引顾客的方式创造活力、树立品牌。谁是他们的顾客?他们采用什么方法吸引顾客并使他们快乐?他们相互之间又怎么得到快乐?他们怎样才能有更多的乐趣、创造更多的活力?

所有的鱼贩都全身心投入工作,他们教会我们如何快乐工作的方法,那就是和你的工作谈恋爱。

然而,现实生活中,很多人都在想"如果可能,我一定选择'不工作'!"人人都企盼"能做自己喜欢的事情是最幸福的",今天绝大多数人都像上了发条的时钟那样,每天固定而麻木地工作着——那种完全为了自己的随心所欲的自在生活,永远还只在想象之中。

在飞速运转的都市生活中,高压工作换取的报酬可以满足人们物质的要求,却很难让他们自己的内心充满快乐。

于是日复一日,这些人一天比一天更忙碌,一天比一天更憔悴而精疲力竭。工作就像那个永不会停止的风车,拖着人习惯性地转动。

他们为什么会如此疲惫呢?原因在于他们不会正确看待自己的工作,也不会为自己工作。

如果他们懂得为自己工作,把工作当成恋爱一样来对待,或许,他们将会轻松快乐得多!

若干年前,有一群社会学家——他们自称为"合作者"——在路易斯安那州组织了一个殖民地。他们买下几百亩农地,开始为实现一个理想而工作。他们拟订了一套制度,让每个人去从事他最喜爱的工作。他们相信这样将可为他们在生活上带来更大的幸福,减少忧愁。

他们的设想是不支付工资给任何人。每个人从事他最喜爱的工作或他最擅长的工作,而劳动成果归大家享有。他们拥有自己的牧场、自己的制砖厂、自己的牛群和家禽等等。他们还有自己的学校和印刷厂。通过印刷厂,他们出版一份报纸。一位来自明尼苏达州的瑞典移民也加入了这个殖民地,根据他自己的要求,他被分配到印刷厂工作。过不了多久,他却抱怨说自己不喜欢这项工作,于是他被调到农场工作,负责开拖拉机。但他只干了两天,就受不了。因此他又申请调职,分到了牛奶场工作。偏偏他又和那些乳牛处不来,于是再一次调职,这一次是到洗衣店工作,但也只待了一天而已。他就这样一一试过里头的每一份工作,却没有一样是他喜欢的。看来似乎他并不适合这种合作式的生活方式,而他自己也打算退出这个殖民地。但就在这个时候,突然有人想到,有一项工作是他尚未尝试过的——就在制砖工厂中。

于是他领到了一辆独轮手推车,被派去把制好的砖头从窑里运到砖场上并推放整齐。一个礼拜过去了,他没有发出任何怨言。当问到他是否喜爱这项工作时,他回答说:"这正是我所喜欢的工作。"想想吧,竟然有人会喜欢推砖的工作!不过,这个工作倒是很适合这个瑞典人的天性。他一个人单干,而且这个工作不需要花脑子,又不需承担任何责任,这正是他所希望的。他一直做着这项工作,直到所有的砖都被运完并摆好为止。随后他就离开了这块殖民地,因为没有运砖的工作可做了。他说:"这种美好平静的工作已经结束,所以我想该回明尼苏达州了。他果真返回了明尼苏达州!当一个人从事他所喜爱的工作时,他能轻松地比分内该做的做得更好、更多。为此,每个人都有责任去找出他自己最喜爱的工作。

因为以爱的精神为劳动而付出的劳动,过去不会白费,将来也不会白费,从前不会失败,将来也永远不会失败。

不断为自己寻找新的挑战

在充满残酷竞争、危机感日益增强的职场中,不断给自己提出新的挑战,而不是被动接受挑战是捷足先登、立于不败之地的秘诀。

著名的"马蝇效应"源于这样一个典故:

1860年,林肯当选为美国总统。一天,有位叫作巴恩的大银行家到林肯的府邸拜访,正巧看见参议员萨蒙·蔡思从林肯的办公室走出来。于是,巴恩就对林肯说:"您最好不要将此人选入你的内阁。"

林肯奇怪地问:"为什么?"

巴恩说:"因为他是个自大成性的家伙,他甚至认为他要比您伟大得多!"

林肯笑了："哦,除了他以外,您还知道有谁认为自己比我要伟大的?"

"不知道,"巴恩说,"不过,你为什么这样问?"

林肯回答:"因为我要把他们全都收入我的内阁。"

事实证明,这位银行家的话是有道理的,蔡思的确是个狂态十足、极其自大,而且嫉妒心极强的家伙。他狂热地追求最高领导权,他本想入主白宫,不料落败于林肯,只好退而求其次,想当国务卿。无奈,林肯却把这个职位交给了西华德,他只好坐第三把交椅——当了林肯政府的财政部长。为此,他怀恨在心,愤怒不已。不过这个家伙确实是个大能人,在财政预算和宏观调控方面很有一手。林肯一直非常器重他,并通过各种手段尽量避免与他产生冲突。

后来,目睹过蔡思种种行经,并搜集了很多资料的《纽约时报》主编亨利·雷蒙特拜访林肯的时候,特地告诉他蔡思正在上蹿下跳,狂热地谋求总统职位。林肯以他那一贯的幽默对雷蒙特说道:"亨利,你不是在农村长大的吗?那么你一定知道什么是马蝇了。有一次我和我的兄弟在肯塔基老家的一个农场犁玉米地,我吆马,他扶犁。偏偏那匹马很懒,老是磨洋工,但有一段时间它却在地里跑得飞快,我们差点跟不上它。到了地头,我才发现,有一只很大的马蝇叮在它身上,于是我就把马蝇打落了。我的兄弟问我为什么要打掉它。我告诉他,不忍心让马被咬。我的兄弟却告诉我:'就是因为有了那家伙,这匹马才跑得那么快。'"然后,林肯意味深长地对亨利·雷蒙特说:"如果现在有一只叫'总统欲'的马蝇正叮着蔡思先生,那么只要它能使蔡思的那个部门不停地跑,我就不想去打落它。"

没有马蝇叮咬,马慢慢腾腾,走走停停;有马蝇叮咬,马不敢怠慢,跑得飞快。这就是著名的马蝇效应。

慢马变为快马的秘密在于马蝇的叮咬。那么作为身处职场的一名员工,要想成就一番事业、证明自身的价值,或者功利点讲,想获得物质上的财富,需要什么来叮咬呢?

答案就是取胜的欲望。成功学大师卡耐基说过一句话:"要做成事的方法,是激起竞争,不是勾心斗角的竞争,而是相互取胜的欲望。"取胜的欲望就是叮在我们身上的一只马蝇,它促使我们在困难面前永不妥协,在强大的对手面前永不低头,多一点取胜的欲望,就一定会多一点成功的动力和机会。

说到这里,可能会有人问了,如何才能激起内心的取胜欲望呢?

答案就是保持强烈的进取心,不断挑战,绝不安于平庸。这是那些优秀的、出类拔萃的员工们最喜爱的竞技——一种自我表现的绝好机会,是激起内心求胜欲望的最好方法。

有进取心、不断挑战,从根本上说是为了自身的不断进步。而这种挑战的过程又是重塑自我的过程。这好比跳高运动员,不断挑战就是要把有待越过的横杆升高一格或几格,没有最好,只有更好;又好比足球运动中的优秀前锋,永远把下一个进球当作最好的。或许他们的这种挑战,所带来的超越,只是多了点儿,并不那么明显和突出,但正因为多了这一点儿,他们才能保持内心的那种取胜欲望,不断走在前进的路上,不至于停滞不前。

这其中的道理同样适用于职场人士。在充满残酷竞争,危机感日益增强的职场江湖,不断给自己提出新的挑战,而不是被动接受挑战是捷足先登、立于不败之地的秘诀。

需要注意的是,在给自己寻找挑战时,不能好高骛远、不切实际,也不要认为挑战的对象就一定是什么宏大的目标,工作中,多克服一点小的坏习惯,多纠正一点小的工作缺陷等都可以成为挑战的对象。

即使是分外的工作也不要抱怨

在职场上,很多人认为只要把自己的本职工作做好,把分内的事做好，就可以万事大吉了。当接到老板或上司安排的额外工作时，就老大不愿意。不是满脸的不情愿，就是愁眉不展，唠唠叨叨地抱怨不停。这是这些人之所以一事无成的主要原因。

在柯金斯担任福特汽车公司经理时，有一天晚上，公司有十分紧急的事，要发通告信给所有的营业处，所以需要抽调一些员工协助，当柯金斯安排一个做书记员的下属去帮忙套信封时，那个职员傲慢地说："那有碍我的身份。分外的事我不做，再说我到公司来不是做套信封工作的。"

听了这话，柯金斯一下就愤怒了，但他仍平静地说："既然不是你分内的事就不做，那就请你另谋高就吧！"

那个员工就这样失去了工作。

抱怨分外的工作，不是有气度和有职业精神的表现，更不是一个成大事男人的表现。一个勇于负重、任劳任怨，被老板器重的男人，不仅体现在认真做好本职工作上，也体现为愿意接受额外的工作，能够主动为上司分忧解难。因为额外工作对公司来说往往是紧急而重要的，尽心尽力地完成它是敬业精神的良好体现。

想在职场有所成就的人，除了努力做好本职工作以外，还要经常去做一些分外的事。因为只有这样，你才能时刻保持斗志，才能在工作中不断地锻炼、充实自己，才能引起别人的注意。

假如有别的同事，把一些本来不应归你负责的工作交给你，或者你的上司在你已经忙得不可开交之时又吩咐你做另一件事，要尽量开心地接受。

丹尼斯是一家公司的员工，他的升迁是非常迅速的，为什么他会得到一再提拔呢？原因就是他乐意去做他分外的事，从而引起了老板的注意。

丹尼斯总是在忙完自己的工作后，不断地为他人提供服务和帮助，不管那个人是他的同事还是上司。丹尼斯将那些分外的工作，也当做自己的事来做，任劳任怨，不计报酬。渐渐地，老板有了只找丹尼斯帮一个小忙或分担一些重要工作的习惯。

接到额外工作时，不要愁眉不展，抱怨不停，多做分外工作对你的成功大有好处。

第一，多做一些分外工作一定会使你获得良好的声誉，这对你来说，是一笔巨大的无形财富，在你的职业发展道路上，可能会起到关键的作用。

第二，多做一些分外的工作，就会多一次学习和锻炼的机会，多一种技能，多熟悉一种业务，对自己总是有好处的。它会使你尽快地从工作中成长起来。

当一个人不抱怨分外的工作并且乐意尽力完成时，那么你可以确定这是一个能在职场出人头地的人。

卷十五

塔 木 德 的 智 慧

原著[美]塔尔莱特·赫里姆

关于作者:塔尔莱特·赫里姆是美国著名的犹太专家,由他精心编写的《塔木德智慧》凝聚了上千年来2000多位犹太学者对自己民族历史、文化、智慧的发掘、思考和提炼,尤其是其中关于经商和财富的部分,更是在美国乃至全世界引起巨大反响。

78∶22 法则

《塔木德》中说,"78∶22"是个永恒的法则,没有互让的余地。

犹太人认为,宇宙与生活是相依生息,相容无悖的。

因此,他们把这一看法视为自己生活的法则,并把它用到做生意上,使其有了前进的方向和精神的支柱。

犹太人说,被他们视为自己生活的法则的就是"78∶22法则",它是犹太人成功致富的根本。所谓"78∶22"法则,严格地说,应是"78.5∶21.5",为了简便,称作"78∶22"。假设一个正方形面积是100,那么,它的内切圆面积则是78.5,剩下的面积即21.5。以整数表达,便是78∶22。

说来也巧,空气中,氮气占78%,氧气占22%;而人体也是由78%的水及22%的其他物质所构成的。这个78∶22的数据成为人类不可抗拒的自然法则,人类不能违背这个法则而生存发展。试想,如果空气中氮气占22%,氧气倒过来占78%,人类能在这样的空气中生存下去吗?又如,若把人体中水分的比倒降至60%,那定然会干枯而死。因此,犹太人认定"78∶22"是个永恒的法则。

犹太人认为,做生意也要顺应这一法则。在一个国家中,富有的人远远少于一般大众,但富人所持的货币却多于大多数人。也就是说,一般大众所持有的货币为22%,而富人所持的货币是78%。因此,做生意若以拥有78%货币的22%的富人为主要对象,必会赚钱。

犹太人很快便从商业实践中找到了证明:生产和经营汽车的企业要比生产和经营自行车的企业赚钱得多,这是因为买汽车的人是富人,即属于22%范围内的人;而买自行车的人是普通人,即属于78%范围内的人。

同样，珠宝首饰店的利润要比卖普通服饰的商店丰厚。环顾世界，大多数犹太商人从事他们所谓的"第一商品"——金、银、珠、宝、裘皮等的贸易。这些商品尽管昂贵，但富人需要，必能获取高额利润。

如此说来，78∶22法则的确是一个"真理"，它一直在冥冥之中左右着我们的生活。犹太人理所当然地将它作为经商的基础，依靠这个法则，获得世人皆慕的财富。

阿卡德是一位美籍犹太人。第二次世界大战初期，他的父母为了逃避德国法西斯对犹太人的迫害，到了美国。阿卡德出生在美国。也许正应了那句话，自古雄才多磨难，十分不幸，阿卡德正读初中的时候，他的父亲因劳累过度，英年早逝。由于父亲的突然死亡，使他的家中一下子丧失了生活的来源，没有了钱，他不得不中途辍学。作为长子的他退学以后就到社会上打工，维持家庭生活。

阿卡德是个不服命运安排的人，尽管生活艰难，但是他不为所动，在从事工作的同时，他依然不放弃求学，他边工作边自学，就这样最终读完了大学。并且在这期间，他通过观察加上自己的所学，逐渐认识到这样一个道理，78%的生意是来自22%的客户，这就要求企业界要认真研究和分析客户的构成，应把78%的精力放在22%的最主要客户上，而不能平均使用力量。因此，勤于思考的阿卡德以后在工作中把主要精力集中于富有的客户身上，取得了巨大的成绩，短短两年时间，就成了百万富翁。后来，阿卡德创办了一家投资公司，他注意到各国经济在不断发展，需要更多的资金，而以分散的资金放高利贷形成不了优势。于是，他想出办法，把犹太人分散的资金积聚起来，吸纳个人资金购买股票或股权，把集中起来的钱投向耗资多并且回报率高的项目。这样的做法，既满足了企业发展的需求，又解决了当地政府资金困难的难题，自己又可以从中赢利。由此，阿卡德成为华尔街上的一名风云人物。

阿卡德谈及自己的成功时说："我的成绩取得是靠78∶22法则取得的。"世界上有太多的78∶22现象存在，可见，一个商人能够遵循这种规律是很容易致富的。

　　美国企业家威廉·穆尔在为格利登公司销售油漆时，头一个月仅挣了160美元。此后，他仔细研究了犹太人经商的"78∶22"，分析了自己的销售图表，发现他的80%的收益的确来自20%的客户，但是他却对所有的客户花费了同样的时间——这就是他失败的主要原因。于是，他要求把他最不活跃的36个客户重新分派给其他销售员，而自己则把精力集中到最有希望的客户上。不久，他一个月就赚到了1000美元。穆尔学会了犹太人经商的78∶22，连续9年从不放弃这一法则，这使他最终成为了凯利·穆尔油漆公司的主席。

　　再来看看"只有一位顾客的商店"是如何高价赚取富人钱财的。

　　在圣诞节购物达到高潮的时候，美国曼哈顿第五大街上的大多数商店都拥挤不堪，但有一家叫做毕坚的商店，却重门深锁，里面只有一位顾客。在这家商店里，一套衣服至少要卖2200美元，一瓶香水要1500美元，Chinchilla牌床罩贵达9.4万美元。所以，一次只要有一位顾客光顾就够了。

　　到目前为止，全世界有50多个国家和地区的富豪、王公贵人曾把他们的钱花在毕坚的服饰上。美国前总统里根、西班牙国王卡洛斯、约旦国王侯赛因和一些著名艺人都曾光顾此店。毕坚商店以极为富有的豪绅作为消费者来塑造自己的企业形象。该店对于所有顾客上门都要保密，这样就愈加提高了自己的地位和身份。

　　毕坚商店专门以富豪王公贵人为对象销售自己的商品就是运用了78∶22法则。

　　犹太人的生意经是世界上最棒的、最通用的生意经，犹太商人的点子更是世界上最值钱的、最聪慧的和最实用的点子，它能一点到位，用中国话来说就是"点石成金"。几千年来，犹太商人遍布世界各地，最擅长于投资管理，最精于股市行情，最精于商业谈判，最善于进行公关和广告宣传活动，他们总结出了一套科学合理的生意经和赚钱理论。其中，最为通行的当是78∶22之经商法则，它构成了犹太人生意经的根本。犹太商人最精于运用这一法则，并将财富装进自己的口袋。

能花钱才能赚钱

《塔木德》说:"上帝把钱作为礼物送给我们,目的在于让我们购买这世间的快乐,而不是让我们攒起来还给他。"

一个70多岁的穷人领到100美元的失业救济金,按惯例到银行存了20美元。出银行大门的时候,他看到一位年纪相仿的绅士在抽雪茄。

"您的雪茄很香,"戒烟已有50年的穷人主动搭讪问,"这样的雪茄不便宜吧?"

"20美元一支。"

"嗬,您一天抽多少呀?"

"15支。"

"唷,您抽多久了?"

"50年了。"

"一天300美元,一年10万多美元,50年,唉呀,您算算,您抽雪茄的钱不算利息已有500多万,这大概可以买下这家银行了吧?"

"……哦!您好像不抽雪茄吧?"

"是的,我不抽。"

"那你能买下这家银行吗?"

"老实说,不能。"

"告诉您,这样的银行我有10家!"

这个穷人其实很精明。因为第一,他账算得很快,一下子就计算出每支20美元、每天15支。50年的雪茄烟钱可以买一家银行;第二,他很懂勤俭持家、由小发大的道理,并身体力行,好久都没有抽过一支20

美元的雪茄。然而,谁也不能说他具有"活智慧",因为他雪茄没抽上而银行也没攒下。

那位穷人的智慧是死智慧,而那位绅士的智慧才是活智慧:钱是靠钱生出来的,不是靠克扣自己攒下来的!

为了迅速地成为富翁,犹太人的常规做法是投资金融行业和其他资金回收较快的行当,把78%的注意力和精力集中倾注到"钱生钱"上。努力攒小钱的人冒险气质的缺乏,决定了他们不能通过其他途径快捷致富。

话又说回来,不赞成攒小钱,并不代表在商务活动中不精打细算。在这方面,犹太商人的"吝啬"气质暴露无遗:成本能省半分就省半分,价格能高半分就高半分。

也许你要问,不至于世界上的富翁们都这样吧?

犹太商人有白手起家的传统,至今世界上有名的犹太富豪中有不少人发家充其量不过两三代人的历史;但犹太商人没有靠攒小钱积累资本的传统。

一方面,犹太商人在文化背景上就没有受到禁欲主义束缚。犹太教在总体上从来没有这方面的要求,犹太人的生活也从未分化成宗教与世俗两大部分。犹太人在宗教节期间有苦修的功课,但功课完毕之后便是丰盛的宴席。所以,那种形同苦行僧般的不追求享受的生活方式,不是犹太商人的典型生活方式。

另一方面,从犹太商人集中于金融行业和投资回收较快的行业来看,他们本来就把注意力集中在"钱生钱"而不是"人省钱"上面。靠辛辛苦苦攒小钱的人是不可能有犹太商人身上常见的那种冒险气质的。

这两个因素的结合使犹太商人的经营方式和生活方式形成了鲜明对照。在业务方面,犹太商人精打细算到了无以复加的地步,成本能省一分就省一分,价格能高一点就高一点,利润一定要算税后利润,以免去为税务署作的贡献。但在生活上,类似于每天吸20美元一支的雪茄15支,并不是什么罕见的现象。

犹太商人的这种生活方式令同为当今世界著名商人的日本商人

叹为观止。其他不说,仅犹太商人不管工作如何忙,对一日三餐从不马虎,总留出时间,还要吃得像模像样,而且进餐时忌讳谈工作,就让日本商人感慨万分,并对自己的人生格言"早睡早起,快吃快拉,得利三分"大觉羞愧。

其实,岂止吃饭这点时间不谈工作,虔诚的犹太商人每周同样要过那整整24小时不谈工作甚至不想工作的安息日!因为犹太人是世界上最谙熟"平常心即智慧心"的道理的民族:犹太教靠尊重信徒的自然生理心理要求而保持住了他们的虔诚,犹太商人也同样靠"尊重"自身内在的自然要求而保持住了自己经商时的心理平衡。

而一个在利润问题上拿得起放得下的商人,其智力才不会衰竭昏聩。

对于一个商人来说,还有什么比淡定自信更为重要的呢?

它能使你自己发挥原有的能力和才智,能使同伴增加信任,能使对手感到压力。一个气定神闲、心平气和的商人,才最容易成为真正成功的商人。

用钱难于赚钱

《塔木德》中有这样的经典语句:如果店主算不清账,他的账就会找他算账。

在犹太商人看来,一个人怎样使用钱———包括赚钱、存钱和花钱———或许是检测他的才智高低的最好的方法之一。虽然金钱绝不能作为一个人生活的主要目的,但是,它也不是无关痛痒的东西,不能从观念上加以蔑视。在犹太商人看来,在很大程度上,金钱是获得感官快乐和社会地位的手段。

事实上，人性中的一些最优秀的品质是与正确使用金钱密切相关的，例如，慷慨、诚实、公平和自我牺牲精神，也包括节俭的美德。另一方面，是它们的对立面如贪婪、欺诈，不公平和自私，就像一个爱财如命的人所表现出来的一样。一部分人滥用和误用了金钱这种手段，产生了浪费、铺张、挥霍、奢侈等罪恶。

犹太人弗兰西斯·霍拉的父亲在他开始进入社会的时候，对他提出忠告说："我衷心地希望你事事开心如意，但我不得不三番五次地劝导你要节俭。节俭对任何人来说都是一个必不可少的德行。然而，浅薄的人可能会轻视它。其实，节俭是通向独立的大道，而独立则是每个精神高尚的人所追求的崇高目标。"

犹太人亨利·泰勒在他经过深思熟虑写成的《生活备忘录》一书中指出："在赚钱、储蓄、花销、送礼、收礼、借进、借出和遗赠等方面，正确的行为原则和方法几乎为一个人的完美无缺作出了论证。"

一个人如果展望未来，他会发现等待他的主要有三种不幸：失业、疾病和死亡。前二者他或许还可以逃避，但是最后一个却是在劫难逃的。然而，无论哪一种可能性，他都应该把生活的压力减轻到尽可能小的程度，这样做不仅是为了自己，而且是为了那些把安逸和生存都依附于自己的人们。这样来看，诚实挣钱和节俭使用都是极为重要的。

正当赚钱，是吃苦耐劳、不懈努力、不受诱惑和得到回报的希望的表现；而合理使用，是精明能干、富有远见和自我克制的体现。金钱可以代表许多有很大价值的东西：不仅是食物、衣服和感官的满足，而且是个人的自尊和独立。

在这个世界上，努力去获得一个较为牢固的地位，这其中包含了人的尊严，它使得一个人更为强壮，生活得更为美好。从长远来说，它赋予了他更大的行动自由，能使他有更多的力量为将来而努力。为了获得独立，生活简朴是必不可少的条件。节俭既不需要超人的勇气，也不需要卓越的美德，而只需要一般的力量和普通人的能力。实际上，节俭只不过是秩序原则在家庭事务管理中的运用：它意味着统筹安排、合乎规则、精打细算和避免浪费，耶稣也表达了这种节俭原则，他要求

"把剩下的零碎收拾起来,免得有糟蹋的。"

节俭也意味着将来的利益能够得到保障,因此人要有抵御眼前的满足诱惑的能力,这也是人超越于动物本能的高贵之处。节俭完全不同于吝啬,因为正是由于节俭才使一个人能够时时表现得慷慨大方。人也不能把金钱作为崇拜的偶像,而只能把它当作一个有用之物。正如迪安·斯威夫特所说的:"我们脑子里必须有金钱概念,但是,不能一心想的都是金钱。"我们可以称节俭为精明的女儿,克制的姊妹和自由的母亲。显而易见,适度节俭是自助的最好展现。

每个人都应该量入为出,按照自己的收入过日子。要做到这一点,最重要的是诚实。因为,如果一个人不是诚实地按照他自己的收入过日子,那么他必定是虚伪地按照他人的收入过日子。如果一个人对自己的消费缺乏长远考虑,只顾眼前的享乐,那么等到他发现钱的真正用途时,就已经太迟了。

培根有句名言:"与其去赚些小钱,不如去存些小钱。"许多人不屑一顾随手扔掉的零钱和其他一些不当回事的支出,往往是人生中财富和独立人格的基础。这些浪费者往往是属于这个世界中权利受到分割的阶层,其实,他们自己才是自己的最大敌人。如果一个人自己跟自己过不去,自己不能成为自己的朋友,他还怎么能指望别人成为自己的朋友呢?

一个生活节制适度的人,他的口袋里才会有钱去帮助别人;而一个铺张浪费、缺乏远见和挥霍一空的人,是不会有机会去帮助别人的。当然,节俭绝不是做一个一毛不拔的铁公鸡,否则就是一个可怜的守财奴。在生活和交往中心胸狭窄、斤斤计较,是极端短视的人,只会导致失败。

有句谚语,叫做"只有一分钱的胸怀,绝不可能得到二分钱的收获"。日常生活中的无数事例都说明,人生的辉煌成就源于慷慨大方和诚实守信的生活准则。

诚信第一

犹太人认为,人最大的痛苦不是被人欺骗,而是不被人相信。因此,如何取信于人是人一生当中最重要的。那么,怎样才能做到取信于人呢?

诚信第一,这是取信于人的起码要求。在犹太人的商旅生涯中,他们遭遇到过许多无端的打击和歧视,也遇到过无数精心安排的谎言或圈套,但他们始终笃信上帝的教诲:遵守约定,诚实为人,死后方能升上天堂。在商业领域,他们更深刻地体会到:取得别人的信任是交易顺利完成的基础。犹太人遵守约定,哪怕只是口头上的承诺,非正式、非书面的协议,只要他们承认了约定,他们就会不折不扣地按照约定去行动,犹太人这种重信守约的美德为他们赢得了极高的声誉。

在具体的商业贸易领域中,《塔木德》规定了许多规则,严格禁止带有欺骗性的宣传或推销手段。比如:不能刻意把奴隶装扮起来,使其看起来更年轻、健壮,更不能把家畜涂上颜色来蒙骗顾客;并且货主有向顾客全面客观地介绍所卖商品的质量的义务,如果顾客发现商品有问题而事先未得到说明,则有权要求退货;而在定价方面,尽管当时没有标准统一的价格,这需要双方自行商定一个合理的价格,但一般来说商品多少还保持在一定的价位上,因此,如果卖主欺骗买主不知行情,使商定价格高出一般水平的10%以上,则规定此交易无效。这些规定在现在看来也许是再平常不过了,但是,《塔木德》形成于世界大多数民族还处在农耕社会的时期,它能预见将来社会以商业和贸易为主,并阐述这些诚信经商的道理,是极富先见之明的。

犹太商人从不做"一锤子买卖",那种"只要每个人上我一次当,我就可以发财了"的想法在他们看来无疑是自取灭亡。按理说,犹太人没有自己的家园,被人到处驱来赶去,很容易在生意上甚至在与人交往中形成"打一枪换一个地方"的短期策略和流寇战术。但实际上犹太人绝少有这种劣迹,而且是信誉卓著,其经营的商品或服务也很有保证,从不以次充好。为什么?除了犹太商人的文化背景,如以"上帝的选民"自居,有重信守约的传统外,更因为其民族在流动不定的生存状态与商业活动的规律之结合中,悟出了什么是真正的经商之道。

希尔斯·罗巴克公司总裁朱利叶斯·罗森沃尔德是一个由德国移民到美国的犹太人,曾在叔叔的百货公司工作。后来希尔斯·罗巴克公司融资的时候,他以37500美元的投资"约占融资总额的1/4"进入公司董事会,1910年原公司总裁公司的创立人理查德·希尔斯退休后,由他任新总裁。现在希尔斯·罗巴克百货公司已成为美国最大的企业之一,每年收益为5亿美元。罗森沃尔德也以价廉物美为其经营宗旨。公司销售的商品有许多都是企业集团自行生产的,因此成本可以降低,而质量也得到了保证。但希尔斯·罗巴克百货公司的真正本钱还是罗森沃尔德制定的一条规定:"不满意,可以退货。"这条商业最高道德的最实在的体现,现在已经被许多商店所标榜,但在当时是闻所未闻的。罗森沃尔德很可能是第一个将商业信誉提到了这样高度的人。

希尔斯·罗巴克百货公司以其商品质量、价格、信誉还有对市场的精确预测,得到了消费者的广泛欢迎,公司的商品目录在罗森沃尔德逝世前已发行了4000万册,几乎每个美国家庭都可以见到。观察家认为,这一连续出版的商品目录几乎构成了美国的一部社会史,从中可以探视到美国人审美趣味和愿望的发展,而这种发展中有相当一部分是由希尔斯·罗巴克公司预测到,甚至造就的。

希尔斯·罗巴克百货公司经营良好,赢利丰厚。罗森沃尔德最初投资37500美元,30年后其资产达到了1.5亿美元。在这样的财力支持下,罗森沃尔德广泛从事慈善活动。他曾为28个城市"基督教青年联合会"和美国南方的一些贫困地区建立乡村学校提供资助,为解决芝加哥黑人的住房出资270万美元。另外,他还分别为芝加哥大学、芝加哥科学和工业博物馆赠500万美元。

犹太商人笃信一个信条:犹太人生活在哪里,就应该在哪里生根。他们不但诚信经商,更与非犹太人和谐相处,甚至用自己的财富和实业去帮助和庇护犹太同胞或非犹太人,他们相信,只有以诚相待,取信于人,犹太人才会拥有朋友而不树敌。

知识重于金钱

犹太人热爱知识,因为在他们的眼里,知识是惟一的永远不能被夺走的财富。在这个世界上世俗的权威不重要,财富和金钱不重要,只有知识才是最重要的。权威没有了人们的拥戴和支持就不能形成,财富和金钱也会随着时间发生变化,而知识是人生存和发展的可靠保证。

只有具有丰富的阅历和广博的业务知识,在生意场上才能少走弯路少犯错误,这是赚钱的根本保证,也是商人的基本素质。一个学识匮乏的人,不但不配做商人,也不能算是一个完整的人,而犹太人也乐意与学识渊博的人做生意。

那些学识渊博、经验丰富的人,比那些庸庸碌碌、不学无术的人,成功的机会更大。

有位在商界杰出的犹太人这样说:"我的所有职员都从最基层做起。对工作有利的,就是对自己有利的。任何人在开始工作时如果能记住这句话,前途一定不可限量。"

有一句格言说:"只因准备不足,导致失败。"这句话可以写在无数可怜失败者的墓志铭上。有些人虽然肯努力、肯牺牲,但由于在知识和经验上准备不足,做事大费周折,始终达不到目的地,实现不了成功的梦想。

比如在商店里只会按顾客的要求拿东西的人,虽然工作多年,却对商业一窍不通。他只是在挣钱糊口,不思考,不关心商品的特点和顾客的需求,如果他不被淘汰的话,只能当一辈子售货员。而那些精明强干、善于思考的年轻人,却能在短时间内发现一个行业的秘密,时机一旦成熟,就能独当一面。

犹太青年汉姆在一个律师事务所任职三年,尽管没有获得晋升,但他在这三年中,把律师事务所的门道都摸清了,还拿到了一个业余法律进修学院的毕业证书。一切都为开办他自己的律师事务所奠定了基础。然而也有不少在律师事务所的人,按从业时间来说,他们的资格够老的了,但他们仍然担任着平庸的职务,赚着低微的薪金。

两者相比较,前者意志坚定、注意观察、勤于思考、善于学习,并能利用业余时间深造,他必将获得成功;后者恰恰相反,不管他们是否满足于现状,他们这样庸庸碌碌地混日子,是永无出头之日的。

犹太人还有这样的规定:生活困苦之余,不得不变卖物品以度日的时候,你应该先卖金子、宝石、房子和土地,到了最后一刻,仍然不可以出售你的书籍。他们认为,世间的金银珠宝、房屋土地,都是可以变化消逝的东西,而知识则是可以长久流传的财富。

犹太小孩最早期得到的关于书本的教育就是:书是甜的。

在每一个犹太人家里,当小孩稍微懂事时,母亲就会翻开《圣经》,点一滴蜂蜜在上面,然后叫小孩子去吻《圣经》上的蜂蜜。这个仪式的用意就是告知孩子,书本是甜的。让孩子从小就养成与书接触的习惯。慢慢的,孩子们开始喜欢看书。小时候是因为蜂蜜,长大了则是从书的内容中体会到书是"甜"的。

在每个犹太人小的时候,他们的母亲就会经常地问他:"假如有一天,你的房子被火烧了,你的财产也被抢光了,你会带着什么逃跑呢?"

如果孩子们回答是"钱"或者是"钻石"的话,他们的母亲就会进一步地问:"有一种东西比钻石更重要,它没有形状、没有颜色、没有气味,你们知道是什么东西吗?"

如果孩子回答不上来,母亲就会说:"孩子,你们带走的东西,不应该是钱,不应该是钻石,而应该是知识。因为知识是任何人也抢不走的,只要你还活着,知识就永远跟着你。"

父母就是这样告诉他们的孩子:知识是一切财富的来源,是惟一可以永久打开财富之门的金钥匙。犹太人的历史也一再验证了知识的价值。与其把那些有限的财富交给他们,不如把可以永远打开财富之门的金钥匙——知识给他。

逆境中求财富

《塔木德》说,请主降下磨难,考验我对主的信仰;请主降下苦痛,把我和普通人区分;还请主给我以逆境,让我成功。

《塔木德》中有这样一则寓言故事:

有三只青蛙一同掉进一只装满鲜奶的桶中。第一只青蛙说:"这是神的旨意。"于是,它缩起后腿,一动也不动。

第二只青蛙说:"这只木桶太深了,我实在没有办法跳出去。"说完,也同样动也不动了。不久,这两只青蛙都被淹死了。

只有第三只青蛙没有放弃努力。它想:"只要我的后腿还有些力气,我就一定要把头伸到鲜奶上面。"它就这样慢慢地游啊,游啊。忽然,它觉得它的腿碰到了一些硬硬的东西,试试,居然能够站在上面。原来,它不停地游来游去,把鲜奶搅成了奶油。结果,第三只青蛙站在奶油上面,一跃跳到了桶外。

我们每个人降生到这个世界之时,就注定了要经历命运的各种困难和考验。做生意顺利的时候,财源滚滚而来,取之不尽,用之不竭;一旦遇上风险逆境时,也要学会节衣缩食,迎难而上。不够坚强的人在逆境来临时，就会匆匆结束这次旅行，提前承认自己的失败；而足够坚强的人却深深懂得，我们就是为经历这些困境而来的。

灰心丧气、失望抱怨是最常见的一种态度，这也是人们正常的一种反应，一蹶不振、就此撒手、沉沦颓废也是常有的事，很多人就这样从我们的视野里消失了；忍耐、等待又是一种态度，他们坚信事物是有变化的，三十年河东，三十年河西，说不准哪一天时来运转，就可以东山再起了。只要把逆境视若寻常事，任凭你风吹浪打，我依然如闲庭信步，不为所动，这种人已经彻悟了人生，拥有了大智慧。

面对逆境，能坦然面对的当推犹太商人。他们能在危险来临时，仍泰然自若地做生意，甚至把逆境看成是做生意的最好时机。

在两千多年的漂泊流离生活中，犹太人一直处在逆境之中。在这漫长的日子里，他们学会了忍耐和等待，学会了低调处事做人，学会了如何在逆境中生存发展的智慧。

把这种智慧运用到商业操作中，就形成了犹太商人在逆境中发财的生意经。

犹太实业家路德维希·蒙德学生时代曾在海德堡大学发现了一种从废碱中提炼硫磺的方法。后来他移居英国，将这一方法带到英国，几经周折，才找到一家愿意同他合作开发的公司。结果证明他的这个专利是有经济价值的。蒙德由此萌发了自己开办化工企业的念头。

随后他买下了一种利用氨水的作用使盐转化为碳酸氢钠的方法，这种方法是他参与发明的，当时还不很成熟。蒙德在柴郡的温宁顿买下一块地，建造厂房。同时，他继续实验，以完善这种方法。实验失败之后，蒙德干脆住进了实验室，昼夜不停地工作。经过反复而复杂的实验，他终于解决了技术上的难题。

1874年厂房建成，起初生产情况并不理想，成本居高不下，连续几年企业完全亏损。

犹太人在逆境中的坚韧性格帮助了蒙德，他不气馁，终于在建厂6年后的1880年取得了重大突破，产量增加了3倍，成本也降了下来，产品由原先每吨亏损5英镑，变为获利1英镑。

后来,蒙德建立的这家企业成了全世界最大的生产碱的化工企业。

没有在逆境中坚持不懈、默默奋斗的品格,蒙德也就不会取得后来的非凡成就。

另一位美国犹太人巨富盖尔·博登也是一个善于在逆境中发财的人,正是这一点,使他有了辉煌的成功。

早年,博登埋头于发明创造。他先是发明了脱水肉饼干,但却未给他带来多少好处,相反,却使他在经济上陷入窘境。

有了第一次失败的教训,博登未被击倒。又经过两年反反复复的试验,他终于又制成了一种新产品——炼乳,并决定把它推向市场。

博登的第一步是要寻找专利保护。博登发明的炼乳,是一种纯净、新鲜的牛奶,牛奶中的大部分水分在低温中利用真空抽掉。但是,博登为他的制造方式寻求专利权时,得到的答复是产品缺乏新意,并且,专利局官员告诉他,在已批准的专利申请存档中已经有数十种"脱水乳"的专利权,其中包括一种"以任何已知方法脱水"。博登并不甘心,又一次提出申请。但他的第二次申请又再度被驳回,因为专利官员判定"真空脱水"并非必要的过程。第三次申请仍被拒绝的理由是,博登的"从母牛身上挤出的新鲜牛奶在露天地方脱水"与该制作方式的目的是不一致的。

三次申请,三次被驳回,并未把博登击倒。他继续申请专利权,因为他坚信他的创造。他的第四次申请终于被批准了。

但是推销新产品也不是一帆风顺的。尽管博登每天花费18个小时在厂里教导炼乳的生产方法,监督生产程序,检查卫生清洁情况;尽管他的工厂由一家车店改造,租金便宜,附近又有纯正、营养丰富的牛奶供应,炼乳的成本较低;尽管他小心地挑选一位社区领袖做他的第一位顾客,因为这位社区领袖对炼乳的意见会有助于巩固这家新公司及其新产品在该地区的地位,而且这位社区领袖对产品也表示了赞赏,但当时当地的顾客仍习惯把掺有水分的牛奶放入一些发酵品,进行蒸馏。他们觉得炼乳稀奇古怪,对它有疑心,所以,很少有人问津。

出师屡屡不利,甚至到了山穷水尽的地步——博登的两位合伙人都失去了信心。第一家炼乳厂被迫关闭了。

博登破釜沉舟,又建起了新工厂。也许是他的努力感动了上帝,他的第二次尝试终于获得了成功。他的公司在他逝世时,已成为美国具有领导地位的炼乳公司。而博登的创业奋斗奠定了现代牛奶工业生产的基石。

在博登的墓碑上,有这样一段墓志铭:"我尝试过,但失败了。我一再尝试,终于成功。"这正是对他一生的总结。